조선시대
한글편지 판독자료집 ❸

황문환·임치균·전경목·조정아·황은영 엮음

역락

이 책은 2008년도 정부재원(교육인적자원부 학술연구조성사업비)으로
한국학술진흥재단의 지원을 받아 연구되었음(KRF-2008-322-A00058)

간행사

한국학중앙연구원 어문생활사연구소에서는 지난 2008년 7월부터 2011년 6월까지 한국학술진흥재단(현 한국연구재단)의 지원을 받아 「조선시대 한글편지의 수집·정리와 어휘·서체 사전의 편찬 연구」를 수행하였습니다. 이 연구는 조선시대 한글편지에 대하여 종합적이고 체계적인 수집·정리를 도모하고, 이를 바탕으로 한글편지의 어휘사전과 서체자전을 편찬하는 데 목표를 두었습니다. 국어학, 국문학, 고문서학, 서예학 등 여러 분야의 전문가로 구성된 연구진은 이제 3년간의 연구를 차질 없이 수행하고 그 연구 결과물을 차례로 출판하여 학제간 공동 연구의 소중한 결실을 거두게 되었습니다. 이러한 결실에 이르기까지 열정과 인내로 일관하며 온갖 노력을 기울여 오신 연구진 여러분께 먼저 축하와 함께 감사를 드립니다.

주지하는 바와 같이 조선시대의 한글편지는 위로는 왕으로부터 아래로는 서민에 이르기까지 폭넓게 실용된 까닭에 우리의 말과 글을 지키고 가꾸는 귀중한 토양이 되었습니다. 그뿐만 아니라 한글편지는 개인의 생활 감정을 진솔한 육필(肉筆)로 기록한 자료이기에 그 사연 속에는 당시 개인이나 사회의 생생한 실상을 가감 없이 그대로 담고 있습니다. 이러한 자료 특성 때문에 한글편지는 근래, 국어학을 비롯하여 국문학, 역사학, 고문서학, 여성학, 민속학, 서예학 등 한국학 여러 분야에서 귀중한 일차 자료로 주목받고 있습니다. 그럼에도 불구하고 한글편지는 심하게 흘려 쓴 글씨체로 인해 판독 자체가 쉽지 않은데다가 편지 소개도 개별 연구자에 따라 산발적으로 이루어져 그동안 연구자나 일반인들이 자료를 접하고 활용하는 데 어려움이 많았습니다. 이러한 시점에 이번 출판은 한글편지의 활용도를 획기적으로 높이는 계기가 될 것으로 믿어 의심치 않습니다. 방대한 자료 결집과 함께 유용한 도구(사전)가 마련된 만큼 앞으로 한글편지를 활용한 다방면의 연구가 더욱 활성화되리라 믿습니다.

이번 출판에 이르기까지 많은 분들이 도움을 주셨습니다. 우선 한국학술진흥재단(현 한국연구재단)에서는 연구진이 수행하는 연구 과제의 중요성을 이해하고 전폭적으로 지원해 주셨고, 연구 과제를 수탁한 한국학중앙연구원 연구처에서는 연구와 출판이 원활히 수행될 수 있도록 행정적 뒷받침을 아끼지 않았습니다. 교열과 감수에는 원내외 여러 전문 학자들이 참여하여 보완되어야 할 부분을 지적하고 귀중한 조언을 해 주셨습니다. 출판사에서는 짧은 출판 기간에도 불구하고 방대한 집필 원고를 꼼꼼히 검토하여 좋은 책을 만드는 데 최선을 다해 주셨습니다.

이렇듯 도움을 주신 모든 분들께 감사를 드려야겠지만 특히 한국학중앙연구원에서 한글 편지 역주 사업을 수행한 선행 연구진께 감사를 드리지 않을 수 없습니다. 선행 연구진은 2002년 12월부터 2006년 11월까지 한국학술진흥재단(현 한국연구재단)의 지원 아래 「조선 후기 한글 간찰(언간)의 역주 연구」(연구책임자 : 이광호 교수)를 수행한 바 있습니다. 이 연구의 결과물은 2009년까지 총 10책의 역주서로 출간되어 학계와 일반의 뜨거운 관심을 받았습니다. 이러한 선행 연구가 뒷받침되지 않았다면 현 연구진의 연구가 3년이라는 짧은 기간 동안에 현재와 같은 성과로 이어지기는 어려웠을 것입니다. 역주 결과를 참조하고 활용하는 데 헌신적으로 협조해 주신 선행 연구진께 이 자리를 빌려 심심한 감사를 드립니다. 아울러 출판까지 포함하여 근 5년간, 결코 쉽다고 할 수 없는 연구 및 출판 과정을 성공적으로 마무리하신 현 연구진 여러분께 그동안의 노고를 되새기며 다시 한번 축하와 감사의 말씀을 드리는 바입니다.

2013년 6월
한국학중앙연구원 어문생활사연구소
소장 황 문 환

머리말

조선시대 한글편지는 붓으로 쓰인 필사 자료 중에도 특히 난해한 자료로 꼽힌다. 개인마다 서체가 다양한데다 글씨를 흘려 쓴 정도가 특히 심하여 판독 자체부터 쉽지 않기 때문이다. 이러한 어려움 탓에 한글편지는 극소수 전문 연구자들에 의존하여 개별적, 산발적으로 소개되거나 연구되는 것이 보통이었다. 그러나 1990년대 들어 한글편지에 대한 역주 작업이 본격화되면서 학계는 물론 일반에까지 한글편지를 둘러싼 관심이 널리 확산되는 계기가 마련되었다. 더욱이 2000년대 중반 이후에는 한국학술진흥재단(현 한국연구재단)의 지원 아래 대규모 역주 사업의 결과물이 속속 출판되기 시작하였다. 이에 따라 1980년대만 하더라도 판독문을 활용할 수 있는 한글편지가 기껏해야 400건을 넘지 못했던 것이 대규모 역주 사업이 완료된 최근에는 무려 2,700여 건을 상회하는 수준까지 이르게 되었다. 앞으로 각 유명 가문에 소장된 언간들이 속속 수집, 정리될 경우 현재의 몇 배를 넘는 언간 자료가 새로 소개되는 것은 시간 문제라 해도 과언이 아니다.

이같이 한글편지 자료가 급증할수록 자료를 '종합화'하여 연구자나 이용자의 편의에 알맞게 제공하는 것도 그만큼 중요하고 시급한 문제가 아닐 수 없다. 다른 자료에 비해 한글편지는 검색에 활용할 수 있는 말뭉치(corpus) 텍스트조차 체계적으로 이루어지지 못한 현실이기에 더욱 그러하다. 이에 이 판독자료집은 그동안 소개된 한글편지에 대하여 일종의 '판독 말뭉치' 자료를 구축함으로써 자료 소개의 산발성을 극복하고 종합적인 자료 활용에 부응하고자 편찬된 것이다.

이 판독자료집은 한국학술진흥재단(현 한국연구재단)의 지원을 받아 2008년 7월부터 2011년 6월까지(3년간) 「조선시대 한글편지의 수집·정리와 어휘·서체사전의 편찬 연구」를 수행하면서 기획되었다. 1차년도(2008.7~2009.6) 기간에는 우선 한글편지를 종합적으로 수집하고 정리하는 데 주력하였다. 그동안 판독문이 소개된 한글편지를 대상으로 편지 원본의 소재를 일일이 확인하는 한편 판독의 객관성을 담보할 수 있는 영인 자료나 이미지 자료를 확보하고자 노력하였다. 2차년도부터는 수집된 자료 중 국어사적으로 연구 의의가 있는 편지를 선정하여 본격적으로 판독 작업을 진행하였다. 연구진 전체가 참여하는 공동 판독회를 정기적으로 개최하면서 판독 결과를 정리하고 기존 판독과 차이가 나는 부분은 일일이 대비하여 표로 작성하는 일을 반복하였다. 연구 기간은 2009년 6월에 종료되었지만 최종 연구결과물 제출 기한인 2011년 6월까지는 이승희(2010), 이종덕·황문환(2011) 등 주요 편지에 대한 역주서나 도록이 출판되면 이들도 판독 대비에 추가적으로 반영하는 작업을 계속하였다.

현재의 판독자료집은 위와 같은 과정을 거쳐 한글편지 총 1,465건에 대한 판독문을 수록한 것이다. 아울러 수록 편지마다 간략한 해설을 덧붙임으로써 해당 편지의 소장, 판독, 영인, 연구 등에 대한 제반 현황을 한눈에 종합적으로 파악할 수 있도록 편의를 도모하였다. 이러한 자료집의 출판을 통해 기대되는 효과는 다음과 같다.

첫째, 수록된 판독문은 말뭉치 구축을 염두에 두고 입력된 자료이기 때문에 향후 용례 추출이나 사전 편찬에 직접적으로 활용될 수 있다(실제 이 판독자료집의 판독문을 기반으로 2012년 12월에 『조선시대 한글편지 서체자전』이 이미 출판되었고 조만간 『조선시대 한글편지 어휘사전』역시 연구 사업의 최종 결과물 중 하나로 출판될 예정이다).

둘째, 수록된 판독문은 영인 자료나 이미지 자료를 통해 편지 원본과 대조가 가능할 뿐 아니라 판독상의 차이가 일일이 표로 대비되었기 때문에 판독의 객관성 내지 신뢰성을 이용자가 직접 점검하고 확인하는 데 특히 유용할 수 있다. 그러나 판독자료집의 판독문 역시 여러 가지 판독 가능성 가운데 한 가지를 추가한 데 지나지 않으므로 판독대비를 정오(正誤)의 차원에서 오해하지 않도록 유의해야 할 것이다.

셋째, 간략한 해제와 함께 해당 편지의 소장, 판독, 영인, 연구 등과 관련한 제반 현황이 안내되었기 때문에 기존의 한글편지에 대하여 종합적이면서도 간편한 안내서 역할을 수행할 수 있다.

판독자료집이 막상 현재의 모습을 갖추고 나니 아쉽게 드러나는 점도 한두 가지가 아니다. 우선 기존에 소개된 한글편지를 모두 수록하지 못하였다. 이는 수록 범위를 연구 기간 중 수집, 정리된 편지 가운데 원본 대조가 가능하여 판독의 객관성을 확보하기 쉬운 편지로 국한한 데 주된 이유가 있지만 한글편지의 '종합화'라는 측면에서 보면 아무래도 미흡하다고 하지 않을 수 없다. 판독문을 편지 원본과 대조해 볼 수 있도록 해당 편지의 영인 자료나 이미지 자료를 함께 수록하지 못한 점은 더더욱 아쉽다. 원본 소장자의 이미지 사용 허가를 일일이 받지 못한 데 원인이 있지만 허가를 받을 수만 있다면 판독의 객관성을 확보하기 위하여 앞으로 꼭 보완될 필요가 있을 것이다. 다행히 한국학중앙연구원 어문생활사연구소에서는 한국학진흥사업단의 지원으로 「조선시대 한글편지의 Data Base 구축」(2011.12~2014.11)이라는 후속 사업을 진행중이므로 여기서 판독문과 함께 원본 이미지를 웹 서비스로 제공하게 되면 향후 충분한 보완이 이루어질 수 있지 않을까 기대해 본다.

　현재의 판독자료집이 이만한 모습을 갖추기까지 실로 많은 분들의 도움이 있었다. 우선 기존에 한글편지 자료를 소개한 여러 선생님들의 협조를 잊을 수 없다. 판독자료집 자체가 기존 판독문에 바탕을 둔 것이지만 특히 한글편지 역주서를 내신 선생님들께서는 자료집의 편찬 취지를 이해하고 판독 차이를 정리하여 대비하는 데 직간접적인 협조를 아끼지 않으셨다. 이종덕 선생님(한국학중앙연구원 전임연구원)과 박부자 선생님(한국학중앙연구원 연구교수)은 판독문 전반에 대한 교열을 맡아 판독상 잘못을 가능한 한 줄이는 데 크게 도움을 주셨다. 특히 이종덕 선생님은 판독과 해설 등 판독자료집의 내용 전반에 대하여 연구진이 점검하고 반영할 사항을 아낌없이 조언해 주셨다. 김춘월 선생(한국학대학원 박사과정)과 사수란 선생(한국학대학원 박사과정)은 교정 과정에서 판독 차이를 일일이 재확인하는 어려움을 기꺼이 감수해 주었다. 역락 출판사의 이대현 사장님은 독자의 범위가 제한될 수밖에 없는 기초학문 서적의 출판을 흔쾌히 맡아 주셨고, 권분옥 팀장님은 편집상 여러 가지 까다로운 요구에도 불구하고 어설픈 원고 뭉치를 어엿한 책자로 만들어 주셨다. 한국학중앙연구원 연구처의 박묘경, 박정규, 정유순, 두현경 선생님께서는 연구과제 수행과 출판 작업이 원활하게 진행될 수 있도록 힘써 도와 주셨다. 이 판독자료집이 나오기까지 도와 주신 모든 분들께 이 자리를 빌려 심심한 감사의 말씀을 드린다.

2013년 6월
엮은이 일동

연구진

소　　　속 : 한국학중앙연구원 어문생활사연구소 조선시대 한글편지사업단
후　　　원 : 한국학술진흥재단
과제 명칭 : 조선시대 한글편지의 수집·정리와 어휘·서체사전의 편찬 연구

연구진

연 구 책 임 자 : 황문환(한국학중앙연구원 교수)

공 동 연 구 원 : 김주필(국민대학교 교수)
　　　　　　　　박병천(경인교육대학교 명예교수)
　　　　　　　　임치균(한국학중앙연구원 교수)
　　　　　　　　전경목(한국학중앙연구원 교수)
　　　　　　　　조항범(충북대학교 교수)

연구전임인력 : 배영환(한국학중앙연구원 전임연구원, 현 서원대학교 조교수)
　　　　　　　　신성철(한국학중앙연구원 전임연구원, 현 국민대학교 연구교수)
　　　　　　　　이래호(한국학중앙연구원 전임연구원, 현 남부대학교 조교수)
　　　　　　　　정복동(한국학중앙연구원 전임연구원)
　　　　　　　　조정아(한국학중앙연구원 전임연구원)
　　　　　　　　황은영(한국학중앙연구원 전임연구원)

연 구 보 조 원 : 권년이(국민대대학원)　김명권(한국학대학원)　김수현(국민대대학원)
　　　　　　　　김인회(한국학대학원)　김지영(한국학대학원)　명경일(한국학대학원)
　　　　　　　　문보미(한국학대학원)　박순란(국민대대학원)　박정숙(성균관대대학원)
　　　　　　　　양　담(원광대학교)　　양　언(한국학대학원)　유효홍(한국학대학원)
　　　　　　　　윤희선(국민대대학원)　이민호(한국학대학원)　이이숙(성균관대대학원)
　　　　　　　　이혜정(한국학대학원)

　교열 : 박부자(한국학중앙연구원 연구교수)
　　　　　이종덕(한국학중앙연구원 전임연구원)

일러두기

1

이 판독자료집은 한국학술진흥재단(현 한국연구재단)의 지원을 받아 2008년 7월부터 2011년 6월까지 (3년간) 「조선시대 한글편지의 수집·정리와 어휘·서체사전의 편찬 연구」를 수행하고 그 연구 사업의 최종 결과물 중 하나를 출판한 것이다.

2

이 판독자료집은 사업 기간 동안 수집·정리된 자료 중 국어사적으로 연구 의의가 분명한 언간을* 위주로 총 1,465건을 선정하여 그 판독문만 한데 모아 3권으로 나누어 수록하였다. 이는 언간 자료에 대하여 일종의 '판독 말뭉치' 자료를 구축함으로써 그동안 언간 자료의 약점으로 지적된 자료 소개의 산발성을 극복하고 종합적인 자료 활용에 부응하고자 한 것이다. 아울러 수록 언간마다 간략한 해설을 덧붙임으로써 해당 언간의 소장, 판독, 영인, 연구 등에 대한 제반 현황을 한눈에 종합적으로 파악할 수 있도록 편의를 도모하였다.

3

이 판독자료집은 총 1,465건에 해당하는 언간을 수록하면서 기존에 종별(種別)로 한데 묶여 소개된 언간은 종별로 수록하고 나머지 개별 언간은 종별 언간에 이어 별도로 한데 모아 수록하였다. 종별 언간의 배열 순서나 개별 언간 내 상호간의 배열 순서는 작성 시기를 고려하여 이른 시기부터 순차적으로 배열하는 것을 원칙으로 하였다.

4

판독자료집에 수록된 내용은 종별 언간마다 크게 **해설편**과 **판독편**의 두 부분으로 나누어 소개하였다. 개별 언간의 경우에도 언간마다 원칙적으로 같은 체재를 취하였다.

(1) 해설편

수록되는 언간에 대하여 '간략 해제'와 함께 '원본 사항, 판독 사항, 영인 사항, 참고 논저' 등 해당 언간의 자료 현황 및 연구 현황을 안내하였다. 여기서 안내되는 각 사항을 보다 구체적으로 소개하면 다음과 같다.

---

* 이 판독자료집에서는 특별히 '조선시대의 한글편지'를 가리킬 필요가 있을 경우 학계에 일반화된 '언간(諺簡)'이라는 용어를 택하여 임의로 혼용하였다.

■간략 해제 : 언간 명칭, 언간 수량, 원문 판독, 발신자와 수신자, 작성 시기, 자료 가치, 자료 해제 등을 간략히 정리하여 소개

■원본 사항 : 실사(實査)를 통해 확인된 언간 원본의 소장처, 이용 가능한 원본 이미지나 마이크로 필름의 존재, 언간 원본의 대략적인 크기(세로×가로) 등을 소개

■판독 사항 : 원문 판독과 관련하여 판독자, 판독문 소재, 판독 수량, 기타 판독과 관련한 특기 사항 등을 소개(소개 순서는 연도순)

■영인 사항 : 언간 원본의 모습이 실린 논저나 도록 등을 소개(소개 순서는 연도순)

■참고 논저 : 해당 언간에 대하여 이루어진 기존 연구 성과를 수집, 망라하여 가나다 순으로 제시

(2) 판독편

수록되는 언간에 대하여 간략한 '출전(出典)'을 먼저 제시하고 그 아래 연구진에서 판독한 최종 결과를 '판독문'으로 수록하였다. 연구진의 판독 결과가 기존에 이루어진 판독과 차이가 날 경우 **판독문** 아래에 **판독대비**를 별도의 표로 제시하여 연구자나 이용자가 판독 차이를 한눈에 확인할 수 있도록 하였다. '출전, 판독문, 판독대비'와 관련된 내용을 보다 구체적으로 소개하면 아래와 같다(다음 쪽에 실린 **판독편 예시** 참조).

■출　　전 : 기본적인 서지 사항을 <언간 약칭-번호, 시기, 발신자(관계) → 수신자(관계)>의 형식으로 제시하였다.

■판 독 문 : 언간 원본의 세로쓰기를 가로쓰기로 바꾸고 현행 맞춤법에 준하여 띄어쓰기를 하여 제시하였다. 원본의 행 구분이나 부호 사용은 일체 반영하지 않는 대신 반복 부호 (예 : 〃)만큼은 부호 대신 글자로 바꾸어 제시하였다(이는 판독문이 어휘사전의 용례로 활용될 경우를 대비한 것이다). 언간의 봉투는 사각형 선으로 표시하되 봉투가 별도로 마련된 '별봉(別封)'의 경우는 실선으로, 내지(內紙)가 봉투를 겸한 '자봉(自封)'의 경우는 점선으로 표시하여 구별하였다. 판독문에는 원본에 없는 기호가 일부 사용되기도 하였는데 사용된 기호와 용법을 소개하면 다음과 같다.

　　□　　　　 : 원본이 훼손되어 판독이 불가능할 때(글자 수만큼 표시)
　　□…□　 : 훼손이 심하여 훼손 부분의 글자 수를 생략하여 표시할 때
　　＋　　　 : 다른 언간에서 사연이 이어지는 것을 표시할 때
　　〔봉인〕 : 봉투의 봉함처에 도장이 찍혀 있음을 표시할 때

■판독대비 : 판독 차이를 표로 제시하되 판독자료집의 판독 결과를 먼저 제시하고 기존의 판독 사항과 대비하는 방식을 취하였다. 기존의 판독이 판독자료집의 판독과 같을 경우에는 '-'로 표시하여 불필요한 중복을 피하였다. 원칙적으로 띄어쓰기 상의 차이는 대비에 포함시키지 않았지만 띄어쓰기의 차이가 의미차를 수반할 경우에는 예외로 하였다. 또 기존의 판독문에 판독이 누락된 부분이 있으면 [판독 안 됨]과 같이 제시하였다.

판독편 예시

('순천김씨묘 출토 언간 001'의 경우를 설명의 편의상 임의로 가공하여 예시한 것임)

• 편지 명칭　　• 편지 번호

순천김씨묘 출토 언간 001 충북대박물관 유물번호 1348 ······· • 소장처 유물 번호 등

〈순천김씨묘−001, 1550∼1592년, 채무이(남편) ➡ 순천김씨(아내)〉

• 편지 약칭　　• 작성 시기　　• 발신자(관계)　　• 수신자(관계)

판독문

• 봉투
(점선은 내지가 피봉을 겸한 봉투임을 표시)

• 판독대비의
번호

```
┌─ ─ ─ ─ ─ ─ ─ ─ ─ ─ ─ ─ ─ ─ ─ ─ ┐
 지븨
└ ─ ─ ─ ─ ─ ─ ─ ─ ─ ─ ─ ─ ─ ─ ─ ─ ┘
```

⊕ 무론 예 인는 무롤 모리 줄 거시니 모리 가라 ᄒ니 나죄 가 필죵이ᄃ려[1] 모리 갈 양으로 일오라[2] ᄒ소 어ᄃᆡ 가 바돌고 눅소니 집[3] 근쳬 가 바돌가 은지니롤 브리디 아닐디라도 자□□가 교슈ᄒ고[4] 공이나 메워 보낼 □…□

• 원본에서 훼손된 부분을 표시

• 훼손 부분이 길어 글자 수 표시를 생략함

• 다른 편지에서 이어짐

선행연구의 출전 표시 •
저자
(출판연도 : 해당쪽수)

판독대비

번호	판독자료집	조건상 (1981a : 181)	전철웅 (1995 : 232)	조항범 (1998a : 35)	황문환 (2002 : 269)	전철웅 (2002 : 302)
1	필죵이ᄃ려	필죵이 ᄃ려	−	−	−	
2	일오라	−	−		일 오라	일 오라
3	눅소니 집	숙소니집	숙소니 집	숙소니 집	숙소니 집	−
4	교슈ᄒ고	교수ᄒ고	−	−	판독 안 됨	−

• 판독자료집의 판독과 동일함　　• 판독이 안 된 경우

목차

『조선시대 한글편지 판독자료집』 수록 한글편지

가나다순 한글편지 명칭 찾아보기

• 추사 언간 •

40건

■ 대상 언간

추사(秋史) 김정희(金正喜, 1786~1856)가 쓴 한글편지 40건을 이른다. 1979년 김일근(金一根) 교수가 『文學思想』 제76호에 추사의 한글편지 10건을 처음 소개하면서 밝힌 바에 따르면, 추사의 한글편지는 고(故) 김일근 교수를 포함하여 개인들이 분산 소장하고 있는데, 동학의 도움을 받아 김일근 교수가 자료를 발굴, 공개하는 것이라 하였다. 현재까지 소개된 추사의 한글편지는 총 40건으로, 그 중 12건은 개인들이 분산 소장하고 있고, 나머지 28건은 김일근 교수가 소장하고 있다가 최근 국립중앙박물관에서 구입하여 소장하고 있다. 개인 소장 편지 중 02번, 10번, 16번, 22번, 31번은 흑백 복사본만 공개되어 있고, 10번 편지는 크기도 밝혀져 있지 않다. 40건 중 30건은 봉투가 함께 전하는데, 이 중 7건은 내지(內紙) 없이 봉투만(내지는 개인 소장) 국립중앙박물관에 소장되어 있다(11번, 12번, 16번, 20번, 22번, 23번, 31번).

■ 언간 명칭 : 추사 언간

金一根(1979)에서 '秋史의 한글편지 10통'이라는 제목으로 처음 소개한 이래 '추사의 한글편지'라는 표현으로 추사 개인의 편지들이 소개되었으며, 김일근·이종덕·황문환(2004)에서도 도록(圖錄)의 제목을 '秋史 한글편지'라 하였다. 이 판독자료집에서는 기존의 명명 취지를 계승하여 '추사 언간'을 명칭으로 삼고, 출전 제시의 편의상 약칭이 필요할 경우에는 '추사'를 사용하였다.

■ 언간 수량 : 40건

이 판독자료집에서는 현재까지 발굴, 소개된 40건을 모두 수록 대상으로 삼되, 편지 번호는 김일근·이종덕·황문환(2004)에서 부여된 번호를 따랐다.

■ 원문 판독

전체 40건 중 10건은 金一根(1979)에서 처음 소개하였다. 소개 당시 발수신자에 대한 고증과 함께 간단한 주해(註解)까지 이루어졌는데 일반 독자의 편의를 위하여 'ᆞ'를 'ㅏ'로 대치하는 등 표기를 현대 철자로 바꾸어 수록하였다. 이후 金一根(1982)에서 11건을 더 소개하고, 이어서 金一根(1986a)에 앞서 소개된 21건의 판독문을 모두 종합하여 수록하였다. 그후 金一根(1986b)에서 12건을 추가로 발굴, 소개하고(현대 철자로 바꾸어 수록), 金一根(1988b)에서는 다른 편지의 협지(夾紙)로 추정되는 편지 6건을 새로 발굴하여 '補遺'라는 이름으로 소개하였다(고어 원래 표기대로 수록). 이렇듯 분산 발표한 판독문에 추가 발굴된 1건(12번)을 합하여 총 40건 전체의 판독문을 金一根(1986/1991)에서 고어 표기를 반영하여 종합적으로 수록하였다. 이후 김일근·이종덕·황문환(2004)에서는 이 40건의 판독문을 다시 수정, 보완하고 주석 및 해설을 곁들인 도록의 형식으로 출간하였다. 여기서는 보유 건에도 연번(連番)을 적용하여 01~40의 새로운 번호를 부여했는데, 이전 金一根(1986/1991)에서 부여된 보유 번호는 괄호 안에 넣어 제시하였다. 이 판독자료집에서는 기존의 판독 가운데 40건 전체가 대상이 된 金一根(1986/1991)과 김일근·이종덕·황문환(2004)의 판독 사항을* 대비하여 표로 제시하고 판독 결과를 대조하는 데 도움이 될 수 있도록 하였다.

■ 발신자와 수신자

발신자는 추사 김정희이고, 수신자는 추사 김정희의 계배(繼配) 예안이씨(禮安李氏, 1788~1842), 며느리 풍천임씨(豊川任氏, 1812~1851) 둘이다. 추사 김정희가 아내 예안이씨에게 보낸 것이 38건이고, 며느리 풍천임씨에게 보낸 것이 2건이다. 이 판독자료집에서는 발신자와 수신자에 대해 김일근·이종덕·황문환(2004)을 그대로 따랐다.

■ 작성 시기

현존하는 40건 중 발신 연도가 적힌 편지는 21건인데, 그 가운데 가장 이른 것은 무인(戊寅, 1818년) 2월 11일이고, 가장 늦은 것은 갑진(甲辰, 1844년) 3월 6일이다. 발신 연도가 적히지 않은 편지들은 그 내용으로 보아 수신자가 모두 예안이씨임을 알 수 있는데, 예안이씨의 몰년(1842년)을 감안할 때 추사 언간의 작성 시기는 크게 보아 1818~1844년, 곧 19세기 전반에 해당하는 것으로 볼 수 있다. 이 판독자료집에서는 작성 시기에 대해 기본적으로 김

---

* 도록이 출간될 당시 도록의 판독문에 대한 '정오표(正誤表)'도 함께 작성, 배포되었다. 따라서 대비 대상이 된 판독 사항은 '정오표'의 것까지 함께 고려한 결과이다.

일근・이종덕・황문환(2004)을 따르되 작성 시기를 달리 추정하게 되는 경우에는 추정 근거를 해당 편지에 각주로 제시하였다.

■ 자료 가치

19세기 전반의 국어를 반영하는 국어사 자료이자, 추사 개인과 당시 사대부가의 생활상을 알려 주는 생활사 자료로서 가치가 있고, 추사의 한글 서체를 살필 수 있어 서예사의 측면에서도 귀중한 자료가 된다.

■ 자료 해제

자료의 서지 사항에 대해서는 金一根(1986/1991 : 275~277) 및 金一根(2004 : 4~6)을 참고할 수 있다.

■ 원본 사항

- 원본 소장 : 국립중앙박물관(28건) 및 개인(12건)
- 크기 : 13.0×19.2cm(38번), 31.0×53.0cm(01번) 등

■ 판독 사항

金一根(1979), 「秋史의 한글 편지 10통」, 『文學思想』 76, 文學思想社, 322~340쪽. ※ 10건 판독
('・'를 'ㅏ'로 대치하는 등 현대 철자로 바꾸어 수록)

金一根(1982), 「秋史家의 한글 편지들(下)」, 『文學思想』 115, 文學思想社, 363~382쪽. ※ 11건 추가 판독('・'를 'ㅏ'로 대치하는 등 현대 철자로 바꾸어 수록)

金一根(1986a), 『諺簡의 研究』, 건국대학교 출판부. ※ 21건 판독

金一根(1986b), 「秋史의 한글 편지 12통」, 『文學思想』 165, 文學思想社, 351~368쪽. ※ 12건 추가 판독

金一根(1988), 「秋史 諺簡 補遺 6篇」, 『韓國學報』 14권 3호, 一志社, 219~222쪽. ※ 補遺 6건 추가 판독

金一根(1986/1991), 『三訂版 諺簡의 研究』, 건국대학교 출판부. ※ 40건 전체 판독

김일근・이종덕・황문환(2004), 『秋史의 한글편지』, 예술의전당 서울서예박물관. ※ 40건 전체
　　　판독
김경순(2013), 「추사 김정희의 한글편지 연구」, 충남대학교 대학원 박사학위 논문. ※ 40건 전체
　　　판독

■ 영인 사항

김일근・이종덕・황문환(2004), 『秋史의 한글편지』, 예술의전당 서울서예박물관. ※ 40건 전체를
　　　컬러 혹은 흑백 사진으로 수록

■ 참고 논저

金京順(2002), 「秋史 金正喜의 한글簡札 書風 研究」, 원광대학교 석사학위 논문.
김경순(2003), 「추사 김정희의 한글편지 해독과 의미」, 『語文研究』 제75권, 語文研究學會,
　　　5~32쪽.
김경순(2013), 「추사 김정희의 한글편지 연구」, 충남대학교 대학원 박사학위 논문.
金基鉉(1988), 「秋史 散文에 나타난 夫婦像 − 한글편지 33통을 중심으로 살핌」, 『고전문학연
　　　구』 4, 한국고전문학회, 31~45쪽.
金一根(1979), 「秋史의 한글 편지 10통」, 『文學思想』 76, 文學思想社, 322~340쪽.
金一根(1982), 「秋史家의 한글 편지들(下)」, 『文學思想』 115, 文學思想社, 363~382쪽.
金一根(1983), 「秋史 金正喜의 人間面의 考察 − 그의 親筆 諺簡을 통하여」, 『省谷論叢』 제14
　　　집, 省谷學術文化財團, 87~128쪽.
金一根(1986a), 『諺簡의 研究』, 건국대학교 출판부.
金一根(1986b), 「秋史의 한글 편지 12통」, 『文學思想』 165, 文學思想社, 352~368쪽.
金一根(1986c), 「諺簡으로 본 秋史의 人間論」, 『전국문화원』 10・11 합집, 한국문화원연합회,
　　　30~40쪽.
金一根(1987), 「諺簡에 投映된 秋史의 人間論」, 『耽羅文化』 6, 濟州大學校 耽羅文化研究所,
　　　11~32쪽.
金一根(1988a), 「秋史 金正喜의 書簡文 研究」, 『仁山金圓卿博士華甲紀念論文集』.

金一根(1988b), 「秋史 諺簡 補遺 6篇」, 『韓國學報』 14권 3호, 一志社, 219~222쪽.

金一根(1991), 「秋史 金正喜의 諺簡資料 總攬」, 『建國語文學』 제15·16 합집, 건국대학교, 245~275쪽.

金一根(1986/1991), 『三訂版 諺簡의 研究』, 건국대학교 출판부.

金一根(2004), 「秋史家 한글 文獻의 總括과 學的價值(槪要)」, 『秋史한글편지展세미나논문집』, 예술의전당 서울서예박물관, 4~8쪽.

김일근·이종덕·황문환(2004), 『秋史 한글편지』, 예술의전당 서울서예박물관.

박병천(1992), 「추사 언간글씨의 서체미 분석과 작품화 응용방안-30~50대 시기의 한글 편지 글씨를 중심으로」, 『論文集』 26권 2호, 仁川敎育大學校, 535~581쪽.

박병천(1993), 「추사 언간 글씨의 서체미 분석과 작품화 응용 방안」, 『仁川敎育大學論文集』 第二十六輯 2號, 仁川敎育大學 論文編輯委員會, 535~581쪽.

박병천(2000), 「한글서체의 유형적 역동성에 대한 탐색-조선시대 추사 김정희 언간 서체를 중심으로」, 『동양예술』 2, 한국동양예술학회, 1~46쪽.

박병천(2007), 『조선시대 한글 서간체 연구』, 다운샘.

박병천·정복동·황문환(2012), 『조선시대 한글편지 서체자전』, 한국학중앙연구원 어문생활 사연구소, 다운샘.

朴貞淑(2007), 「秋史와 石坡 諺簡의 書體美 比較研究」, 성균관대학교 석사학위 논문.

박정숙(2010), 「秋史 金正喜 書簡의 書藝美學的 研究-한글·한문서간을 대상으로」, 성균관 대학교 박사학위 논문.

박정숙(2012), 「秋史 한글 書簡 文章의 造形的 審美 構造 考察」, 『秋史研究』 제10호, 秋史學 會, 151~190쪽.

서종남(1998), 「추사 언간(諺簡)에 나타난 작가의식」, 『새국어교육』 제55호, 한국국어교육학 회, 211~237쪽.

安貴男(1996), 「諺簡의 敬語法 研究」, 경북대학교 박사학위 논문.

梁淳珌(1979), 「秋史의 濟州流配書翰攷」, 『아카데미論叢』 제7집, 세계평화교수협의회, 123~141 쪽.

梁淳珌(1980), 「秋史 金正喜의 濟州 流配 諺簡 攷」, 『語文研究』 27, 韓國語文敎育研究會, 347~361쪽.

梁淳珌(1983), 「秋史의 濟州流配諺簡研究-그 年紀의 再構와 內容分析을 중심으로」, 『論文集』 제15집, 제주대학교, 11~27쪽.

梁淳珌·金奉玉(1991), 「秋史 金正喜의 濟州流配文學 研究」, 『論文集』 제32집, 제주대학교, 57~104쪽.

예술의전당 서울서예박물관(2002), 『朝鮮王朝御筆』, 한국서예사특별전 22.

오석란(1988), 「추사 한글편지의 국어학적 고찰」, 『성신어문학』 창간호, 성신어문학연구회, 127~144쪽.

윤치부(2001), 「추사의 제주 유배시 한글편지 쓰기와 읽기」, 『論文集』 제30집, 濟州教育大學校, 65~88쪽.

윤희선(2009), 「'추사 한글편지'의 표기와 음운현상」, 『조선시대 한글편지의 언어와 서체』, 한국학중앙연구원 어문생활사연구소 2009년 제1차 학술대회 발표집, 57~76쪽.

李炳道(2004), 「秋史 金正喜 한글 書簡에 나타난 造形性 연구」, 대전대학교 대학원 석사학위 논문.

이종덕(2013), 「추사 한글편지의 판독과 해석」, 『추사의 삶과 교유』, 2013 추사박물관 개관 기념 학술대회 자료집, 79~112쪽.

정복동(2011), 「조선시대 사대부 언간 서체의 미적 특징 고찰-16~19세기 자음자의 서체를 중심으로」, 『정신문화연구』 제34권 제2호, 한국학중앙연구원, 37~70쪽.

조평환(2007), 「추사 김정희의 유배서간에 나타난 제주의 생활정서」, 『東方學』 제13집, 한서대학교 동양고전연구소, 183~205쪽.

崔文煥(1987), 「秋史 金正喜의 諺簡 研究」, 건국대학교 석사학위 논문.

추사박물관 편저(2013), 『추사박물관 개관도록』, 과천시 추사박물관.

한창훈(2000), 「秋史 金正喜의 濟州 流配期 諺簡과 그 文學的 性格」, 『濟州島研究』 제18집, 제주도연구회, 1~15쪽.

黃文煥(2004), 「추사(秋史) 한글 편지의 국어학적 특징에 대한 일고찰」, 『한국어의 역사』, 보고사, 363~382쪽.

황문환(2010), 「조선시대 언간 자료의 현황과 특성」, 『국어사 연구』 10, 국어사학회, 73~131쪽.

추사 언간 01

〈추사-01, 1818년, 김정희(남편) → 예안이씨(아내)〉

판독문

장동 본가 입납	이월 십일일 근봉
영호 유직 샹장	

거번 듕노의셔 ᄒ온 편지는 보와 겨시옵 그ᄉ이 인편 잇ᄉ오나 편지 못 보오니 붓그러워 아
니ᄒ야 겨오시옵 나는 ᄆᆞᄋᆞᆷ이 심히 섭섭ᄒ옵[1] 그동안 일 넘이나 되오니 년ᄒ와 편안이 지내
오시고 대쇼[2] 연고 업습고 슈직 범졀이[3] 챡실이[4] ᄒ옵 샤랑의[5] 동쳥직들이 쩌나지 아니ᄒ옵
고 잇다 ᄒ옵 일넘이 노히지[6] 아니ᄒ오며 나는 오리간만의 뫼시고 지내니 든든 깃부기 엇지
다 뎍습[7] 그 길의 쳔 니나 쥬류ᄒ야 이렁가 험노의 무슈이 속습고 열나흘 만의[8] 득달ᄒ야
와ᄉ오니 쉬온 지[9] 삼 일이로디[10] 참아 곤ᄒ와 못 견디개습 오날[11] 졔녁이 졔ᄉ오니 형님겨
오셔나 번이나[12] 나오시고 뒤집 진ᄉ나 드러와 지내는가 외오셔 이리 넘이오며 내힝은 넘후
쩌나는디 큰아ᄌ마님[13] 겨오셔와 듕슈씨가 올나가오시고 계슈씨는[14] 아직 겨시고[15] 그[16] 회
마의 거긔셔 나려오시개 ᄒ개습 나는 내힝 올나갈 쩌의 ᄒᆞᆫ가지로 가랴 ᄒ오니 시ᄉ 미쳐 드
러가올 듯ᄒ옵 그ᄉ이 길이나 마치[17] 찰혀 두개 ᄒ옵 아모려도 초뉵 즘으로 쩌나오개 ᄒ
옵개ᄉ오니 미리 출히시개 ᄒ옵 아모려도 집일이 말이 못 되오니 이리 답답ᄒ옵마는 얼마
동안이올잇가 올흔 집일을 게셔을 모도[18] 맛기고 나는 걱정을[19] 마ᄌ ᄒ야습더니 그도 다
ᄯᆞᆺ대로 아니 되오니 도로혀 웃습고 심난 난쳐ᄒᆞᆫ 일 만ᄉ오니 답답ᄒ올 ᄲᅮᆫ이옵 내 져고리는
샹인[20] 편 갓튼 디을 노치고 언졔 보내랴[21] ᄒ옵 답답도 ᄒ옵 평동셔도는[22] 그ᄉ이 엇더ᄒ
오시다[23] ᄒ옵 동동ᄒ온 념녀 ᄀᆞ이업ᄉ오며 반동 누의님은[24] 드러와 겨오시옵 어디셔 온 편
지가 보암즉 ᄒ옵기 보내오니 보오시고 잘 감초와 두옵 개셔[25] 비항은 뒤집 진ᄉ가 오개 ᄒ
옵 심요 이만 뎍습 무인 이월 십일일 夫 샹장 편지 써 둔 지 이틀이올너니[26] 그ᄉ이 ᄒᆞᆫ 슌[27]
글월 보옵고 ᄯᅩ 다시 쓸 길이 업셔 이만 흐니옵 십삼일 야 츄셔

판독대비

번호	판독자료집	金一根 (1986/1991 : 278~279)	김일근·이종덕·황문환 (2004 : 245)
1	섭섭호읍	섭섭호읍	–
2	대쇼	대도	대도
3	슈직 범졀이	숙식범졀이	–
4	챡실이	착실이	–
5	샤랑의	사랑의	–
6	노히지	노희지	–
7	뎍습	뎍ᄉ읍	–
8	만의	날의	–
9	쉬온 지	〔판독 안 됨〕	–
10	삼 일이로더	삼일이로되	삼일이로더
11	오날	오늘	–
12	번이나	먼니나	먼니나
13	큰아ᄌ마님	큰 아자마님	–
14	계슈씨ᄂ	계슈씨는	–
15	겨시고	겨오시고	–
16	그	〔판독 안 됨〕	–
17	마치	마쳐	–
18	계셔을 모도	게셔 유무로	게셔 유무로
19	걱졍을	걱정을	–
20	샹인	상인	–
21	보내랴	보ᄂ랴	–
22	평동셔ᄂ	평동셔도	평동셔도
23	엇더호오시다	엇더호오신가	–
24	누의님은	누이님은	–
25	개셔	게셔	–
26	이틀이올너니	–	이틀이올러니
27	혼 슌	호슌	호슌

추사 언간 02

〈추사-02, 1818년, 김정희(남편) → 예안이씨(아내)〉

판독문

그시 년ᄒᆞ야 편지 브쳐습더니[1] 다 보와 겨시ᄋᆸ 념일간 녕으로 드르신다 ᄒᆞ더니 어니 날 녕문의 와 겨시ᄋᆸ 즉금은 한 열흘이나 갓가와소오니 도독이나 다 플니시고 뫼와 일양ᄒᆞ오시ᄋᆸ 아바님겨오셔는 환슌 후 긔후 일양ᄒᆞ오신지 복념 브리ᄋᆸ지 못ᄒᆞ오며 나는 아직 년고 들은 업ᄉᆞ 거셔는 엇지ᄒᆞ시ᄋᆸ 세간은[2] 뉘가 잡고 거긔 모양드을[3] 보시니 엇더ᄒᆞᄋᆸ[4] 실노 념녀 노히이지[5] 아니ᄒᆞ오며 올 북경 길의[6] 문포 두엇 필을 어더소오니 엇지ᄒᆞ야 입소오면 죠흘고 게셔는 업고 도라 의논ᄒᆞ[7] 길 업소오니 엇지면 죠흘지 답답ᄒᆞᆫ 일 만소오니 민망ᄒᆞᄋᆸ ᄌᆞ시 긔별ᄒᆞᄋᆸ 춍춍 이만 뎍ᄉᆸ 무인 삼월 념팔[8] 샹장

판독대비

번호	판독자료집	金一根 (1986/1991 : 279)	김일근·이종덕·황문환 (2004 : 244)
1	브쳐ᄉᆞ더니	부쳐ᄉᆞ더니	–
2	세간은	세간은	–
3	모양드을	모양 등을	–
4	엇더ᄒᆞᄋᆸ	엇더하ᄋᆸ	–
5	노히이지	–	노히이디
6	올 북경 길의	춘복 경각의	춘복 경각의
7	의논ᄒᆞ	의논홀	–
8	념팔	념칠	–

추사 언간 03

〈추사-03, 1818년, 김정희(남편) → 예안이씨(아내)〉

판독문

샹장	
	근봉

거번 글월은 못내[1] 뵈온 듯ᄒᆞ오며 그ᄉᆞ이 뫼와 일양들 지내오시읍 나는 아직 ᄒᆞᆫ가지오며 아ᄌᆞ마님겨오셔 학졈으로[2] 미령ᄒᆞ오시다 ᄒᆞ오니 엇더ᄒᆞ오시읍[3] 즉시 쾌복ᄒᆞ와 겨오신가 복녀[4] ᄀᆞ이업ᅀᆞᆸ 내일[5] 죠흔 구경을 마히[6] ᄒᆞ오실 듯ᄒᆞ오니 셔울[7] 인는 샤룸은 더옥 싱각이 아니 나오시개ᅀᆞᆸ 긔별ᄒᆞ오신 거슨 엇더 엇지ᄒᆞ올잇가 여긔 두고 대분부을[8] ᄒᆞ오라 ᄒᆞ시면 긔ᄃᆞ리[9] 잇ᄉᆞ올이다 남은 업셔 다 흰 거시라 ᄒᆞ오니 여긔셔 남을 드리면 죠흘 듯ᄒᆞ읍마ᄂᆞᆫ 뉘고더러 드리라 ᄒᆞ개ᅀᆞᆸ 기ᄃᆞ리올 밧 수가 업ᅀᆞᆸ 녕싱 모 옥동곳슨 극품을[10] 어더시니 구젼이나 만히 먹이라 ᄒᆞ읍[11] 인편이 급ᄒᆞ야 편지 각각[12] 못ᄒᆞ오며 혼슈 말은 ᄌᆞ시 듯고 당홍 삼승은 계년의도[13] 내여오지 아니ᄒᆞ고 올ᄒᆡ도[14] 아니 내여왓다 ᄒᆞ오니 이런 낭픠가 업ᅀᆞᆸ[15]다홍 삼승을 압집의셔 계년의도 낭픠을 ᄒᆞ야 겨요[16] 다른 ᄃᆡ셔 나[17] 쓰와다 ᄒᆞ읍 무인 ᄉᆞ월 초칠 샹장[18]

판독대비

번호	판독자료집	金一根 (1986/1991 : 279~280)	김일근·이종덕·황문환 (2004 : 243)
1	못내	몬내	-
2	학졈으로	학증으로	-
3	엇더ᄒ오시옵	엇더ᄒ시옵	-
4	복녀	복려	-
5	내일	닉일	-
6	마히	만히	-
7	셔올	셔울	셔울
8	두고 대분부을	두고 내 문부을	두고 내 문부을
9	기드리	기드리고	-
10	극품을	극품을	극품을
11	ᄒ옵	ᄒ압	-
12	각각	잘	-
13	졔년의도	젼년의도	져년의도
14	올히도	술회도	-
15	업습	잇습	-
16	겨요	겨오	-
17	디셔 나	-	디셔나
18	샹쟝	샹장	-

추사 언간 04

〈추사-04, 1818년, 김정희(남편) → 예안이씨(아내)〉

판독문

녕녕 내아 입납	근봉
장동 샹장	

거번 인편의 뎍수오시니 보옵고 든든ᄒᄋ며 그소이 인편 혹 잇소오디 셔역이 극난ᄒᄋ야 못
ᄒᄋ야소오니 뫼 만습 오쟉 쑤지져 겨오시실잇가 날이 수월이라 업시 이리 칩소오니 뫼와 일
양들 ᄒᄋ오시옵 아바님겨오셔 감후로 미령ᄒᄋ오시다 ᄒᄋ오니 엇더ᄒᄋ오신지 즉시 평복ᄒᄋ오시고
제졀이[1] 일양이오신지 외오셔 초박[2] ᄀ이업습 녕즁 범졀[3] 다 일향 편안ᄒᄋ옵[4] 나는 아직 ᄒᆞᆫ
가지오니 다힝이옵 온양 편지도[5] 보와 겨오시옵 용구 올나오는 편의 와습더니 녕싱 모 편
지 즈시[6] 보와시나 보내 것 아직 오지 아니ᄒᄋ야소오니 온 후 답셔ᄒᄋ올이다 호방이 나려가기
총총 이만 그치오며 내내 평안ᄒᄋ오시기[7] ᄇ라옵 무인 수월 념뉵일 샹장

판독대비

번호	판독자료집	金一根 (1986/1991 : 280)	김일근·이종덕·황문환 (2004 : 243)
1	제졀이	제졀이	–
2	초박	초조	초조
3	범졀	범졀	–
4	편안ᄒᄋ옵	평안ᄒᄋ옵	평안ᄒᄋ옵
5	편지도	–	편지논
6	즈시	자시	–
7	평안ᄒᄋ오시기	평안ᄒᄋ시기	–

추사 언간 05

〈추사-05, 1818년, 김정희(남편) → 예안이씨(아내)〉

판독문

샹장	근봉

그ᄉᆞ이 왕ᄂᆡᄒᆞᄂᆞᆫ 인편 잇ᄉᆞ오나 거긔 편지도 못 보ᄋᆞᆸ고 나도 못 ᄒᆞ야ᄉᆞ오니 섭섭ᄒᆞᄋᆞᆸ기 엇지 다 덕ᄉᆞᆸ 날이 증습ᄒᆞᄋᆞᆸ기 심ᄒᆞ와 장마가 되야 가오니 뫼오셔 편안들[1] ᄒᆞ오시ᄋᆞᆸ 념녀[2] ᄇᆞ리지 못ᄒᆞ오며 대되 무ᄉᆞ들 ᄒᆞ온잇가 섯믈[3]이 한창 ᄡᅥᆨ오니 브ᄃᆡ 참외 가튼 것 만이 잡ᄉᆞ오시개 ᄒᆞᄋᆞᆸ 본ᄂᆡ 습도 업ᄂᆞᆫ 긔픔이오니[4] 금ᄒᆞ리 업시 만열이와[5] 결어 가면 잘 자시랴[6] 일컷ᄉᆞᆸ 나ᄂᆞᆫ 점점 슈란ᄒᆞᆫ 일 만ᄉᆞ오니 답답ᄒᆞᄋᆞᆸ 만열[7] 혼인은 동지달노 졍ᄒᆞ야시니 긔특ᄒᆞ오며 압ᄃᆡᆨ의셔 둘재어마님겨오셔 죵환으로 대간ᄒᆞ오시더니[8] 죠곰 낫ᄌᆞ오시나 마히 념녀ᄒᆞ야ᄉᆞᆸ더니[9] 다힝이오며 평동 누의님도 미령이[10] 지내오시더니 요ᄉᆞ이ᄂᆞᆫ ᄯᅩ 낫ᄌᆞ오시고 난동 됴집이[11] 회증쳐로 병이 십분 긔괴ᄒᆞ야[12] 즉금 십여 일의 집증을 못 ᄒᆞ오니 이런 답답ᄒᆞ올 ᄃᆡ 업ᄉᆞᆸ 슈란 이만 그치ᄋᆞᆸ 녕싱 모의개ᄂᆞᆫ 편지 못 ᄒᆞ오니 후편 ᄒᆞ올이다 무인 뉵월 초ᄉᆞ일 샹장

판독대비

번호	판독자료집	金一根 (1986/1991 : 280~281)	김일근 · 이종덕 · 황문환 (2004 : 242~243)
1	편안들	평안들	평안들
2	넘녀	넘려	–
3	섯믈	셔믈	–
4	업눈 긔픔이오니	업눈긔 흠이오니	업눈 긔 흠이오니
5	만열이와	만녈이와	–
6	쟈시랴	자시랴	–
7	만열	만녈	–
8	대간ᄒ오시더니	대단ᄒ오시더니	대단ᄒ오시더니
9	넘녀ᄒ얍더니	넘려ᄒ야더니	–
10	미령이	미령	–
11	난동 됴집이	안동 죠집이	난동 죠집이
12	긔괴ᄒ야	지리ᄒ야	–

추사 언간 06

〈추사-06, 1818년, 김정희(남편) → 예안이씨(아내)〉

판독문

> 샹장

이동안은 오릭 쇼식이 업스오니 답답 넘녀[1] 브리지 못ᄒ오며 그스이 엇지 편치 못ᄒ야 지나
시다[2] ᄒ오니 어딕을[3] 그리 알아 지내와습 본증이나 아니 올넌가 넘녀[4] 측냥업습[5] 만념이
극심ᄒ옵 뫼와 일양 평안ᄒ오시옵[6] 아바님겨오셔는 셜후[7]는 쾌히 낫ᄌ오시고 세재 진스는[8]
이각이나 ᄒ야습 외오셔 이리 동동ᄒ 넘녀[9] 측양업습[10] 셔모도[11] 마히 알아 지내야다 ᄒ오
니 종종 넘이오며 아히들은 탈 업시 잇습 나는 초스[12] 졔스[13] 지내오니 시로히[14] 망극지통
엇지 다[15] 덕습 둘재 누의님도 드러오시고 병등[16] 챠동셔도 드러와 모히여 지내와시나 게셔[17]
멀이 겨시니 결연ᄒ기 ᄀ이업습 집안은 대되 무양ᄒ고 나는 셔감이 긴ᄒ더니 ᄯᅩ 죠곰 낫습
온양 편지 와기 보내오며 대되 일양이오신가 보오니 다ᄒᆡᆼ이옵 개셔는[18] 편지ᄒ는 거슬 못
보오니 엇진 일이옵 총총 이만 덕습 칠월 칠일 샹장

판독대비

번호	판독자료집	金一根 (1986/1991 : 281)	김일근·이종덕·황문환 (2004 : 242)
1	넘녀	념려	–
2	지나시다	지나시나	–
3	어디을	어디올	–
4	넘녀	념려	–
5	측냥업습	측량 업습	–
6	평안ㅎ오시옵	평안ㅎ시옵	–
7	셜후	셔후	셔후
8	진스눈	진사눈	진사눈
9	넘녀	념려	–
10	측양업습	측량 업습	측양 업습
11	셔모도	셔모눈	–
12	초스	혼자	–
13	졔스	졔사	졔사
14	시로히	셔로와	새로히
15	엇지 다	엇지나	–
16	병듕	병즁	병즁
17	게셔	거셔	–
18	개셔는	게셔는	–

〈추사-07, 1818년, 김정희(남편) → 예안이씨(아내)〉

판독문

| 영녕 내아 입납 | 근봉 |
| 쟝동 본가 샹장 | |

그스이 혹 인편 이시되 편지 오리[1] 못 부치오니 섭섭ㅎ올[2] 쑨이오며 노염이 극심ㅎ오니 뫼오셔 년ㅎ야 일양 지내오시옵 녕듕[3] 대쇼 다 ㅎ가지옵고 개셔도[4] 미양 여름의 본병 긔운이 나시더니 엇더ㅎ옵 올흔 그리 지내지 아이시옵[5] 외오셔 넘이오며 나는 오날[6] 졔스 격야ㅎ오시니 새로히 망극지통 엇지 다 ㅎ올잇가 졔스는 겨요 챠려 지내오나 스스 민망ㅎ온 일이 만스오니 이리 민연ㅎ옵 나는 졔스 후 쩌나쟈 ㅎ야더니 마지못ㄴ 연고 이셔 못 가오니 아모주록[7] 졔스 미쳐나 가옵고[8] 시브디 이리 답답ㅎ옵 여러 누의님니도 일양들 지내옵 총총 아모 디도 편지 못 ㅎ옵 칠월 회일 뎡희

판독대비

번호	판독자료집	金一根 (1986/1991 : 282)	김일근·이종덕·황문환 (2004 : 241)
1	오리	오래	–
2	섭섭ㅎ올	섭섭ㅎ올	–
3	녕듕	녕즁	녕즁
4	개셔도	게셔도	–
5	아이시옵	–	아니시옵
6	오날	오눌	–
7	아모주록	아모조록	–
8	미쳐나 가옵고	미쳐 나가옵고	–

추사 언간 08

〈추사-08, 1818년, 김정희(남편) → 예안이씨(아내)〉

판독문

거번 인편의 글월 보옵고 든든ᄒ오며 그ᄉᆞ이 날포 되오니 뫼와 편안들[1] ᄒ오시옵 넘이오며
친후 ᄯᅩ 치통으로 미녕ᄒ오시다[2] ᄒ오니 그동안은 쾌히 낫ᄌᆞ오시고 슌역은[3] 어ᄂᆡ ᄱᅥ 나시
ᄂᆞᆫ고 넘녀[4] 측냥업ᄉᆞ오며[5] 나ᄂᆞᆫ 졔ᄉᆞ 지격ᄒ오시니[6] 새로히 감모 ᄀᆞ이업ᄉᆞ오며[7] 졔ᄉᆞ ᄯᅢᄀᆞ
되올쇼록[8] 쥬부가 업시 지내오니[9] 민망민망ᄒ옵 게셔ᄂᆞᆫ 편이 이셔 이런 ᄉᆡᆼ각도[10] 아니ᄒ오
시고 겨오신 일 도로혀 웃숩 삭예돈은 ᄭᅮ어 쓰오시고 어ᄂᆡ ᄯᅢ의 갑ᄒ시랴 ᄒ시옵[11] 갑ᄒ시
거든 날별이을[12] ᄒ야 갑개 ᄒ옵 쥬머이 가음은[13] 이 편의 미쳐 못 보내오니[14] 이후 인편의
즉시 보내올이다[15] 나ᄂᆞᆫ 길은 가랴다 못 가옵고 이리 민망ᄒ옵 아직도 긔한이 업시[16] 죠
흔 귀경도 못ᄒ고 더옥 이리 답답ᄒ옵 겨요[17] 이리 그리오며 셔모의개 갓셔 못ᄒ옵 팔월 초
오일 뎡희

판독대비

번호	판독자료집	金一根 (1986/1991 : 282~283)	김일근·이종덕·황문환 (2004 : 240~241)
1	편안들	평안들	평안들
2	미녕ᄒ오시다	미령ᄒ오시다	–
3	슌역은	슌력은	슌녁은
4	넘녀	넘려	–
5	측냥업ᄉ오며	측량 업ᄉ오며	측냥 업ᄉ오며
6	지격ᄒ오시니	지격ᄒ시니	지격 ᄒ오시니
7	감모 ᄀ이업ᄉ오며	감모가이 업ᄉ오며	감모 ᄀ이 업ᄉ오며
8	쩌가 되올쇼록	쩌가 되옵도록	째가 되올쇼록
9	지내오니	지니오니	–
10	싱각도	생각도	–
11	갑ᄒ시랴 ᄒ시옵	갑흘시랴 ᄒ옵	–
12	날별이을	날변리를	날변니을
13	주머이 가음은	주머이(니) 가음은	–
14	못 보내오니	못보니오니	–
15	보내올이니다	보니올이리라	–
16	업시	업서	업서
17	겨요	겨오	–

〈추사-09, 1818년, 김정희(남편) → 예안이씨(아내)〉

판독문

내아 입납	
장동 본가 답샹장	근봉

방즈 도라오옵눈디 뎍스오시니 보옵고 든든ᄒ오며 그스이 년ᄒ야 뫼오셔 일양ᄒ오시옵 슌역이[1] 드러오와 겨오실 거시오니 안녕이 환츠ᄒ오신가[2] 넘녀[3] 브리옵지 못ᄒ오며 녕듕[4] 대쇼 다 일향 무스들 ᄒ옵 넘일일[5] 졔스 지나오시니 년년이 외오셔 망극지통 더옥 ᄀ이업스오며 게셔는 우연이 나려가셔 참스을[6] ᄒ오시니 날이여셔[7] 낫습 나는 대되 큰 연고은[8] 업습고 시스는 박림ᄒ오시고 스스 민년ᄒ온 일[9] 만습 게셔 길흔[10] 스셰가[11] 그러ᄒ올 밧 엇지 몬져 오개습 내가 나려가쟈[12] ᄒ옵더니 이리 쳔연ᄒ야 말이 아니 되옵 옷은 즉시 바다 입개스오며 셔올셔[13] 옷 올 줄 모로고 듕치막 ᄒ나을[14] 장만ᄒ야더니 둘이 되오니 다힝이옵 둘재 딕 요젼[15]일은 즉시 분별ᄒ야 주올이다[16] 삼승 주머가음은[17] 삼승이 무명 놀기의 극귀ᄒ야 거위 절죵이나 다르지 아니ᄒ고 잇는 거시 고약ᄒ야 주머 ᄒ지[18] 못ᄒ올 듯ᄒ옵기[19] 그스이 못 어더 보내와습[20] 그러나마 급급 ᄒ오랴면[21] 금명 쏘 인편 잇스오니 샤 보내 올이다[22] 셰목 두 필을 어더스오니 게셔가 오시면 가을의 겹것 가튼 거시나 ᄒ야 입으면 죠흘 거슬 아직 두어시니 내년이들 못 ᄒ야[23] 입습 총총[24] 이만 그치옵 다룬 디 챠마 쓰기 어려워 못 ᄒ오니 이 말 뎐ᄒ옵 황쥐 명지는 온다[25] ᄒ옵고도 아니 오니 이리 민망ᄒ옵 팔월 회일 샹장

판독대비

번호	판독자료집	金一根 (1986/1991 : 283)	김일근·이종덕·황문환 (2004 : 240)
1	슌역이	슌력이	슌녁이
2	환츠ᄒ오신가	환차ᄒ오신가	환차ᄒ오신가
3	넘녀	넘려	–
4	녕듕	녕즁	–
5	넘일일	넘일	넘일
6	참ᄉ을	참사을	참사을
7	날이여셔	날이여서	–
8	연고은	년고는	년고는
9	민년ᄒ온 일	민련ᄒ온일	–
10	길혼	갓튼	갓튼
11	ᄉ셰가	ᄉ셰가	–
12	나려가쟈	나려가야	–
13	셔울셔	셔울셔	–
14	ᄒ나을	ᄒ나를	–
15	요젼	요젼	–
16	주올이니다	주올 이리나	–
17	주머가음은	주머(니) 가음은	주머[니] 가음은
18	주머 ᄒ지	주머니ᄒ지	주머[니] ᄒ지
19	듯ᄒ옵기	듯ᄒ옵기	듯ᄒ옵기
20	보내와습	보니와습	–
21	급급 ᄒ오랴면	급급ᄒ노라면	급급 ᄒ노라면
22	올이니다	올니리라	–
23	내년이들 못 ᄒ야	미련이들 못ᄒ야	미년이들 못ᄒ야
24	총총	총총	
25	온다	온가	

추사 언간 10

〈추사-10, 1818년, 김정희(남편) → 예안이씨(아내)〉

판독문

거번 인편의 덕스오시니 든든ㅎ오며 그스이 일양 평안ㅎ오시옵고 슌녁[1] 힝츠눈 안녕이 환
츠ㅎ야 겨오시옵 복념[2] ㄱ이업스오며 나는 대되 일양이오나 슈란ㅎ온 일 만스오니 답답ㅎ
옵 내힝이 슈이 올 거시오니 엇지나 찰여 오시옵 얼나[3] 만이 어더 가지고 오시옵 웃습 평동
셔는 별스 셔쟝을 ㅎ야 블시의[4] 연힝을 쩌나노라 누의님이 이을[5] 퍽 쓰오시나 보옵 대되들
다른 연고는 업스오니 다힝이옵 총총 이만 그치옵 구월 넘뉵일[6] 뎡희

판독대비

번호	판독자료집	金一根 (1986/1991 : 283~284)	김일근·이종덕·황문환 (2004 : 239~240)
1	슌녁	슌력	-
2	복념	원념	-
3	얼나	어란	얼안
4	블시의	불시의	-
5	이을	이를	-
6	넘뉵일	넘육일	-

추사 언간 11

〈추사-11, 1818년, 김정희(남편) → 예안이씨(아내)〉

판독문

```
샹장
```

거번 편지는 보와 겨오시옵 그스이 뫼와 일양들 지내오시옵 환슌이 어니 날 되여 겨오신지
외오셔 경모 ᄀ이업ᄉ오며 나는 대되 일향들 잇ᄉ오며 길들이[1] 슈이 쩌나실 거시니 어니 날
노[2] 뎡ᄒ야습 즈연 슈요훈[3] 일 만ᄉ오랴 일것습 이문동 혼인 무명은 와ᄉ오나 다 못 쓸 거
라 ᄒ오시니 엇지ᄒ야 그러ᄒ개 ᄒ야 보내와습ᄂᆞ지[4] 안악의셔는 즈시 보지 아니ᄒ야습 겨
요[5] 엿즈와 글노[6] 가희여[7] 쓰개 ᄒ야ᄉ오나 스스의 민망ᄒ옵 뵈 말슴을[8] ᄒ야쩌니 쎄[9] 고이
ᄒ야 못 ᄒ야 보낸다고 낭픽을 ᄒ야다 ᄒ오시니 두 필이 얼마 되올 것 아니 오니 ᄒ야 보내
개[10] 셔모와 의논ᄒ옵 둘재 진ᄉ의개도 긔별ᄒ야습 셔모의개 짜로 못 ᄒ옵 혼가지 보옵 극요
이만 긋치오며 이 편지 드러가오면 거위 쩌나실 쩍가 되올 듯ᄒ오이다 무인 십월 초오일 샹장

판독대비

번호	판독자료집	金一根 (1986/1991 : 284)	김일근·이종덕·황문환 (2004 : 239)
1	길들이	길돌이	–
2	날노	날로	–
3	슈요훈	규소훈	규쇼훈
4	보내와습ᄂᆞ지	보니와스ᄂᆞ지	보니와습ᄂᆞ지
5	겨요	계요	계요
6	글노	글로	–
7	가희여	가뢰여	–
8	말슴을	말ᄉ몰	–
9	쎄	째	쇄
10	보내개	보내셔	보내셔

추사 언간 12

〈추사-12, 1828년, 김정희(남편) → 예안이씨(아내)〉

판독문

> 외동 긱듕 입납
> 　　장동 샹장

그리 가신 후 다시 쇼식 막히오니 그스이 뫼와 일양 평안ᄒᆞ오시읍[1] 히포 만의 뫼와 지내오
시니 오쟉 든든ᄒᆞ오시랴[2] 일컷줍고 노친니 졔졀 엇더ᄒᆞ오시읍 넘녀[3] 브리읍지 못ᄒᆞ오며 게
셔ᄂᆞᆫ[4] 엇더ᄒᆞ읍 다시 미령ᄒᆞ야 지내지 아니ᄒᆞ와읍 경경 넘이 노히지 못ᄒᆞ오며 나ᄂᆞᆫ 친후 감
긔 미류쳐로 ᄒᆞ오셔 대단이 미령히 지내오시오시니[5] 초민ᄒᆞ읍기 엇지 다 뎍습 환녕도[6] 아
직 못 ᄒᆞ오시고 어제 능봉심이 이 둘을 넘기지 못ᄒᆞ오셔 병환듕 강인ᄒᆞ오셔 ᄒᆞ로도 다녀오
시ᄂᆞᆫ 디로더 다녀오오셔[7] 더 못ᄒᆞ오시지ᄂᆞᆫ 아니ᄒᆞ오시나 죵시 낫지 못ᄒᆞ오시니 이리 초박
ᄒᆞ읍 나도 잇쩌가지 낫지 못ᄒᆞ읍고 독감을 쏘 어더 대단이 알습더니 슈일이야 됴곰 낫ᄉᆞ오
나 긔운 슈습이 어렵ᄉᆞ오니 답답ᄒᆞ읍 샹하 여러 집은 대되 별일은 업습고 죵씨겨오셔 녜산
쇼분을[8] 오늘 쩌나오시읍 셕보ᄂᆞᆫ 진ᄉᆞ을 ᄒᆞ오니 긔특 깃부읍기 엇지 다 ᄒᆞ읍 누의님겨오셔
도 하 됴화ᄒᆞ오시니 당신은 됴흔 일이 쳐음이라 남의 업ᄂᆞᆫ 과경이온 듯ᄒᆞ읍 교동 판셔 딕의
셔도 진ᄉᆞ가 나오니 노친 시하의 깃부읍 약은 그ᄉᆞ이 다 잡ᄉᆞ와 겨오실 듯ᄒᆞ오며 그 쩔니
ᄂᆞᆫ[9] 증은 다시 관겨치 아니ᄒᆞ읍고 젹긔 엇더ᄒᆞ읍 근친을 가셔 노친너긔 이우나 아니ᄒᆞ읍
광쥬셔ᄂᆞᆫ 슈시 만샥이[10] 되디 아직 쇼식이 업ᄉᆞ오시니 유샥이[11] 되올가 보읍 슝안 아즈마님
겨오셔ᄂᆞᆫ 여긔 겨오실 젹 낙샹을 대단이 ᄒᆞ오셔 요ᄉᆞ이도 신고ᄒᆞ야 지내오시니 그런 놀납
고[12] 익회가 어니 잇ᄉᆞ올잇가 요ᄉᆞ이ᄂᆞᆫ 겨요[13] 긔동은 ᄒᆞ오신다 ᄒᆞ읍 누의님너겨오셔ᄂᆞᆫ 아
직 일양들 지내오시읍 슈시ᄂᆞᆫ 게 더넘을[14] 공여니 맛다 말이 못 되오시니 ᄉᆞᆫᄉᆞ의 말이 아니
되읍 녜산 편으로 대강 이리 그리읍 삼월 회일 元春

판독대비

번호	판독자료집	金一根 (1986/1991 : 284~285)	김일근·이종덕·황문환 (2004 : 238~239)
1	평안ᄒ오시옵	평안ᄒ시옵	–
2	오쟉 든든ᄒ오시랴	오쟉들 ᄒ오시랴	오쟉들 ᄒ오시랴
3	넘녀	넘려	넘려
4	게셔논	계셔논	–
5	지내오시오시니	–	지내오시니
6	환녕도	환영도	환영도
7	다년오오셔	다녀 오오셔	–
8	쇼분을	쇼분은	–
9	썰니논	썰리논	–
10	만샥이	만삭이	만삭이
11	유샥이	유삭이	유삭이
12	놀납고	놀랍고	놀랍고
13	겨요	게도	–
14	게 더넘을	게더넘을	–

추사 언간 13

〈추사-13, 1828년, 김정희(남편) → 예안이씨(아내)〉

판독문

외동 입납	
장동 샹쟝	근봉

거번 죵시 힝츠 편 덕소오시니 보옵고 이동안 일졀 쇼식 업소오니 년호와 뫼와 안녕호오시옵[1] 넘이오며 여는[2] 그 소이 친후 대단이 미령호오셔 지내오시더[3] 슈일이야 죠곰[4] 낫조오시기 남영으로 오날 환츠호와 겨오시나 오히려 평복지 못호오신디 반일뎡이나 넘녀 동동호오며 남셩셔는[5] 죄낭딕이 어제 순산호오시고 아둘을 나으시니 이런 경시가 업습 산후도 탈이 업다 호오니 깃부오며 나는 잇써가지 낫지 못호온디 일뎐의[6] 겸보덕을 호야 아직 슉소도 못호옵고 황숑호오며 아이의는[7] 내초로나 오시개 호쟈 호야더니 아모려도 집 일이 말이 못 되여 일시가 말이 아니 되옵고[8] 친로가 인마을 어셔 보내야 어셔 오는 거시 올타 호오시기 인마은[9] 내일 써나보내개 호옵고 샤롬을 몬져 호나을 보내여 미리 아오시개 호오니 뎡이의 어려오셔도 아모려도 오실 길이니 즉시 출혀 써나개 호옵 비힝을[10] 거긔셔 오개 호쟈 호엿더니 윤 셔방 원량이 지친이니 비힝 못 호올 묘리[11] 업셔 보내개 호오니 거긔 샤롬은 슈구을 덜개습 겨집죵도 늣졀이을[12] 가개 호야습 길의나 죠심호야 오시개 호옵 셰셰훈 곡졀은 오시면 아니 아옵 일시가 말이 못 되옵 여러 딕들은 큰 연고은[13] 업습 잠 뎍습 무주 소월 십팔일 元春

판독대비

번호	판독자료집	金一根 (1986/1991 : 285~286)	김일근·이종덕·황문환 (2004 : 237~238)
1	안녕ᄒᆞ오시옵	안녕ᄒᆞ시옵	–
2	여논	녀논	–
3	지내오시더	지내오시여	지내오시더〔니〕
4	죠곰	죠금	–
5	남셩셔논	남영셔논	–
6	일뎐의	일젼의	–
7	아이의논	아이너논	–
8	되옵고	되옵고	–
9	인마은	인마는	인마는
10	비힝을	비힝은	–
11	묘리	일리	–
12	늣졀이을	늣졀이을	–
13	연고은	연고는	연고는

추사 언간 14

〈추사-14, 1828년, 김정희(남편) → 예안이씨(아내)〉

판독문

> 샹장

어제 인편의 뎍소온 것 즉시 보오신잇가 야간 뫼와 일양ᄒ오신가 념이오며 여ᄂᆞᆫ[1] 혼가지로
지내옵고 남셩[2] 환ᄎᆞᄒ오신 후 아직 회보 못 듯ᄌ오니 경경ᄒ오며 인마ᄂᆞᆫ[3] 보내오니 여러
날 지체 마오시고 즉시 회뎡ᄒᆞ오시옵 환약과 회환 노슈 두 냥 ᄌ시 밧ᄌ오시옵 비힝[4] 가ᄂᆞᆫ
샤롬이 쩌나기 잠 뎍습 스월 십구일 元春

판독대비

번호	판독자료집	金一根 (1986/1991 : 286)	김일근·이종덕·황문환 (2004 : 237)
1	여ᄂᆞᆫ	녀ᄂᆞᆫ	-
2	남셩	남영	-
3	인마ᄂᆞᆫ	-	인마ᄂᆞᆫ
4	비힝	빅힝	-

추사 언간 15

〈추사-15, 1829년*, 김정희(남편) → 예안이씨(아내)〉

판독문

본가 즉뎐	
긔칙 샹장	근봉

이리 오온 후 날포 되오니 대되 일양들 지내오시고 어린 아히도 잘 잇습는가 념녀 더옥 동동ᄒ오며 오날은 압딕 셩진이오시니[1] 외오셔 경츅ᄒ오며 나는 길의는[2] 잘 나려와ᄉ오니 다힝이옵고 친후는[3] 여러 쳔 니의 쎼치시오시나[4] 죠곰도 관견치 아니ᄒ오시니 다힝이오며 나도 아직은 별노 탈 업시 이시니[5] 깃부옵 두 분 아ᄌ마님겨오셔 십뉵일로 쩌나랴[6] ᄒ오시니 모히여 잇습다가 몬져 가오시니 챵결ᄒ오며 여러 딕의도[7] 일양이옵 영츈[8] 아ᄌ바님겨오셔는[9] 나려가오신잇가[10] 민경의[11] 승즁은 춤혹ᄒ오며 셕보의 집 역질은 잘혼다[12] ᄒ옵 고령딕 쟈근 죡쟝이[13] ᄯ 와셔 야단을 ᄒ다 ᄒ오니 그ᄉ이 엇지되여습 이리 동동ᄒ오며 쳥직들의의[14] 착실이 슈직들 식이시옵 낫의는 샤랑을[15] 모도 잠으고 쩌나지들 말고 기다려 응변을 ᄒ라 ᄒ옵 녕의게도[16] 이리 이르옵 내 가복도포을 ᄒ야 올타 ᄒ오니 엇지면 됴흘지[17] 뵈가 업ᄉ올 듯ᄒ오니 여긔셔 어들가 ᄒ나 이리 답답ᄒ옵 총총 이만 뎍습 화긔을 됴곰[18] 구ᄒ랴 ᄒ오니 슬모 됴흘 것 수봉[19] ᄌ시 긔별ᄒ옵 긔츅 ᄉ월 십삼일 샹장

---

* 김일근·이종덕·황문환(2004)에서는 1828년으로 소개되었으나 편지 끝의 연기(年記) '긔츅'에 의거하여 1829년으로 수정하였다.

판독대비

번호	판독자료집	金一根 (1986/1991 : 286~287)	김일근·이종덕·황문환 (2004 : 236~237)
1	싱진이오시니	싱신 이오시니	–
2	길의ᄂ	길의도	–
3	친후ᄂ	친후도	친후도
4	쎄치시오시나	쎄치이오시나	쎄치이오시나
5	탈 업시 이시니	탈업시니	–
6	쩌나랴	쩌보랴	–
7	딕의도	–	딕니도
8	영춘	영춘	–
9	아ᄌ바님겨오셔ᄂ	아ᄌ마님겨오셔ᄂ	아ᄌ마님겨오셔ᄂ
10	나려가오신잇가	나려오신잇가	–
11	민경의	민셩의	민셩의
12	잘ᄒ다	잘 ᄒ가	잘ᄒ가
13	쪽쟝이	쪽쟝이	–
14	쳥직들의의	쳥직들의	쳥직들니의
15	샤량을	샤량은	–
16	녕의게도	녕의개도	–
17	됴홀지	죠홀지	죠홀지
18	됴곰	죠곰	죠곰
19	됴홀 것 수봉	죠홀 것 수종	죠홀 것스로

추사 언간 16

〈추사-16, 1829년, 김정희(남편) → 예안이씨(아내)〉

판독문

> 본가 즉납
> 긔쳑 샹장

거번 편지는 드러가옵더니잇가 슈일 일긔 쳥화ᄒ오니 일양들 지내오시고 샹하 다 무양ᄒ오
잇가 오날 아히 돌시 되오니 긔특 든든ᄒ오나 외오셔 볼 길이 업스니 섭섭 결연ᄒ기 엇지
다 뎍습 응당 돌잡기는[1] 잘 ᄒᄉ올[2] 듯ᄒ오니 이리 굼굼ᄒ옵기[3] 측냥업ᄉ오이다[4] 여긔는[5]
뫼와 안녕ᄒ옵고 나는 일양 잘 지내오니 먹기도 죠곰 낫습고 범졀이 셔울보다[6] 나아 지내오
니 쾌히 현효 이실가[7] ᄒ옵 샤랑 슈직은[8] 챡실이 ᄒ다 ᄒ옵 셔강 죡쟝은 다시 아니 와습 이
리 동동ᄒ오이다 아ᄌ마님겨오셔는 어제 한것 쩌나 겨오시니 섭섭[9] 챵연ᄒ오며 일긔는 됴
ᄉ오니[10] 잘 가오실 듯ᄒ오이다[11] 여러 누의님 딕의도 일양이옵고 민경도[12] 잘 부지흔다 ᄒ
옵 셕보의 역질은 츌챵ᄒ와습 안동 샹가 쇼식은 듯지 못ᄒ와습 장ᄉ나 뎡ᄒ야습는가[13] ᄒ오
며 므슴 쇼식 잇습거든 ᄌ시 알게[14] ᄒ옵 비지 편 총총 이만 그치옵 ᄉ월 십칠일 샹쟝[15]

판독대비

번호	판독자료집	金一根 (1986/1991 : 287~288)	김일근·이종덕·황문환 (2004 : 236)
1	돌잡기는	돌잡이는	-
2	ᄒᆞ스올	-	잡ᄉᆞ올
3	굼굼ᄒᆞ옵기	굼굼ᄒᆞ옵기	굼굼ᄒᆞ옵기
4	측냥업스오이다	측량 업스오이다	측냥 업스오이다
5	여긔는	녀긔는	-
6	셔울보다	셔울보다	-
7	현효 이실가	평안이 이실가	편훈이 실가
8	슈직은	-	슈직을
9	셥셥	셥셥	-
10	됴스오니	죠스오니	죠스오니
11	듯ᄒᆞ오이다	듯ᄒᆞ이다	-
12	민경도	민셩도	민셩도
13	뎡ᄒᆞ야습ᄂᆞᆫ가	녕ᄒᆞ와습ᄂᆞᆫ가	뎡ᄒᆞ와습ᄂᆞᆫ가
14	알게	알개	-
15	샹쟝	샹장	-

추사 언간 17

⟨추사-17, 1828년*, 김정희(남편) → 예안이씨(아내)⟩

판독문

본가 즉뎐	
긔영 칙실 샹장	근봉

이리 오오나 넘은 일시도 그티지[1] 못ᄒ오며 그ᄉ이 풍한이[2] 고이ᄒ오니 일양들 지내오시옵
쏘 듯ᄌ오니 외동 환후 마히 비경ᄒ오셔 전인이 왓습ᄂᆞᆫ가[3] 보오니[4] 넘녀 ᄀᆞ이업ᄉ오며 므
슴[5] 증후로 그러ᄒ오신가 더옥 경경ᄒ와 ᄒ오며 외오셔 오작 심녀 초박ᄒ오실잇가 향ᄂᆡ의
슈의가 미비ᄒ여 ᄒ오신다 ᄒ더니 엇지ᄒ와습 원삼을 못 ᄒ엿다 ᄒ신던 듯ᄒ오니 거번의
드러간 유록 갑ᄉ로 급급히 지어 나려보내오시개 ᄒ옵 향슈은 전의[6] 써다 ᄒ오면 죠흘 듯ᄒ
오며 병환등 이러 것 ᄒ옵ᄂᆞᆫ[7] 것ᄉ 쏘 죠ᄉ오니 그리ᄒ옵 나는 이리 와셔[8] 친후 요ᄉ이ᄂᆞᆫ
죠곰 낫ᄌ오시나 팔목의 담 드오신 것 죵시[9] 낫지 아니시니 답답ᄒ오며 내일 샤당의 허비
ᄒ올 날이오나 외오셔 통확ᄒ오며 챵영은[10] 나려가습[11] 이리 동동 이치지 못ᄒ옵 교관은 길
의셔 이질이 더ᄒ야 여긔 와셔도 죵시[12] 낫지 못ᄒ오니 답답ᄒ오이다 비ᄌ 인편이 잇기 대
강 뎍ᄉ오며 샤랑 슈직은 쟉실이[13] ᄒ다 ᄒ옵 꽉툴도 년ᄒ야[14] 잘 잇습 지월 초삼일 元春

....

* 발신일이 19번 편지에 앞서는 편지이다. 19번 편지의 시기를 1828년으로 수정하였기 때문에 여기서도 1828년으로
  수정하였다.

판독대비

번호	판독자료집	金一根 (1986/1991 : 288)	김일근·이종덕·황문환 (2004 : 235~236)
1	그티지	그치지	–
2	풍한이	풍편이	풍편이
3	왓습는가	와습는가	–
4	보오니	ᄒᆞ오니	–
5	므슴	무슴	–
6	향슈은 젼의	–	향슈 은젼의
7	ᄒᆞ옵는	ᄒᆞ옵난	–
8	와셔	와서	–
9	죵시	죵시	–
10	챵영은	챵녕은	챵녕은
11	나려가습	ᄂᆞ려 가습	ᄂᆞ려가습
12	죵시	죵시	–
13	쟉실이	착실이	–
14	년ᄒᆞ야	연ᄒᆞ야	–

추사 언간 18

〈추사-18, 1828년*, 김정희(남편) → 예안이씨(아내)〉

판독문

> 샹장
> 본딕 입납

그수이 년호와 일양들 지내오시고 대되 무양호읍 어린것도 탈 업시 잇숩는가 넘녀 브리지
못호오며 여긔는 친후 미령호오며 나는 삼일뎡이나[1] 가다가 도로 와[2] 시탕 등[3] 지내오니 요
스이는 졔졀이[4] 마히 낫주오시니[5] 아이의[6] 놀납숩던 이와는 다힝호오며 오날은[7] 강인호와
쇼셰가지 호야 보랴 호오시오니 경힝호오이다[8] 나는 일양이오며 집은 아조[9] 잇고 잇수오니
게셔만 호야도 다른 의심호실 듯호오나 니집 편지가 다 거즌말이오니 고지 듯지 마읍 춤말
이라 호고 인졔 빅슈지연의 그런 것 걸의깃실잇가[10] 웃숩 안산셔는 가신 후 쇼식이나 듯줍
고 여러 누의님닉도 다 일양이오시읍 안산 쟝스는 어늬 날이라 호읍 막연이 쇼식도 즉즉 모
르오니[11] 비렴 マ이업수오며 나는 인졔 싱진[12] 후나 올나가개숩 토교직 바지 가음으로 보내
엿숩더니 바다숩 그수이 여긔셔 옷 훈 벌을 호야 입으랴 호더니 옷시 와숩기 입숩고 여긔셔
호는 옷슨 굿쳐숩 챠동셔와 반동셔는 엇지들 지내오시읍고[13] 반동셔는 혼인을 지격호야 엇
지나 호읍는[14] 넘이올쇼이다 총총 이만 긋치읍 지월 넘뉵일 元春

---

* 김일근·이종덕·황문환(2004)에서는 1829년으로 소개되었으나 편지 내용 중 '안산 쟝스'가 이우수(李友秀, 1776~
  1828)의 장사를 가리키는 것으로 보아 1828년으로 수정하였다.

판독대비

번호	판독자료집	金一根 (1986/1991 : 288~289)	김일근·이종덕·황문환 (2004 : 235)
1	삼일뎡이나	삼일 경이나	–
2	도로 와	도로와	–
3	시탕 듕	시탕즁	–
4	졔졀이	제졀이	제졀이
5	낫ᄌ오시니	낫ᄌ뵈시니	–
6	아이의	멀니의	–
7	오날은	오늘은	–
8	경힝ᄒ오이다	경힝ᄒ오니다	–
9	아조	녀도	여도
10	결의깃실잇가	닐의 깃실잇가	–
11	즉즉 모릭오니	듯지 못ᄒ오니	든든 못ᄒ오니
12	싱진	싱신	–
13	지내오시ᄋ고	지너오시ᄋ고	지너오시ᄋ고
14	ᄒ옵ᄂ	ᄒ옵ᄂ고	ᄒ옵ᄂ〔고〕

〈추사-19, 1828년*, 김정희(남편) → 예안이씨(아내)〉

판독문

본딕 입납	
괴영 칙실 상장	근봉

거번 인편의 글월 든든ᄒ오며 겨을[1] 날이 고이히 덥ᄉ오니 요ᄉ이 년ᄒ와 일양 지내오시옵
넘녀 ᄀ이업ᄉ오며 호동 니 참판 형님 샹ᄉ는 춤졀춤졀ᄒ오니[2] 엇지 다 뎍ᄉ오며 누의님 졍
경 더옥 붓슬[3] 드러 일컷ᄌ올 길 업ᄉ 샹인도 쳥약ᄒ 아희가 처음으로 기챵을 당ᄒ야 오작
ᄒ랴 경경히 잇치일 길 업ᄉ 초상 ᄶ 찌것들은 ᄒ야 보내엿다 ᄒ오니 다힝이옵 거ᄉ는 가셔
됴상이나 ᄒ야 겨시고 드르니 안산으로들 가신다 ᄒ니 나는 가도 못 만나개ᄉ오니 더옥[4] 심
회[5] 뎡ᄒ올 길이 업ᄉ 샹하가는 다 무ᄉ이들 지내옵고 챵녕딕은 드러와ᄉ 아희도 잘 잇ᄉᄂ
가 감긔로 돗젹이고 알는다 ᄒ더니 즉시 낫ᄌ온가 동ᄒ오며[6] 나는 그ᄉ이 친후 감긔로 미령
ᄒ오시더니[7] 요ᄉ이ᄂ 져긔 낫ᄌ오시옵 일영이 무양ᄒ오며 교관은 오날[8] 써나옵고 나도[9]
셩진이나[10] 지내고 올나갈가 ᄒ더니 이십일일 하반 미쳐 올나가랴 ᄒ오니[11] 일시의 뫼시고
잇ᄂ 이 업시 븨개ᄉ오니 졍이의[12] 뎡 어려오믜[13] 올나가기로 뎡ᄒ야 십이일간 써나 십팔일
간 드러가개습 토쥬 교직 ᄒ 필 쓸[14] 궤 보내오니 ᄌ시 밧ᄌ오시옵 슈이 가개ᄉ오니 총총
이만 뎍습 십일월 초구일 샹쟝[15]

* 김일근·이종덕·황문환(2004)에서는 1831년으로 소개되었으나 편지 속의 '니 참판 형님 샹ᄉ'가 이우수(李友秀, 1776~1828)의 상사를 가리키는 것으로 보아 1828년으로 수정하였다.

52　조선시대 한글편지 판독자료집 ❸

판독대비

번호	판독자료집	金一根 (1986/1991 : 289~290)	김일근·이종덕·황문환 (2004 : 234~235)
1	겨을	겨울	겨울
2	춤절춤절ᄒ오니	춤절춤절ᄒ오니	-
3	붓슬	붓슬	붓슬
4	더옥	더욱	-
5	심회	심화	-
6	동ᄒ오며	동동ᄒ오며	동동ᄒ오며
7	미령ᄒ오시더니	미령ᄒ시더니	-
8	오날	오늘	-
9	나도	나는	나는
10	싱진이나	싱신이나	-
11	ᄒ오니	ᄒ니	-
12	졍이의	졍니의	-
13	어려오미	어려오더	-
14	쑬	쑬	쑬
15	샹쟝	샹쟝	샹쟝

〈추사-20, 1840년, 김정희(남편) → 예안이씨(아내)〉

판독문

> 근봉 샹장
>
> 근봉

어느듯 겨을[1] 되오니 년ᄒᆞ야 편안이들[2] 지내오시옵 경향의셔 다 일양 무고ᄒᆞ옵 쳔안셔 게셔 모양을 보오니 그러치 아니홀 것 아니오나 게셔가 그리ᄒᆞ야 큰 병이 나시면 말이 되개습 즉금을 유유 만스가[3] 집샤름이 편안들[4] ᄒᆞ고 게셔도 더옥 몸을 도라보와 젼보다 더 보젼ᄒᆞ야야 이 쳔 니 대ᄒᆡ 밧긔 잇는 ᄆᆞ음을 위로을 홀 거시니 미양 목젼의 일만 싱각 마오시고 널이 싱각ᄒᆞ고 큰게[5] ᄆᆞ음을[6] 먹어 아모듀록[7] 편안이[8] 지내 ᄒᆞ옵 집안일이 즉금은 더고 게셔 ᄭᅴ[9] 다 달여시니 응당 그런 도리은[10] 알으시려니와 동동ᄒᆞᆫ ᄆᆞ음은 별노 간절ᄒᆞ와[11] 이리 말슴을 구구히 ᄒᆞ옵 강동의 모양도 말이 되지 아니ᄒᆞ야ᄉᆞ오니 이동안 도라간 후의나 엇더ᄒᆞᆫ지 심간이 어이는 듯ᄒᆞ옵 먹음시나 착실이 ᄒᆞ야 쇼셩이 되게[12] ᄒᆞ기 경경ᄒᆞ옵 나는 쳔 니을 무스이 오와 ᄯᅩ 쳔 니 대ᄒᆡ을 거월 이십칠일의 하로 너의 쉬이 건너오니 무비왕녕이오나[13] 션듕 샤롬 다 슈질ᄒᆞ야 졍신을 일허 죵일들[14] 굴머 지내오ᄃᆡ[15] 나 혼쟈 슈질도 아니ᄒᆞ고 션샹의 죵일 당풍ᄒᆞ야 안져 의젼이 밥도 잘 먹고 그 젼의 년ᄒᆞ야 물마리을 먹고 오더니 션샹의셔 된인밥을 평시와 갓치 먹ᄉᆞ오니 그도 아니 고이ᄒᆞ옵 대져 나 혼ᄌᆞ 관겨치 아니ᄒᆞ다 말슴ᄒᆞ올 거시 아니오라 아모려도 그 ᄃᆡᄒᆡᄂᆞᆫ 샤롬샤롬마다 건너오리라[16] ᄒᆞ고 권ᄒᆞ야 올 길이 업습ᄂᆞᆫᄃᆡ 오니 항혀 놈이 갓튼 아ᄒᆡ들이 아모 쳘도[17] 모로고 망샹을 내올[18] 길이 업ᄉᆞ오니 미리 그리 아라 챠로개 ᄒᆞ옵 초일일 대졍 비쇼의 오오니 집은 넉넉히 용션ᄒᆞ올[19] 만ᄒᆞ 더을 어더 ᄒᆞ 간 방의[20] 마로 잇고 집이 졍ᄒᆞ야 별노 도비도 홀 것 업시 드러ᄉᆞ오니 오히려 과ᄒᆞ온 듯ᄒᆞ옵 먹음시는 아직은 가지고 온 반찬이 잇ᄉᆞ오니 엇지 견뎌여 가올 거시오[21] 셩복이 쇼산이오니 글노 ᄯᅩ 견디 듯ᄒᆞ옵[22] 쇠고기는 졀귀ᄒᆞ오나[23] 혹 가다가 어더 먹을 도리도 잇습ᄂᆞᆫ가 보옵 아직은 두셔을 졍치 못ᄒᆞ오니 엇더ᄒᆞᆫ 줄 모로개습[24]

판독대비

번호	판독자료집	金一根 (1986/1991 : 290)	김일근·이종덕·황문환 (2004 : 234)
1	겨을	겨울	겨울
2	편안이들	평안이들	-
3	즉금을 유유 만수가	즉금으로 오니 니 만수가	즉금으로 오니 니 만수가
4	편안들	평안들	-
5	큰게	크게	-
6	무음을	무음을	무옴을
7	아모듀록	아모쥬록	-
8	편안이	평안이	-
9	게셔끠	게여셔	-
10	도리은	도리는	-
11	간졀ᄒ와	간결ᄒ와	-
12	되게	되개	되개
13	무비왕녕이오나	-	무비왕령이오나
14	죵일들	죵일을	-
15	지내오더	지내온더	-
16	건너오리라	건내오리라	-
17	쳘도	쳘도	-
18	내올	대올	-
19	용션ᄒ올	용신ᄒ올	-
20	ᄒ 간 방의	ᄒ간방의	ᄒ 간 방의
21	가을 거시오	가을거시요	-
22	견디 듯ᄒ옵	견디듯ᄒ옵	견디둣 ᄒ옵
23	졀귀ᄒ오나	졀귀ᄒ오나	졀귀ᄒ오나
24	모르개습	-	모로개습

추사 언간 21

〈추사-21, 1841년, 김정희(남편) → 예안이씨(아내)〉

판독문

답상장	
	근봉

세후 쳐음으로 양지완[1] 편의 글월 보옵고 그후 쏘 인편의 년ᄒ야 글월 보오니 인편 업슬 쩍 눈 업습다가 이시면 쏘 겹포 보오니 든든ᄒ옴 갓가온 듸 갓스와 일시 위로 되오며 그스이 쏘 달이 너어스오니[2] 년ᄒ와 평안이들 지내오시옵 게셔눈 이 스이 엇더ᄒ옵 관계치 아니타 ᄒ오나 관계치[3] 아니ᄒ올 니가 잇습[4] 아마 먼 듸 샤롬이라고 쇼기눈[5] 듯ᄒ오며 속미음은 년 ᄒ야 즈시옵 게셔가 몸을 보호ᄒ야 가눈 거시[6] 날 보호ᄒ야 주눈[7] 것시오니[8] 그리 아오시옵 챵녕의 요통이 죵시 낫지 못ᄒ다[9] ᄒ오니 동동ᄒ온 넘녀 측냥업습 경향 대되 일양이옵 지난 달 회일 제스[10] 지나오시니 쳘쳔쳘디ᄒ[11] 망극지통 더옥 원통운박ᄒ야 즉지의 죽어 모로고[12] 시브오니 고금 쳔하의 이런 샤롬의 졍니[13] 광경이 어듸 잇스올잇가 영뉴나 와셔 ᄒ가지로 지내와습 나눈 샤라 잇다 ᄒ올 길이 업습 여긔 지내눈 모양은 일향 별 병은 업스오니 완인 ᄒ기 엇지 다 이르오며 먹눈 것도 그 모양이오니 그리져리 아니 견디여 가옵 일것 ᄒ야 보 낸 춘믈은[14] 마른 것 외의눈[15] 다 샹ᄒ야 먹을 길이 업습 약식 인절미가 앗갑습 슈이 와도 셩히 오기 어려온듸 일곱 달 만의도 오고 쉬워야 두어 달 만의 오옵눈[16] 거시 엇지 셩히 올 가 보옵 셔울셔 보낸 침치눈[17] 원악 염을 과히 ᄒ 거시라 변미눈 ᄒ야시나 그려도 침치의[18] 쥬린 입이라 견디여 먹어습 시오졋눈[19] 변미ᄒ고 조긔졋과 쟝복기가 변미 그리 아니ᄒ오니 이샹ᄒ옵 미어와 산포눈 관겨지 아니ᄒ옵 어란 갓튼 거시나 그 즈음셔 엇기 쉽거든 어더 보 내옵 산치눈[20] 더러 잇나 보되 여긔 샤롬은 슌젼 먹지 아니ᄒ오니 고이ᄒ 풍속이옵 고스리 쇼로쟝이와 두릅은[21] 잇기 혹 어더먹습 도모지 져지와 쟝이 업스오니 범거시 미미가 업스오 니 이셔도 모로고 어더 먹기 어렵습 의복은 셰초션의 보내신 거슨 다 긔로[22] 거시니 도로혀 웃습 도로 보내올 길도 업습고 다 아직 두어스오며 양지완 편의 온 의복은 여름스리가지 와 스오니 아직 대여 입스올가 ᄒ오며 즉금 입눈 져고리가 마치 ᄒ나을[23] 가지고 입스오니 과

히 더럽고 더러 히여져 입기 어려오나 다른 야로 것 밧고아 입기 어렵고 죠곰 어려오나 아니 견디옵 가를^{24} 미쳐나 ㅎ나^{25} ㅎ야 보내게 ㅎ옵 그도^{26} 미리 부쳐야 쩌의 미쳐 입지 그러치 못ㅎ면 심동 될 넘녀가^{27} 잇습 쩌입는 긴팔 등거리도 ㅎ나 ㅎ야 보내게^{28} ㅎ옵 밀이+

판독대비

번호	판독자료집	金一根 (1986/1991 : 291~292)	김일근·이종덕·황문환 (2004 : 233)
1	양지완	양재완	양재완
2	너어스오니	너머스오니	너머스오니
3	관계치	관겨치	–
4	아니ㅎ올 니가 잇습	아니ㅎ올 이가 잇습	아니ㅎ올 이가 잇습
5	쇼기논	숨기논	–
6	가논 거시	가난거시	–
7	주논	주난	–
8	것시오니	거시오니	–
9	못ㅎ다	못하다	못하다
10	졔스	졔사	–
11	철쳔철디ㅎ	철쳔철지ㅎ	–
12	모로고	모르고	–
13	졍니	졍니	–
14	츤믈은	츤물은	–
15	외의논	외의난	–
16	오읍논	오읍난	오읍난
17	침치논	침채논	–
18	침치의	침채의	–
19	시오곗논	시오곗만	–
20	산치논	산채난	산채논
21	두릅은	두릅은	두릅은
22	기로	기호	–
23	ㅎ나을	ㅎ나흘	–
24	가를	가을	–
25	ㅎ나	〔판독 안 됨〕	–
26	그도	그는	그는
27	넘녀가	염려가	–
28	보내게	보내개	–

추사 언간 22

〈추사-22, 1841년, 김정희(남편) → 예안이씨(아내)〉

판독문

> 샹장 녜산

양지완 편의 편지는 이 편과 거위 가치 드러가올 듯ᄒ오며 갑쇠 오논디 글월 보오니 이달 초싱 난 안신이오니 여긔 온 후 이런헌[1] 근신은 쳐음으로 보옵고 그 젼의[2] 여러 달 만의 두 곳의셔 기드리옵던[3] 것과 현슈이 다르오니 신긔 이샹ᄒ온 듯ᄒ오이다 편후 ᄯ 근 이십 일이나 되오니 대되 일양들 지내오시옵고 거셔도 년ᄒᄒᄋ[4] 관겨치 아니ᄒ오시옵 나앗도다 ᄒ여 겨오시나 나으실 이가 잇습 진졍 나으시면 원외의셔 ᄆ옴이 위로 되오랴마는[5] 그러홀 이가 업스올 듯ᄒ오이다 강동의 요통은 엇더ᄒ옵 일긔의 ᄶ로혀 나아가옵는가 넘녀 동동ᄒ오며 넝뉴논[6] 그ᄉ이 와셔 지내다 ᄒ오니 모히여 든든ᄒ오시랴[7] 멀니셔 경결ᄒ올 ᄯᆞᆫ이옵 경향의셔[8] 년ᄒᄋ 일양들 ᄒ오시다 ᄒ옵 면면히[9] 경경ᄒ오며 나는 거번[10] 긔별 ᄡ와 갓습 별 탈 업시 잇ᄉ오니 넘녀들 과히 마옵 이번의 보내신 져고리와 쟝육[11] 건포 슈디로[12] ᄌ시 밧ᄌ와습 쟝육이[13] 샹치도 아니ᄒ고[14] 오리 두어도 관겨치 아니ᄒ개스오니 후의도 그쳐로 아조 말뇌여 보내오면 관겨치 아니ᄒ올가 보옵 갑쇠는 와스오니 무쇠 분역ᄒ옵기는[15] 다른 하인보다 낫ᄌ올 듯ᄒ오니 대힝이오나 엇지 그리 갓개 ᄒ야 지내개습 나는 되여 가는 디로 지내쟈 졍ᄒ야스오니 엇지 못 지내개습 한의는 아직 올려보내오니 여럿두고 쟝디도[16] 홀 ᄲᆞᆫ[17] 아니라 머기고 입피기들[18] 아니 어렵습 며느리는 무ᄉ이 부지ᄒ옵 방은 ᄒ야 드려습 거번 편지의 대강 ᄒ야습기 대강 이만 뎍습 신츅[19] 윤월 이십일 샹쟝[20]

판독대비

번호	판독자료집	金一根 (1986/1991 : 292)	김일근·이종덕·황문환 (2004 : 232~233)
1	이런헌	이럿헌	이런(럿)헌
2	그젼의	그 편의	–
3	기드리웁던	기드리옵던	–
4	년ᄒ야	년ᄒ여	–
5	위로 되오량마ᄂ	위로되 오량마ᄂ	위로되오량마ᄂ
6	녕뉴ᄂ	녕유ᄂ	녕유ᄂ
7	든든ᄒ오시랴	□□ᄒ오시랴	툴ᄒ오시랴
8	경향의셔	경향의셔ᄂ	–
9	면면히	명명히	명명히
10	거번	거번의	–
11	장육	쟝육	쟝육
12	슈디로	슈디들	슈디들
13	쟝육이	쟝육이	–
14	아니ᄒ고	–	아니ᄒ옵고
15	분역ᄒ옵기ᄂ	분력ᄒ옵기ᄂ	분녁ᄒ옵기ᄂ
16	쟝디도	잔디도	잔디도
17	홀 쓴	홀분	–
18	입피기들	입히기들	입히기들
19	신축	신축	–
20	샹쟝	샹쟝	샹쟝

추사 언간 23

〈추사-23, 1841년, 김정희(남편) → 예안이씨(아내)〉

판독문

답샹장	
	근봉

양지완 박한의 편의 편지는 응당 그스이 보와 겨오실 듯ᄒᆞ오나 미양 인편 왕니가[1] 지쇽을 정치 못ᄒᆞ오니 거긔셔도 오쟉 기ᄃᆞ려ᄉᆞ 거월 슌간 셔울셔 편지 부치[2] 거시 이달 초팔의야 보오니 삼십 일 동안이오나 오히려 근신이라 거긔 편지들은 못 보나 대강 일양들ᄒᆞ 쇼식은 듯ᄌᆞᆸ고 위로되오며 요ᄉᆞ이 졈졈 녀름이[3] 되여 가오니 대되들 평안이 지내시ᄋᆞᆸ고 강동의 요통 엇더ᄒᆞ온고[4] 죠곰 낫ᄉᆞ온가[5] 이리 외오셔 동동ᄒᆞᆸ 경향의셔도 그동안 다 무양이들 지내ᄋᆞᆸ 죵죵 넘녀오며[6] 거셔는 요ᄉᆞ이도 속미음은 ᄌᆞ시ᄋᆞᆸ 나는 아직 젼과[7] ᄀᆞ치 지내오나 슈일 담쳬로 거복ᄒᆞ더니 쇼도도[8]ᄒᆞ고 죠곰 낫ᄉᆞᆸ 명월의 부친 강경이 비가 이달 초팔의야 드러와셔 보낸신 찬믈은[9] ᄌᆞ시 밧ᄌᆞ와ᄉᆞ오나 ᄌᆞ연이[10] 변미야 엇지 아니ᄒᆞ야개ᄉᆞᆸ[11] 그러ᄒᆞ되 못 먹지 아니ᄒᆞ개 되오니 힝이ᄋᆞᆸ 인졀미는 모도 셕어 ᄇᆞ려ᄉᆞᆸ 그는 홀 길이 업ᄂᆞᆫ 거시니 후의ᄂᆞᆫ 부질업ᄂᆞᆫ 것 슈고 드려[12] 포진쳔믈을[13] 어이ᄒᆞ올가 보ᄋᆞᆸ 쟝으로 만근 거슨 그리 과겨치[14] 아니ᄒᆞ나 외 쟝과는 관겨치 아니ᄒᆞ고 무우 쟝과는 ᄯᅩ 변미ᄒᆞ야ᄉᆞᆸ 졋무우는 죠곰 쉬여시나 먹개ᄉᆞᆸ 겨을의[15] 버슨 옷슬 올녀 보내오니 진쟉 ᄯᅩ 고쳐 보내셔야 되개ᄉᆞᆸ 여긔는 겨을[16] 거슬 녀름의 유의ᄒᆞ여야 밋개ᄉᆞᆸ[17] 바지는 무명것 고쳐 보내고[18] 명지 바지는 보내지 마ᄋᆞᆸ 여긔 토쥬 바지 ᄒᆞ나 잇ᄂᆞᆫ 것순 죠곰 둑겁기 입지 아니ᄒᆞ고 아직 두어ᄉᆞᆸ 두루막이나 둘 다 고쳐 보내ᄋᆞᆸ 무명 두루막이가 희롭지 아니ᄒᆞ오니 샹량ᄒᆞ야 ᄒᆞᆸ 샤미 잇ᄂᆞᆫ 두루막이ᄂᆞᆫ 나려온 거시[19] 그디로 다 이시니 다시 ᄒᆞ여 보내지 마ᄋᆞᆸ 여긔셔 죵죵 입ᄂᆞᆫ 거시 아니오니 여럿 부질업ᄉᆞᆸ 츈동 회갑 의복은[20] 엇지ᄒᆞ야 보내ᄋᆞᆸ 막연이 싱각ᄲᅵᆫ이오니[21] 명니 견ᄃᆡ기[22] 어렵ᄉᆞᆸ 회갑날 됴반이나 ᄒᆞ여 줍ᄉᆞᆸ개 돈양을[23] ᄯᅩ 어더 보내여야[24] 홀 거시니 엇지 요량ᄒᆞᆸ 다쇼간 의논들 ᄒᆞ야 ᄒᆞ게[25] ᄒᆞᆸ 인편 총총 대강 뎍ᄉᆞᆸ 신츅[26] 亽월 이십일 샹장

판독대비

번호	판독자료집	金一根 (1986/1991 : 292~293)	김일근·이종덕·황문환 (2004 : 231~232)
1	왕닉가	왕내가	–
2	부치	부친	–
3	여름이	녀름이	녀름이
4	엇더ㅎ온고	엇더 ㅎ옵고	엇더ㅎ옵고
5	죠곰 낫스온가	즉금 낫즈온가	죠곰 낫즈온가
6	넘녀오며	념려오며	–
7	젼과	젼과	–
8	쇼도도	쇼도	쇼도
9	보낸신 찬믈은	보내오신 찬물은	보낸 진찬믈은
10	즈연이	자연이	–
11	엇지 아니ㅎ야개습	–	잇지 아니야개습
12	드려	드러	–
13	포진쳔믈을	포진쳔물을	–
14	과겨치	관겨치	–
15	겨을의	겨울의	–
16	겨을	겨울	–
17	밋개습	되개습	–
18	보내고	브내고	–
19	거시	것시	–
20	회갑 의복은	회갑의 옷은	회갑의 의복은
21	싱각뿐이오니	생각 뿐이오니	–
22	견디기	견디기	–
23	돈양을	돈냥을	돈냥을
24	보내여야	–	보내와야
25	ㅎ게	ㅎ개	–
26	신축	신축	–

추사 언간 24

〈추사-24, 1841년, 김정희(남편) → 예안이씨(아내)〉

판독문

> 샹장

한의 올나간[1] 후 삼하가 다 지나되 쇼식이 인ᄒᆞ야 막히오니 답답단 말은 헐후ᄒᆞᆫ 말이옵[2] 하절이 다 진ᄒᆞ고 입츄가 되오니 요ᄉᆞ이 범절이 엇더ᄒᆞ시옵 경향의셔들 대되 일양 평안ᄒᆞ옵[3] 강동은 녀름을 엇지 낫습 종종 넘녀쑌이오며[4] 게셔ᄂᆞᆫ[5] 본병환이나 ᄌᆞ로 나지 아니ᄒᆞ야 겨시옵 그ᄉᆞ이 초동 회갑이 지내시니[6] 쳔 니 회외의 이런 졍니[7] 업습고 쇼식도 알 길이 업ᄉᆞ오니 ᄒᆞᆫ 셰샹이 아니온 듯ᄒᆞ옵 의복은 엇지나 ᄒᆞ야 보내여습[8] 그날 여러 누의님ᄂᆞ나 뫼이여 지내시다[9] ᄒᆞ옵 나는 졸연 학질을[10] 어더 쩌여다가 ᄯᅩ 알코 알코 ᄒᆞ기 여러 번 ᄒᆞ야 셕 달을 이리 신고ᄒᆞ오니 ᄌᆞ연 원긔ᄂᆞᆫ 지치고 먹지 못ᄒᆞ고 쇼셩이 죵시 되지 못ᄒᆞ오니 츄풍이나[11] 나면 죠곰 낫고 먹기 나은 뒤ᄂᆞᆫ 쇼셩도 될 듯ᄒᆞ오니 간대로 관겨ᄒᆞ올잇가 셔올셔[12] 나려온 쟝맛시 다 쇼곰 꼿치 푸여 쓰고 ᄶᅢ셔 갓득ᄒᆞᆫ 비위을 뎡치 못ᄒᆞ오니 일시가 민망ᄒᆞ옵 경향의 쟝이 엇지 되여습ᄂᆞᆫ지 속편을 어더 나려보내여야[13] 견디개습 셔올셔[14] 진쟝 살 도리 이시면 다쇼간 샤[15] 보내개 ᄒᆞ야 주옵[16] 변변치 아니ᄒᆞᆫ 진쟝은 어더 보내여 부질업습 거긔 윤싱의개 진쟝이 요ᄉᆞ이도 잇ᄂᆞᆫ지[17] 무러[18] 보옵 민어을[19] 연ᄒᆞᆫ고[20] 모롬ᄒᆞᆫ[21] 거스로 갈의여 샤셔 보내개[22] ᄒᆞ옵 나려온 거슨 살이 셔여 먹을 길이 업습더이다[23] 겨ᄌᆞᄂᆞᆫ 밧ᄂᆞᆫ[24] 것 이실 거시니 넉넉히 어더[25] 보내옵[26] 밧그로도 긔별ᄒᆞ야습 가을 후의 됴ᄒᆞᆫ[27] 거시로[28] ᄉᆞ오 졉이[29] 되나 못 되나 션편의 부치고 어란도 거긔셔 먹을 만ᄒᆞᆫ 것 구ᄒᆞ야 보내옵[30] 겨요 두어 ᄌᆞ 이리 뎍ᄉᆞ오니 대강 보오시고 긔별 외라도[31] 싱각ᄒᆞ야 ᄒᆞ개 ᄒᆞ옵 신츅 뉵월 넘이일 샹쟝

판독대비

번호	판독자료집	金一根 (1986/1991 : 293~294)	김일근·이종덕·황문환 (2004 : 230~231)
1	올나간	–	올라간
2	헐후흔 말이옵	군 말이옵	–
3	평안ㅎ옵	편안ㅎ옵	편안ㅎ옵
4	넘녀쑨이오며	넘려 쑨이오며	–
5	게셔는	거셔는	–
6	지내시니	지닌시니	–
7	졍니	졍리	–
8	보내여습	보니여습	–
9	지내시다	지닌시다	–
10	졸연 학질을	그 학질은	–
11	츄풍이나	북풍이나	–
12	셔울셔	셔울셔	–
13	나려보내여야	나려 보니여야	나려 보니여야
14	셔울셔	셔울셔	셔울셔
15	샤	사	–
16	주옵	주옵	–
17	잇눈지	잇난지	–
18	무러	무려	–
19	민어을	민어를	–
20	연ㅎ고	연ㅎ고	연ㅎ고
21	모롬흔	므롬흔	므롬흔
22	보내개	보니개	–
23	업습더이다	업습더니다	업습더니다
24	맛눈	맛눈	맛눈
25	어더	〔판독 안 됨〕	–
26	보내옵	보니옵	–
27	됴흔	죠흔	죠흔
28	거시로	거서로	–
29	스오 졉이	스오졉이	–
30	보내옵	보니옵	–
31	긔별 외라도	긔별의라도	긔별의라도

추사 언간 25

〈추사-25, 1841년, 김정희(남편) → 예안이씨(아내)〉

판독문

샹장	
	근봉

삼하을 인ᄒᆞ야 쇼식 막히오니 나죵은 이져바리고 ᄉᆡᆼ각도 아니ᄒᆞᄋᆞᆸ던 ᄎᆞ의 강경이 션편의[1] 오월 망간 부치신 글월 보ᄋᆞᆸ고 든든 개위ᄒᆞᄋᆞᆸ기 더옥 다르오나 챵녕도 학딜로[2] 알코 이쳔덕의셔도[3] 대단히 편치 못ᄒᆞ오시다 ᄒᆞ오니 놀나온 념녀[4] 측냥업ᄉᆞᆸ[5] 그ᄉᆞ이 학질도 이각이 되고 형님 병환도 낫ᄌᆞ오신가 이리 동동ᄒᆞᄋᆞᆸ고 게셔ᄂᆞᆫ 과하을[6] 엇지나 ᄒᆞ야 지내오신고 념녀[7] 가지가지 경경ᄒᆞ오이다 나도 ᄯᅩ 학질을 어더 석 달을 가지고 흘기더니[8] 요ᄉᆞ이ᄂᆞᆫ 죠곰 낫ᄌᆞ오니 원긔도 ᄌᆞ연 픠ᄒᆞ오나 챠챠 낫ᄌᆞ와 가오니 깁히 념녀ᄂᆞᆫ[9] 홀 거시 아니오니 과히 ᄋᆡ쓰지 마ᄋᆞᆸ 초ᄉᆡᆼ의 년ᄒᆞ와 ᄉᆡᆼ진날과[10] 졔ᄉᆞ 지내오시니 외오셔 망극지통 더옥 원박ᄒᆞᄋᆞᆸ고[11] 졔ᄉᆞᄂᆞᆫ 엇지나 ᄒᆞ야 지내와ᄉᆞᆸ 잇ᄯᅢ의 항듕은 더옥[12] 졔품이 무론 어육 과픔ᄒᆞ고[13] 다 어려올 듯ᄒᆞ오니 그런 ᄉᆡᆼ각을 ᄒᆞ올쇼록[14] 더옥 죄롭기 측냥ᄒᆞ야[15] 이를 길이 업ᄉᆞᆸ ᄎᆞ동 회갑의ᄂᆞᆫ 엇지ᄒᆞ야 지내오시고 형뎨분이나 무히여 겨오시던가 일컷ᄌᆞ오며 쳔 니 밧긔 이런 졍니[16] 어ᄃᆡ 잇ᄉᆞᆸ 이번의 보내오신 ᄎᆞᆫ믈은[17] 여슈이 와ᄉᆞᆸ 민셕어의 약간 두샹 잇ᄉᆞ오나 못 먹게[18] 되지 아니ᄒᆞ와 병구의 죠곰 개위가 되오며 어란도 셩히 와셔 ᄶᅢ히 입맛시 붓치오니 다ᄒᆡᆼ이ᄋᆞᆸ 이번의 온 진장이 집의 것시ᄋᆞᆸ 죵시 쇼곰 맛시 과ᄒᆞ야 쓴맛시[19] 나고 단맛시 업ᄉᆞ오니 그젼 온[20] 장이 면장으로[21] 만근 거시 다 그러ᄒᆞ야 먹을 길이 어렵ᄉᆞ오니 셔올도[22] 그 말 ᄒᆞ야 거이와 죠곰 단맛 잇ᄂᆞᆫ 지령을 살지라도 죠곰 어더 보내개 ᄒᆞᄋᆞᆸ ᄇᆡᆨᄌᆞ와[23] 호도가 여긔ᄂᆞᆫ 업ᄂᆞᆫ 거시오니 어더 보내개 ᄒᆞᄋᆞᆸ고 죠흔 곳감이 거긔셔ᄂᆞᆫ 엇기 어렵지 아니ᄒᆞ올 듯ᄒᆞ오니 ᄇᆡ편의 ᄉᆞ오 졉 어더 보내야 쥬ᄋᆞᆸ 희쇼의ᄂᆞᆫ ᄆᆡ양 구급이 되기 이리 긔별ᄒᆞ오며 올희도[24] 짐치와 졋무우 ᄒᆞ야 부치개[25] ᄒᆞᄋᆞᆸ 짐치ᄂᆞᆫ 그리 아니면 삼동을 어더 먹지 못ᄒᆞ오니[26] 아조 보낼 그릇싀 담아 보내개 ᄒᆞᄋᆞᆸ 어이[27] ᄶᅥ나면 ᄯᅩ 변ᄒᆞᄋᆞᆸ 인편도 춍춍ᄒᆞ야 겨요 그리ᄋᆞᆸ ᄉᆡᆼ각지 못ᄒᆞᄂᆞᆫ 것 ᄉᆡᆼ각ᄒᆞ오셔 긔별 외라도[28] ᄉᆡᆼ각ᄒᆞᄋᆞᆸ 이번[29] 어란이 그 즈음셔ᄂᆞᆫ 죵죵 나는 거시오

니 년ᄒ야 구ᄒ야 보옵 신튝 칠월 십이일 샹장 며ᄂ리ᄂ 병이 쾌히 낫ᄌ와습[30]

판독대비

번호	판독자료집	金一根 (1986/1991 : 294~295)	김일근·이종덕·황문환 (2004 : 229~230)
1	션편의	션편이	–
2	학딜로	학질로	학질로
3	이쳔딕의셔도	이쳔더의셔도	–
4	넘녀	넘려	–
5	측냥업습	측량 업습	측냥 업습
6	과하을	과하를	–
7	넘녀	넘려	–
8	흘기더니	틀기더니	–
9	넘녀ᄂ	넘려ᄂ	–
10	싱진날과	싱신날과	–
11	원박ᄒ옵고	원박ᄒ옵고	–
12	더옥	더욱	더욱
13	과픔ᄒ고	과품ᄒ고	과품ᄒ고
14	ᄒ올쇼록	ᄒ올수록	–
15	측냥ᄒ야	측량ᄒ야	–
16	졍니	졍리	–
17	쵼믈은	쵼물은	–
18	먹게	먹개	먹개
19	쓴맛시	쓴맛이	쓴맛이
20	그 젼 온	그젼은	그 젼은
21	쟝이 면쟝으로	쟝이면 쟝으로	쟝이면 쟝으로
22	셔올도	셔울도	–
23	빅ᄌ와	빅자와	빅자와
24	올희도	올회도	–
25	부치개	–	브치개
26	못ᄒ오니	–	못오니
27	ᄒ옵 어이	ᄒ옵더니	–
28	긔별 외라도	그별의라도	긔별의라도
29	이번	이민	–
30	며ᄂ리ᄂ 병이 쾌히 낫ᄌ와습	〔판독 안 됨〕	–

추사 언간 26

〈추사-26, 1841년, 김정희(남편) → 예안이씨(아내)〉

판독문

샹장

니응경 회편 답셔는[1] 그스이 응당 보오실[2] 듯ᄒᆞ오며 셩손[3] 오옵ᄂᆞᆫ디[4] 글월 보옵고 일양들 ᄒᆞ오신 일 든든 깃부오며 어니듯 겨을이[5] ᄯᅩ 되오니 그동안 대되 ᄒᆞᆫ가지로들 지내오시옵고 게셔는 요ᄉᆞ이 엇더ᄒᆞ오시옵 ᄆᆡ양 잘 잇노라 ᄒᆞ오시나 말숨이 밋덥지 아니ᄒᆞ오니 념녀만 무궁ᄒᆞ오며 강동은 요통 죵시 낫지 못ᄒᆞ야 셩혼 날이 덕근가 보오니 갓득ᄒᆞᆫ[6] 모양이 오작ᄒᆞ야시랴 이리 동동ᄒᆞ옵고 녕뉴는[7] 즁간이라도 와셔 단여가온가[8] 보오니 든든ᄒᆞ야 지내와 겨시랴[9] 일컷습 니쳔덕의셔 요ᄉᆞ이 더 쾌복ᄒᆞ야 지내오시고 회갑이 머지아니ᄒᆞ야 겨오시니 경츅ᄒᆞ온[10] 듕 잇ᄯᅦ 아니라도 당신 신셰 미량ᄒᆞ오신디[11] 더고나 죠흔[12] 일을 당ᄒᆞ올쇼록[13] 심회 더옥[14] 뎡치 못ᄒᆞ오시랴 이리 외오셔 일커줍고[15] 집안 어루이[16] 혼ᄌᆞ 규연이 남아 겨오신디 뎡니들을 펴올 길이 업ᄉᆞ오니 ᄉᆞᄉᆞ 더옥[17] 한심 억식ᄒᆞ오이다[18] 의복지졀은 엇지나 ᄒᆞ야 보내오시고 그날 됴반이라[19] ᄒᆞ야 잡ᄉᆞ올 도리을[20] 거긔셔만 말고 녀기셔도 셔로 의논ᄒᆞ야 결연치 아니ᄒᆞ게[21] 지내게 ᄒᆞ옵[22] 츄동셔는 발셔 쟝ᄉᆞ가지 지내온가 보오니 쳡쳡히 엿일이[23] 되여 쳔 니[24] 밧긔셔 통확 비원ᄒᆞ옵기[25] 엇지 형용ᄒᆞ야 이르올잇가 그 미 직쟝 형님 모양 ᄎᆞ마 불샹ᄒᆞ옵 엇지 견디여 가옵ᄂᆞᆫ고[26] 이치이지 못ᄒᆞ오며 셔울[27] 여러 덕은 아직 무양들ᄒᆞ고 평동셔는 심녕 힝ᄎᆞᄒᆞ오신가 보오나 아득히 쇼식을 아올 길 업ᄉᆞ오니 경경ᄒᆞ옵 며ᄂᆞ리는 산월이 되여실 듯ᄒᆞ오니 그스이 무어슬 나아습 첫 ᄒᆡ산은 아니나 무ᄉᆞ이 슌산ᄒᆞ옵고 탈이나 업ᄂᆞᆫ가 넘이오며 경쇠덕도 티듕이라[28] ᄒᆞ오니 니집 손ᄌᆞ란[29] 말 우습고 신긔ᄒᆞ옵 온양셔는 동화의[30] 샹ᄉᆞ 놀납고 춤혹ᄒᆞ옵 인긔도 그만ᄒᆞ니 앗갑고 그 문듕의 어루이라[31] ᄒᆞ리 아죠 업셔 져리 쇠쳬ᄒᆞ야 가옵는 일 불샹ᄒᆞ옵 나는 요ᄉᆞ이야 죠곰 낫게 지내옵고 음식 먹기도 져기 입맛시 부쳐 여샹이 먹고 춘도범졀도 여름보단 낫습고 혹 가다가 고기 맛도 보오니 그만ᄒᆞ면 ᄯᅩ 아니 지내야 가올 듯ᄒᆞ오며 이번의 보내오신 반찬은 다 무ᄉᆞ이 와 개위을 쐐히 ㅎ오니 다힝이오나 오히려 분슈의 과분ㅎ온 듯ㅎ와 ᄆ음이 도로혀 긍구ㅎ오며 쟝맛도 이번은 죠ㅎ니 병집이 별노 업습고 쇼쇼 병집 잇다 ㅎ고도[32] 못 먹개 잣지 아니ㅎ면 먹을 일이지 엇지 구비ㅎ개 ㅎ야[33] 먹습 민어가 죵시 말나[34] 먹기 어렵ᄉ오니 여긔는 업ᄉ올 쑨 아니라 쳔도의는 관긴ㅎ온디 죵시 삭지 아니ㅎ야 견경ㅎ오니 병든 니의 십을 길 어려워 민망ㅎ옵 의복도 다 ᄌ시 밧ᄌ와 입개습 명지 바지 죵시 ᄆ음의[35] 컬니더니[36] 무명것 입ᄉ오니 편ㅎ옵[37] 죠초 ᄯᅩ 덕습기 이 죠희는[38] 그만 그치옵 신츅 십월 초일일 샹쟝[39]

판독대비

번호	판독자료집	金一根 (1986/1991 : 295~297)	김일근·이종덕·황문환 (2004 : 228~229)
1	답셔는	답서는	–
2	보오실	보오신	보오신
3	셩손	경손	경손
4	오옵ᄂ디	오옵난디	오옵난디
5	겨울이	겨울이	–
6	갓득ㅎ	갓득흔	갓득흔
7	녕뉴는	영뉴는	영뉴는
8	단여가온가	단녀 가온가	–
9	겨시랴	겨시라	–
10	경축ㅎ온	격축ㅎ온	경축ㅎ온
11	미량ㅎ오신디	미령ㅎ오신디	–
12	죠흔	흐튼	–
13	당ㅎ올쇼록	당ㅎ올ᄉ록	–
14	더옥	–	더욱
15	일커줍고	일커습고	–
16	어루이	어룬이	–
17	더옥	–	더욱
18	억식ㅎ오이다	억색ㅎ오이다	–
19	그날 됴반이라	그 날도 변이라	–
20	도리을	도리를	–
21	아니ㅎ게	아니ㅎ개	–
22	지내게 ㅎ옵	지내개 ㅎ옵	–
23	엿일이	녯일이	넛일이

번호	판독자료집	金一根 (1986/1991 : 295~297)	김일근·이종덕·황문환 (2004 : 228~229)
24	쳔 니	쳔리	쳔니
25	비원ᄒ옵기	비원ᄒ옵기	-
26	가읍ᄂᆞᆫ고	가읍난고	-
27	셔울	셔울	-
28	티듕이라	티즁이라	티즁이라
29	손ᄌᆞ란	손ᄌᆞᄅᆞᆫ	-
30	동화의	츙화의	춍화의
31	어루이라	어룬이라	-
32	ᄒ고도	ᄒ아도	ᄒ야도
33	구비ᄒ개 ᄒ야	구비ᄒ야	-
34	말나	말라	-
35	ᄆᆞ음의	마음의	ᄆᆞ음의
36	컬니더니	걸니더니	컬(걸)니더니
37	편ᄒ옵	편ᄒ옵고	-
38	죠희ᄂᆞᆫ	달히ᄂᆞᆫ	-
39	샹쟝	샹쟝	-

추사 언간 27

〈추사-27, 1842년, 김정희(남편) → 예안이씨(아내)〉

판독문

신년의 대되 일양 평션히 지내오시읍[1] 지월간 대단이 편치 아니ᄒᆞ야 지내와[2] 겨오신가 보오
니 즉금은 지나온 일이오나 경념 측냥업습고[3] 그후 쾌히 쇼건ᄒᆞ야 범졀이 평안ᄒᆞ오시읍 동
동ᄒᆞᆫ 넘녀[4] 엇지 다 형용ᄒᆞ올잇가 아들을 완졍ᄒᆞ와 죵묘 의탁이 되옵고 우리가 근 뉵십의 부
모 말을 드르니 문호의 이런 경ᄉᆞ 어디 잇습 아직 보지 못ᄒᆞ야ᄉᆞ오나 보나 답지 아니ᄒᆞ게[5]
듯줍고 이리 궁박히 된 띠 이런 대ᄉᆞ가 슌셩ᄒᆞ옵ᄂᆞᆫ[6] 일 무비 됴션이 음즐ᄒᆞ오시고[7] 쳔심이
회화ᄒᆞ오시ᄂᆞᆫ 일 가즈와[8] 더옥[9] 일변 경츅ᄒᆞ고[10] 일변 긍구ᄒᆞ와 ᄒᆞᆫ가지로 안ᄌᆞ 보지[11] 못ᄒᆞ
ᄂᆞᆫ 일 셥셥ᄒᆞ오나 이런 ᄉᆞ졍은 오히려 둘재올쇼이다 며ᄂᆞ리는 아직 다려오지 못ᄒᆞ온가 보
오니 ᄉᆞ셰가 그러ᄒᆞ올 듯ᄒᆞ오나 굼굼ᄒᆞ오며 도모지 문운의 달인 일이오나 뎐혀 교도ᄒᆞ기의
잇ᄉᆞ오니 ᄆᆞ음이 가지가지 동동 경경ᄒᆞ옵 셰젼 인편 잇ᄉᆞ오나 게셔 편지 못 보오니[12] 셥셥
결년ᄒᆞ옵[13] 그리 구긔ᄒᆞ오실[14] 것 잇습 새로 아ᄒᆡ을 다리고 과셰을 ᄒᆞ오시니 집안이 츙영ᄒᆞᆫ
[15] 듯ᄒᆞ오시랴[16] 요요히 일컷줍고 게셔가[17] 인즈야 만복을 누리랴시는가[18] 이리 ᄯᅩ 일컷습
경향의셔들 대되 편길ᄒᆞ옵고[19] 강동은 요ᄉᆞ이 엇더ᄒᆞ옵 요통으로 년ᄒᆞ야 셩ᄒᆞᆫ 날이 덕은가
보오니 실노 넘녀[20] 브리올 길 업ᄉᆞ오니다[21] 나는 신구셰의[22] 별노 가감이 업시 먹고 쟈고
무ᄉᆞ 무려ᄒᆞᆫ 샤ᄅᆞᆷ쳐로 지내오니[23] 엇지 이닥[24] 지완ᄒᆞ온고 ᄒᆞ오며 강경이 비편의 글월은 보
옵고 보내오신[25] 찬슈들은[26] 슈티로[27] 즉시 밧다 긔별ᄒᆞ신 디로 먹ᄉᆞ오니 셔울[28] 맛시라 비
위가 열니오나 이러ᄒᆞ게[29] ᄒᆞ야다가 쳔 니 밧긔셔 구복을 위ᄒᆞ야 ᄒᆞ옵ᄂᆞᆫ 일이 도로혀 어분
의 과ᄒᆞ옵 침치도 그리 변미가 되지 ᄒᆞ와[30] 침치을 슌젼 못 어더먹더니 이리 먹ᄉᆞ오니 먹기
ᄂᆞᆫ 먹으나 그져 과ᄒᆞᆫ 듯ᄒᆞ옵 의복 온 것도 즉시 바다습 셔울셔[31] 보낸[32] 셰초션의[33] 부친 찬
슈도 이번은 그리 과시ᄒᆞ지 아니ᄒᆞ야 진쟉 오오니[34] 그리 버린 것 업시 두고 먹개습 놈이
어린 것 경증 민망ᄒᆞ옵 요ᄉᆞ이는 잘 잇습 방슈을 변통ᄒᆞ야야[35] 되들[36] 엇지ᄒᆞ옵 편지을 여
러 장 쓰니 졍신[37] 다 밋지 못ᄒᆞ와 이만 대강 그리옵 언제나 시ᄒᆡ 쇼식 들을지 지졍 어렵습
임인 원월 초십일 샹쟝

추사 언간 69

판독대비

번호	판독자료집	金一根 (1986/1991 : 297~298)	김일근·이종덕·황문환 (2004 : 227~228)
1	지내오시옵	지너오시옵	-
2	지내와	지너와	-
3	측냥업습고	측량 업습고	-
4	념녀	념려	-
5	아니ᄒ게	아니ᄒ개	-
6	슌셩ᄒ옵ᄂ	슌셩ᄒ옵고	-
7	음즐ᄒ오시고	음우ᄒ오시고	-
8	가즈와	갓ᄉ와	갓ᄉ와
9	더욱	더욱	-
10	경츅ᄒ고	견츅ᄒ고	-
11	보지	잇지	잇지
12	못 보오니	못ᄒ오니	-
13	결년ᄒ옵	-	결연ᄒ옵
14	구긔ᄒ오실	구지 ᄒ오실	-
15	츙영훈	-	츙 영한
16	듯ᄒ오시랴	듯 ᄒ오시리	-
17	게셔가	거셔가	-
18	누리랴시ᄂ가	누리야시ᄂ가	-
19	편길ᄒ옵고	평길ᄒ옵고	-
20	념녀	념려	-
21	업스오니다	업사오니다	-
22	신구셰의	신구셰에	신구셰에
23	지내오니	지너오니	-
24	이닥	이닷	-
25	보내오신	보너오신	-
26	찬슈들은	찬뉴들은	-
27	슈티로	슈대로	슈대로
28	셔올	셔울	-
29	이러ᄒ게	이러ᄒ개	-
30	ᄒ와	〔안〕ᄒ와	〔안〕ᄒ와
31	셔올셔	셔울셔	-

번호	판독자료집	金一根 (1986/1991 : 297~298)	김일근·이종덕·황문환 (2004 : 227~228)
32	보낸	보닌	–
33	셰초션의	셰쵸션의	–
34	그리 과시ᄒ지 아니ᄒ야 진쟉 오오니	〔판독 안 됨〕	–
35	변통ᄒ야야	변통ᄒ나	–
36	되들	보오니 그ᄉ이	–
37	뎡신	뎡신이	–

추사 언간 28

〈추사-28, 1842년, 김정희(남편) → 예안이씨(아내)〉

판독문

샹장

강경이 편 후 거긔 편지는 무론 내외ᄒᆞ고 일졀 보지 못ᄒᆞ옵더니[1] 한의 오옵는ᄃᆡ 글월 보옵고 든든 반갑ᄉᆞ옵기[2] 더옥[3] 말숨으로 ᄒᆞ올 길 업ᄉᆞ오며 셰후 편지 부치온 것 어ᄂᆡ[4] ᄢᅢ 보오시지[5] 심샹ᄒᆞᆫ 졍노와[6] 다르오니 이리 념이오며 그 대병을[7] 지내오시고 요ᄉᆞ이야 져기 쇼셩이 되오신가 보오나 여슈가 죵시 쾌복지 못ᄒᆞ오신가 보오니 게셔도 쇠경이라 ᄒᆞᆫ번 병드오시면 본ᄂᆡ 젹샹 젹픽ᄒᆞ오신 근녁의 오죽ᄒᆞ오시랴[8] 이리 동동 념녀 못내 노흘 길 업습 졈졈 츈화ᄒᆞ옵고 인편 후 ᄯᅩ 달이나 너머ᄉᆞ오니 범졀 엇더ᄒᆞ오시옵 부ᄃᆡ 게 ᄒᆞᆫ 몸으로만 아지 마오시고 이 쳔 니[9] ᄒᆡ외의[10] 인ᄂᆞᆫ[11] ᄆᆞ음을[12] ᄉᆡᆼ각ᄒᆞ오셔 십분 신셥ᄒᆞ야 가오시기 ᄇᆞ라오며[13] 강동도 그리 쟝 셩치[14] 못ᄒᆞ오니 동동ᄒᆞᆫ 념녀[15] 노히이지 아니ᄒᆞ옵 아희ᄂᆞᆫ 두고 볼ᄉᆞ록 샤름되오미 가쟝 긔특ᄒᆞ온가 보오니 일문의 다ᄒᆡᆼᄒᆞ옵고 게셔가 만ᄂᆡ의 효양을 바드랴 그러ᄒᆞ온가 이리 츅슈ᄒᆞ오며 부ᄌᆞ간 잇ᄢᅢ가지 못 보오니 인졍의[16] 뎡 어렵ᄉᆞ오나 오히려 둘재의 일이오며 졔가[17] 와셔 보랴 ᄒᆞᆫ다 ᄒᆞ오니 졍니의 고히치 아니ᄒᆞ오나 여을[18] 엇지 경경이[19] 올가 보옵 즉금 우리가 ᄇᆡᆨ슈지년의 겨요 져을 어더 노코 쳔금만금가치 어로고[20] 고이ᄂᆞᆫᄃᆡ 져을 엇지 여긔 드려보내며[21] 엇지 드러오게[22] ᄒᆞ옵개습 졔 ᄒᆞᆫ 놈이[23] ᄯᅩ 즁난ᄒᆞ기 우리 두 샤름만 가지고 ᄒᆞ올 ᄌᆞ식이올가[24] 보옵 조샹의 듕ᄒᆞ온 거술 졔 몸이[25] 시러 노코 잇ᄉᆞ오니 아모히[26] 부ᄌᆞ지의가 듕ᄒᆞ와도 죠샹의 듕ᄒᆞ온 것과 비교 못ᄒᆞ옵ᄂᆞᆫ[27] 거시 여부터[28] 셩현이 질졍ᄒᆞ야 만셰의 법을[29] 드리오신 거시오니 더고나 ᄒᆞᆫ 일만 ᄉᆡᆼ각ᄒᆞ옵고[30] 그리ᄒᆞ올가 보옵 놈이만 ᄒᆞ야도 오지 못ᄒᆞ옵게[31] ᄒᆞ온[32] 거슬 엇지 져을 경이히 오게[33] ᄒᆞ올가 보옵 게셔라도 잡고 말녀 이런 도리을 개유ᄒᆞ야 이르게[34] ᄒᆞ옵 나ᄂᆞᆫ 봄이 졈졈 깁허 가오나 별노 그리 심히 알ᄂᆞᆫ[35] ᄃᆡ 업시 먹고 ᄌᆞ기 ᄒᆞᆫ가지오니 완인ᄒᆞ오나 념녀 과히 마옵 이번의도 보내오신[36] 찬픔은[37] ᄌᆞ시 바다 죠히 먹고 개위가 되오니 먹을 젹마다 ᄂᆡ 분의 과ᄒᆞ온 듯ᄒᆞ옵 며ᄂᆞ리을[38]

쏘 슈이 다려오나 보오니 외오셔 이리 넘쏜이옵 범졀이야 그러치 아니ᄒ올가[39] 보옵 게셔 혼쟈 심녀ᄒ오시ᄂ 것 이리 더옥 넘녀오며 다려온 후 집안 거시 졔 것시오니 ᄎᄎ ᄒ여 주어 가ᄂ 거시 희롭지 아니ᄒ오니 목젼 급급ᄒ 것시나 ᄒ옵고 가며셔[40] ᄒ게[41] ᄒ옵 졔일 졔슈 ᄎ리ᄂ 범빅을 급히 가라치게[42] ᄒ고 졔슈 등ᄒ온 거슬 알게 ᄒ옵 방슈을[43] 변통ᄒ나 보오니 그스이 엇지 ᄒ야ᄉᄂ지 셩죠가 쾌히 되여 어ᄂ 긔로 다려오옵 죠초 덕스온 것 잇기 여긔ᄂ 이만 그치옵 임인 삼월 초ᄉ일 샹쟝[44]

판독대비

번호	판독자료집	金一根 (1986/1991 : 298~299)	김일근·이종덕·황문환 (2004 : 227)
1	못ᄒ옵더니	못ᄒ더니	-
2	반갑ᄉ옵기	반갑ᄉ옵기	-
3	더옥	더욱	-
4	어ᄂ	어내	-
5	보오시지	보오신지	보오시(신)지
6	졍노와	졍의와	졍의와
7	그 대병을	그대 병을	-
8	오죡ᄒ오시랴	오작ᄒ오시랴	-
9	이 쳔 니	이쳔리	이쳔니
10	희외의	외의	-
11	인ᄂ	잇ᄂ	잇ᄂ
12	ᄆ음을	마음을	-
13	ᄇ라오며	바라오며	바라오며
14	쟝 셩치	쟝셩치	쟝셩치
15	넘녀	넘려	-
16	인졍의	인졍이	-
17	졔가	제가	-
18	여을	녀을	-
19	경경이	경경이	경션이
20	어로고	-	어르고
21	드려보내며	드려보ᄂ며	-
22	드러오게	드리오개	드러오개
23	놈이	몸이	-

번호	판독자료집	金一根 (1986/1991 : 298~299)	김일근·이종덕·황문환 (2004 : 227)
24	즈식이올가	즈식이올잇가	–
25	제 몸이	제 몸이	–
26	아모히	아모리	아모리
27	못ᄒᆞᆸᄂᆞᆫ	못ᄒᆞᆸᄂᆞᆫ	–
28	여부터	예부터	–
29	만셰의 법을	만셰의 범을	만셰의 범을
30	싱각ᄒᆞᆸ고	생각ᄒᆞᆸ고	–
31	못ᄒᆞᆸ게	못ᄒᆞᆸ개	–
32	ᄒᆞ온	ᄒᆞ올	–
33	오게	오개	–
34	이르게	이르개	–
35	알ᄂᆞᆫ	달ᄂᆞᆫ	–
36	보내오신	보너오신	–
37	찬픔은	찬픔은	–
38	며ᄂᆞ리을	며ᄂᆞ리를	–
39	아니ᄒᆞ올가	아니ᄒᆞ온가	–
40	가며셔	가면서	–
41	ᄒᆞ게	ᄒᆞ개	–
42	가라치게	가라치개	–
43	방ᄉᆞ을	방사을	–
44	샹쟝	샹장	–

〈추사-29, 1842년, 김정희(남편) → 예안이씨(아내)〉

판독문

> 샹장

한의 회편 답셔는 진즉 드러가습던가 ᄒ오며 이월 넘후 셔올셔[1] 난 편지 보오니 나동 니집 쑤긴 일은 그 어인 일이며 어인 말이옵 통곡통곡 밧 하 춤절 경통ᄒ오니 어울너 말이 나지 아니ᄒ옵 강동의 졍니을 싱각ᄒ오면 살이 어이고 뼈가 사라지는 듯 엇더ᄒ다 ᄒ올 길이 업 습 이런 춤경 아니라도 이릭의[2] 오면 그 쇠퓌한 모양 오쟉지 아니ᄒᄂᆫ디[3] 쏘 역니지쳑을 보고 엇지 견디여 나옵ᄂᆫ고 그 쏠 ᄒ나이 무어시 과ᄒ야 져 지경을 보오니 쳔니인ᄂᆞᆫ가 엇지 이디 도록 ᄒ온고 아모려도 알 길이 업습 죽근[4] 아히ᄂᆞᆫ 삼십오 년 인싱이 춤혹춤혹ᄒ오니 오히려 졔 신셰의ᄂᆞᆫ 호연홀가[5] ᄒ오나 그려도 하 블샹한[6] 인싱이기 졔 아비 만경의 이쳑이나 아니 식일가 ᄒ엿더니 이쩌의 이 모양을 ᄒ야 뵈니 됴믈이[7] 다 그리 만들고 돕ᄂᆫ 듯ᄒ야 어히업 시 말이 나지 아니ᄒ옵 그ᄉᆞ이 날이[8] 발셔 너머시니 강동의 범졀이 엇더ᄒ옵 과히 샹손치나 아니ᄒ온가 쳔 니[9] 밧긔셔 동동한 넘녀 형용ᄒ야 엇지 덕습 쇼식도 속속히 드을[10] 길이 업 시 더옥 ᄆᆞ음만[11] 쓰이옵 발셔 여름이 되엿ᄉᆞ오니 거셔는 요ᄉᆞ이 엇지ᄒ오시옵 신샹이 죠곰 셩ᄒ오시옵 이런 일 져런 일 ᄒ야 심ᄉᆞ 지졍치 못ᄒ오실 듯ᄒ오니 싸로혀 신샹이 엇지 편ᄒ 개습 넘넘히 노히일 길 업습 강동은 겻희 져믄 아히들 업지 아니ᄒ나 뉘가 그려도 위로ᄒ야 ᄆᆞ음을 누켜 가옵ᄂᆫ고 싱각ᄒ올ᄉᆞ록 뼈가 어이ᄂᆫ ᄒ옵[12] 무슴 약이나 머그며 식보부치나 ᄒ 옵ᄂᆫ가 가지가지 싱각ᄲᅮᆫ이옵 며ᄂᆞ리ᄂᆫ 그ᄉᆞ이 다려와ᄉᆞ올[13] 듯ᄒ오니 집 모양 죠곰 일워 의 뢰가 쾌히 되옵ᄂᆫ가 이리 츅슈ᄒ올 ᄲᅮᆫ이오며 범빅을 보오니 과연 엇더ᄒ옵 도모지 인도ᄒ 야 가르치기의 잇ᄉᆞ오니 거셔 혼ᄌᆞ 츄슈러 가시는 일 오쟉 심녁이 쓰이옵 도모지 문운이연 이와[14] 인녁을 엇지 아니 드리올가 보옵 산샥이[15] 갓가왓다 ᄒ옵더니 그ᄉᆞ이 엇지ᄒ야습ᄂᆫ 고 넘녀 브리지 못ᄒ옵 나는 아직 별 탈 업시 지내여 가옵고 아릭것들도 갑쇠 알코 나온 후 ᄂᆞᆫ 아직 무양들 ᄒ오나 농니가[16] 죵시 쾌히 건졍치 아니ᄒ야 이리 동동ᄒ옵 마춤 강경이 션

편 잇습기 두어 ㅈ 안신만 이리 부치옵 임인 스월 초구일 샹쟝[17]

판독대비

번호	판독자료집	金一根 (1986/1991 : 299~300)	김일근·이종덕·황문환 (2004 : 226~227)
1	셔울셔	셔울셔	–
2	이리의	이희의	이 희의
3	아니호딕	아니 호되	–
4	죽근	쥬근	–
5	호연홀가	후련홀가	–
6	블샹호	불샹호	–
7	됴믈이	됴물이	됴물이
8	날이	달이	–
9	쳔 니	쳔리	쳔니
10	드을	드를	–
11	ᄆᆞᆷ만	ᄆᆞ옴만	–
12	흥옵	둣흥옵	〔둣〕흥옵
13	다려와ᄉᆞ올	다려 와ᄉᆞ온	–
14	문운이연이와	문운이런이와	–
15	산삭이	산삭이	–
16	농닉가	용닉가	용닉가
17	샹쟝	샹쟝	–

추사 언간 30

〈추사-30, 1842년, 김정희(남편) → 예안이씨(아내)〉

판독문

샹장	
	근봉

경득 편과 경호 편의 년ᄒ야 덕스오시니[1] 보옵고 든든ᄒ오나 이일학으로 미령이 지내신다
ᄒ오니 놀납고 넘녀[2] 측냥업숩[3] 그져 학질이라도 게셔 근녁의[4] 견디기 어려올디 하믈면[5] 이
증은 졸연 이각이 어렵ᄉ온[6] 거시오니 엇지 이긔여 갈가 보옵 편지ᄒ실 적의 엇지 졔 직날
감셰가 잇다 ᄒ오시니 그후 ᄯᅩ 엇더ᄒ오시옵 각식으로 넘녀[7] 동동ᄒ와 일시도 브리올 길이
업숩 졸연이 쇼식도 듯지 못ᄒ올 터이오니 이가 엇지 아니 쓰이옵 이동안은 범졀[8] 엇더ᄒ시
고 즉시 이각이 되여숩ᄂ가[9] 요요히[10] 심녀만[11] 되옵 어느듯[12] 겨을 되오니 대되 일양들 지
내옵고[13] 게셔 ᄲᅢ히 나으신 쇼식 일야로 기드리옵[14] 나는 별 큰 탈 업시 잇ᄉ오나 홀연 피풍
이 발ᄒ야 편쳬의[15] 아니 난 디 업셔 쇼양이 대단ᄒ야 밤의 잠을 못 쟈고[16] 이리 신고ᄒ오니
글노 무슨 넘녀[17] 잇ᄂ 병은 아니나 몸의만 괴롭기 못 견디개ᄉ오니 오십여 년의 알아 못
본 병을 다 알노라고 이리 격그란 일이오니 엇지홀가 보옵 아쇼의[18] 수환들은[19] 그만치 낫
다 ᄒ니 다힝이오며 경향의 여러 곳 다 일향 무양들ᄒ다 ᄒ옵 면면히[20] 경경ᄒ오며 경득 편
보낸 의복과 찬슈는 일일히 바다 이십 일이 못 되여 온 거시오니 별노 샹ᄒ[21] 것 업숩 죠
히 먹숩 여긔는[22] 즉금가지 쇼음것슬 석 입지 못ᄒ오니 아마도 이번 온 웃시[23] 죠곰 듯거워
그디로 입기 어렵ᄉ올 ᄒ옵[24] 봄 인편의는 바지을[25] 석 얄게[26] ᄒ야 보내게[27] ᄒ옵 여긔[28]
잇는 누비바지가 다 명지것시오니 명지 바지 참아 입기 어려워 겹바지을 ᄶᅥ입어ᄉ오니 별
노 누비것 ᄯᅩ 홀 묘리는[29] 업고 얄은 쇼음 ᄒ 벌을 누비것쳐로 무명 바지의 두어 ᄒ나 ᄒ야
보내오면 ᄆᆞ음 편히 입개습 찬슈는 아지[30] 그만ᄒ면 아니 먹숩 요ᄉ이는 날이 치운 ᄯᅵ오니
고기 맛도[31] 여름과 다르와 엇지 어더 보오며 지령도 담은 것 맛시 먹게[32] 되여 과동을[33] 넘
녀[34] 업개숩 제일 기름이 극귀ᄒ오니 훗 션편의[35] 기름을 미양 어더 보내기 ᄇᆞ라옵[36] 아희
는 셔산 갓다 ᄒ더니 즉시 도라와숩 등계는 괄지지여[37] 구어도 단단ᄒ오니[38] 이둛숩[39] 갑쇠

을[40] 밧고와 보내고 시부디 과연[41] 보내고 아쇠온 일 만수와 경득을 도로 보내읍만 넘녀 녀

을[40] 밧고와 보내고 시부디 과연[41] 보내고 아쇠온 일 만수와 경득을 도로 보내읍만 넘녀는[42] 무궁ᄒᆞᆸ 비통 일양 심ᄒᆞ야 겨요 그리읍 임인 십월 초삼일 샹장[43]

판독대비

번호	판독자료집	金一根 (1986/1991 : 300∼301)	김일근·이종덕·황문환 (2004 : 225∼226)
1	덕스오시니	덕사오시니	–
2	넘녀	넘려	–
3	측냥업습	측량 업습	–
4	근녁의	근력의	–
5	하믈면	ᄒᆞ믈며	–
6	어렵ᄉᆞ온	어렵ᄉᆞ올	–
7	넘녀	넘려	–
8	범졀	범졀이	범졀이
9	되여습ᄂᆞᆫ가	되어습ᄂᆞᆫ가	–
10	요요히	요사히	–
11	심녀만	심려만	–
12	어닉듯	이대도	–
13	지내읍고	지닉읍고	–
14	기ᄃᆞ리읍	기다리읍	기다리읍
15	편체의	형체의	–
16	쟈고	자고	–
17	넘녀	넘려	–
18	아쇼의	아손의	–
19	수환들은	우환들은	우환들은
20	면면히	–	변변히
21	샹훙	샹훙	–
22	여긔ᄂᆞᆫ	녀긔ᄂᆞᆫ	–
23	웃시	웃시	–
24	ᄒᆞᆸ	듯ᄒᆞᆸ	〔듯〕ᄒᆞᆸ
25	바지읠	바지올	–
26	알게	알개	–
27	보내게	보내개	–
28	여긔	녀긔	–

번호	판독자료집	金一根 (1986/1991 : 300〜301)	김일근·이종덕·황문환 (2004 : 225〜226)
29	묘리는	도리는	-
30	아지	아직	아직
31	고기 맛도	고기만도	-
32	먹게	먹개	-
33	과동을	과동은	과동은
34	넘녀	넘려	-
35	홋 선편의	혹 선편의	홋 션편의
36	ㅂ라옵	바라옵	-
37	괄지지여	팔 절여	팔 절여
38	단단ᄒ오니	단단ᄒ니	-
39	이둛습	이둛습	이둛습
40	갑쇠을	갑쇠를	-
41	과연	과년	과년
42	넘녀는	넘려는	-
43	샹쟝	샹쟝	샹쟝

추사 언간 31

〈추사-31, 1842년, 김정희(남편) → 예안이씨(아내)〉

판독문

샹장 녜산	
	근봉

경득 회편은 어니 쩌 드러갓습 그후로는 션편이 거니가[1] 막히여 쇼식을 오리 못 듯ㅈ오니 어니듯 동지가 지격ㅎ온디 미령ㅎ오심 엇더ㅎ오시옵 그 증이 졸연[2] 이각이 어렵ㅅ오나 이 동안 가감 동졍이 엇더ㅎ오시고 발셔[3] 석 달이 너머ㅅ오니 원긔 범졀이 오쟉 픠ㅎ와 겨오시랴 이리 외오셔 동동 념녀 엇더타 ㅎ올 길이 업ㅅ오며 침식 범빅은 엇더ㅎ옵 이동안은 무슴 약을 ㅈ시며 아조 위셕ㅎ야 지내옵 간졀ㅎㄴ 심녀 가ㅅ록[4] 지졍치 못ㅎ개습 강동은 요ㅅ이 엇더ㅎ오며 한졀을 당ㅎ야 슉증이 의구이 빈빈 발쟉ㅎ올[5] 듯ㅎ오니 죵죵[6] 념녀 경경ㅎ옵고[7] ㅇ쇼들은[8] 별고나 다시 업습 나는 아직 ㅎ 모양이오나 피풍으로 쇼양이[9] 지금가지 낫지 못ㅎ야[10] 밤을 미양 새와 나오니 갓득 변변치 아니ㅎ 잠을 더고나 못 자고 실노 어렵ㅅ오나 식음 범빅은 별노 못ㅎ지 아니 ㅎ오니 아니 견디여 가옵 게셔 병환으로 쥬쇼의 동동ㅎ야 쇼식지 셕셕[11] 듯지 못ㅎ오니 더고나 됴민[12] 훈쟉ㅎ야[13] 못 견디들 ㅎ옵 하쇽들은 다 일양이오니 다힝이옵 식ㅅ도 겨을[14] 후는 육미도 어더 맛보오니 그리져리ㅎ야 이 겨을은[15] 쏘 므ㅅ이[16] 넘기올 듯ㅎ옵 인편이 하 업ㅅ기 쥬셩이나 므슴 인편 이실지 대강 두어 ㅈ 안부만 이리 부치오니 쾌히 평복이 되신 쇼식 이리 날로 기둘이옵 그ㅅ이 경초션 편으로 응당 므어시나[17] 부쳐 겨실 듯ㅎ오나 병환듕 심녀되여 겨실 일 이리 념녀오며[18] 셔울셔들은[19] 엇지들 지내고 미동셔 동졀을 당ㅎ야 오쟉ㅎ오시랴 이치일 길이 업습 비통은 일양 고쥬ㅎ와 겨요 이리 그리옵[20] 임인 지월 십ㅅ일 샹장 셩진이[21] 지격ㅎ오시니 아ㅎ들ㅎ고 혼가지로[22] 지내오실 일 요요히셔 싱각쑨이옵

판독대비

번호	판독자료집	金一根 (1986/1991 : 301~302)	김일근·이종덕·황문환 (2004 : 224~225)
1	거너가	거러가	-
2	졸연	돌연	-
3	발셔	벌셔	-
4	가스록	갈스록	-
5	발작ᄒ올	발작ᄒ올	-
6	종종	종종	-
7	경경ᄒ옵고	겸ᄒ옵고	겸ᄒ옵고
8	ᄋ쇼들은	ᄋ손들은	-
9	쇼양이	소양이	-
10	못ᄒ야	못ᄒ아	-
11	쇼식지 셕셕	쇼식의 셥셥	쇼식의 셥셥
12	됴민	죠민	-
13	훈쟉ᄒ야	훈쟉ᄒ야	-
14	겨을	겨울	-
15	겨을은	겨울은	겨을을
16	므스이	무스이	무스이
17	므어시나	무어시나	-
18	념녀오며	념이오며	념이오며
19	셔울셔들은	셔울셔들은	셔울셔들은
20	이리 그리옵	니러 그리옵	니러 그리옵
21	셩진이	싱신이	-
22	ᄒ가지로	한가지로	-

추사 언간 32

〈추사-32, 1842년, 김정희(남편) → 예안이씨(아내)〉

판독문

샹장 농산	
	근봉

젼편 편지 부치옷[1] 것이 인편의 혼가지로 갈 듯ᄒ오며 그ᄉ이 시 본관 오ᄂᆞᆫ 편의 녕뉴의 편지 보오니 이ᄉ이 년ᄒ야 병환을 쩌지[2] 못ᄒ오시고 일양 진퇴ᄒ시나[3] 보오니 발셔 여러 달을 미뉴ᄒ오셔[4] 근녁[5] 범빅이 오쟉ᄒ와 겨오시갭 우녹젼[6]을 ᄌᆞ시나 보오니 그 약의나 쾌히 동뎡이 겨시올지 원외셔 심녀 초졀ᄒ옵기 형용 못 ᄒ갭 나ᄂᆞᆫ 젼편 모양이오며[7] 그져 쇼양으로 못 견디갭 갑쇠을 아니 보내올[8] 길 업셔 이리 보내오나[9] 그 가ᄂᆞᆫ 모양 춤측ᄒ오니 긱듕의[10] 또 일층 심회을 뎡치 못ᄒ갭 급히 쩌나 보내기 다른 ᄉ연 길개 못ᄒᆞᆸ 임인 지월 십팔일 샹장

판독대비

번호	판독자료집	金一根 (1986/1991 : 302)	김일근·이종덕·황문환 (2004 : 223)
1	부치옷	부치온	부치옷(온)
2	쩌지	쩨지	쩨지
3	일양 진퇴ᄒ시나	일야진퇴ᄒ시나	–
4	미뉴ᄒ오셔	미류ᄒ오며	–
5	근녁	근력	–
6	우녹젼	우록졍	우녹졍
7	모양이오며	모냥이오며	–
8	보내올	보너올	–
9	보내오나	보너오나	–
10	긱듕의	긱듕의	

추사 언간 33

〈추사-33, 1843년, 김정희(시아버지) → 풍천임씨(며느리)〉

판독문

곤젼 승하는 무슴 말슴들을 흐리 쳔 니 희외의 더옥 망극흐 쑨이로다[1] 하츄 이후로 왕니가
막히여 일졀 쇼식 들을 길이 업더니 하인 오는디 편지들 보고 대되 어린 거들흐고[2] 일양 지
내는[3] 일 다힝이면[4] 쇼샹이 격월흐나 여녜이[5] 지내지[6] 못흐니 더옥 비결흐다 강동은 그스이
나려와 지내는가[7] 범빅 됴치[8] 셔올[9] 갓지 못홀 거시니 이리 동동흐다 나는[10] 비통가[11] 담쳬
로[12] 먹지 못흐기 죵시 쾌치 아니흐니 민망흐다 회편의 두어 즈 이리 그리니 쳥파딕의 각
쟝[13] 못 흐니 흠긔 보아라 겨묘[14] 십월 초십일 구

판독대비

번호	판독자료집	金一根 (1986/1991 : 303)	김일근·이종덕·황문환 (2004 : 222~223)
1	망극흐 쑨이로다	망극홀 쑨이로다	–
2	거들흐고	것들흐고	–
3	지내는	지너는	–
4	다힝이면	다힝이며	–
5	여녜이	의례이	–
6	지내지	지너지	–
7	지내는가	지너는가	–
8	범빅 됴치	범빅들이	범빅들히
9	셔올	셔울	–
10	나는	나도	–
11	비통가	비통과	–
12	담쳬로	담쳬로	–
13	쟝	쟝	–
14	겨묘	계묘	겨(계)묘

추사 언간 34

〈추사-34, 1844년, 김정희(시아버지) → 풍천임씨(며느리)〉

판독문

며느리	
	봉

본셩 존고 샹변은 통곡 밧 므슴 말을 ᄒᆞ리 쥬년지간의[1] 두 곳즈로 샹소을 당ᄒᆞ기 남의 업ᄂᆞᆫ 졍니[2] 듯 븡통 효졀ᄒᆞ기[3] 오작ᄒᆞ랴 비럼 ᄀᆞ이업ᄉᆞ며 즉시 분곡도 못 ᄒᆞ야실 듯ᄒᆞ니 더욱[4] 결확ᄒᆞ랴 일컷ᄂᆞᆫ다 우리개[5] 대샹 담졔 지나씨나 네의 내외는 ᄯᅩ 변녜을[6] 당ᄒᆞ야 여녜히[7] 지내지도 못ᄒᆞ고 졍경이 보ᄂᆞᆫ 듯ᄒᆞ다 그스이 슌산을 ᄒᆞ고 아들을 나핫짜 ᄒᆞ니 죵손의 경스 우리 집의 처음으로 보니[8] 됴죵이 권우ᄒᆞ오신 듯[9] 네 몸의 와셔 져리 유공 유복ᄒᆞ야 죵셕의 광채가 되니 문운이 ᄎᆞᄎᆞ 열녀 가ᄂᆞᆫ 듯 원외의셔 더욱[10] 경힝ᄒᆞ고 오히려 즉시 보지 못ᄒᆞᄂᆞᆫ 것슨 궁금ᄒᆞ나 엇지ᄒᆞ리 아희 싱긴 거시 비범ᄒᆞ다 ᄒᆞ오니[11] ᄆᆞ음의[12] 더고나 구지 든든ᄒᆞ다 아희 나기을 납월[13] 그믐날이라 ᄒᆞ니 그날이 쳔은 샹길일이니 그도 우연치 아니ᄒᆞ야 싱가 션친이 쳔은일 나오셔 쇼명가지 은 즈을 너허 지어 겨오시더니 이 아희가 ᄯᅩ 이러ᄒᆞ니 아니 긔이 신통ᄒᆞ온 일이냐 일홈을 쳔은이라 지어 보내니 그리 불너라[14] 봄이 다 되고 날이 챵화ᄒᆞ니 산후 범졀이 무양ᄒᆞ고 어린것 년ᄒᆞ야 잘 잇ᄂᆞᆫ야 부ᄃᆡ 죠심죠심ᄒᆞ야 기르게[15] ᄒᆞ야라 나는 구챵으로 오리 신고ᄒᆞ니 민망ᄒᆞ다 겨요 그린다 갑진 삼월 초뉵일 구

판독대비

번호	판독자료집	金一根 (1986/1991 : 303~304)	김일근·이종덕·황문환 (2004 : 222)
1	쥬년지간의	주년지간의	–
2	졍니	졍니로	졍니〔인〕
3	붕통 효졀ᄒ기	붕통효졀ᄒ기	붕통 효졀ᄒ기
4	더욱	더옥	–
5	우리개	〔판독 안 됨〕	–
6	변녜을	변례을	
7	여녜히	여례히	–
8	보니	보는	–
9	권우ᄒ오신 듯	권우ᄒ신 듯	권우ᄒ신 듯
10	더욱	더욱	더욱
11	ᄒ오니	ᄒ니	ᄒ니
12	ᄆ음의	ᄆ옴의	–
13	납원	납월	납월
14	불너라	불러라	–
15	기르게	기르개	–

추사 언간 35

〈추사-35, 1840년, 김정희(남편) → 예안이씨(아내)〉

판독문

침치을 어더 먹을 길이 업고 쏘 시오졋과 졋국은 무가너하오니 그거시 민망ᄒᆞᆸ 거긔 졋무
우나 어더 보내개 ᄒᆞ고 졋국도 ᄒᆞᆫ두 병 어더 샹치 아니ᄒᆞ개 부치면 죠흘 듯ᄒᆞ오나 쳔 니 밧
긔셔 엇지 그런 거슬 운젼ᄒᆞ야 먹을 길이 잇ᄉᆞᆸ 의복은 가지고 온 거시 과동은 되개ᄉᆞ오나
츈의을 ᄒᆞ야 뎡월 즈음이라도 부치거나 겨을 인편이라도 잇거든 미리 보내ᄂᆞᆫ¹ 거시 죠흘 듯
ᄒᆞᆸ 봄 된 후의 옷슬 보내여셔ᄂᆞᆫ 쎠 밋지 못 올 듯ᄒᆞᆸ 거긔 츄슈 범빅을 무스이 다ᄒᆞ야
거두어ᄉᆞᆸ 여긔셔 긴 옷슬 뎐혀 입고 잇개ᄉᆞ오니 긴 옷슬 넉넉이 보내ᄋᆞᆸ 쌘긴 옷시 무방ᄒᆞ고
즉금이라도 ᄒᆞᆫ 벌 두엇다ᄂᆞᆫ 차렵거시 챠마 더워 아직도 더 둑거온 옷슨 입을 길이 업슬 듯
ᄒᆞ오니 츈의라도 부디 얇쎄 ᄒᆞ되 양차렵으로 ᄒᆞ고 쌘누비 져고리 바지 갓튼 거시 죠흘 듯ᄒᆞ
ᄋᆞᆸ

판독대비

번호	판독자료집	金一根 (1986/1991 : 304)	김일근·이종덕·황문환 (2004 : 221~222)
1	보내논	보내난	-

추사 언간 36

〈추사-36, 1840~1842년*, 김정희(남편) → 예안이씨(아내)〉

판독문

북어 죠흔 거슬로 셔올[1] 구홀넌지 ᄒ야 두어 쐐 비 오는 편의 잘 부치개 ᄒᆞᆸ 팔도의 다 인
는 거시 여긔 업ᄉ오니 그도 아니 고이ᄒᆞᆸ 여긔는 북어 명틱라 말을 듯지도 못ᄒ여숩더니
다

판독대비

번호	판독자료집	金一根 (1986/1991 : 305)	김일근·이종덕·황문환 (2004 : 221)
1	셔올	셔올	–

---

* 김일근·이종덕·황문환(2004)에서는 시기가 소개되지 않았으나 추사의 제주 유배와 부인 예안이씨(禮安李氏, 1788~1842)의 몰년(沒年)을 고려하여 1840~1842년으로 추정하였다.

추사 언간 37

〈추사-37, 1841년, 김정희(남편) → 예안이씨(아내)〉

판독문

편지 봉홀 추의 니문의 샹스[1] 쇼식을 드르니 놀납고[2] 며느리 뎡니을[3] 싱각ᄒ니 남의 업눈
듯 춤연춤연ᄒ옵[4] 향듕의셔 흰 거시나 엇지ᄒ야 입혀습 오죽 걱뎡ᄒ야습

판독대비

번호	판독자료집	金一根 (1986/1991 : 304)	김일근·이종덕·황문환 (2004 : 221)
1	샹스	샹사	–
2	놀납고	놀랍고	놀랍고
3	뎡니을	뎡리을	뎡리을
4	춤연춤연ᄒ옵	참련참련ᄒ옵	참년참년ᄒ옵

추사 언간 38

〈추사-38, 1841년, 김정희(남편) → 예안이씨(아내)〉

판독문

겨을 옷슨 엇지ᄒ야 부치옵 다님 ᄒ나 졉어 보내개 ᄒ옵 슈슈엿슬 고아 보내개 ᄒ되 너흘
약지을 어더 ᄒᄃ 너허 고오개 ᄒ옵 빅합 百合[1] 二兩 쳔문동 天門冬 二兩 길경 吉更 一兩 계피
桂皮 三돈 귤피 橘皮 三돈을 셔올[2] 구ᄒ야 오옵 右細末 糖一斗 調和 再熬

판독대비

번호	판독자료집	金一根 (1986/1991 : 304)	김일근·이종덕·황문환 (2004 : 221)
1	百合	–	白蛤
2	셔올	셔올	–

추사 언간 39

〈추사-39, 1842년, 김정희(남편) → 예안이씨(아내)〉

판독문

갑쇠가 시절병으로 알아 지내더니 무스이 츌장을 시겨 즉금은 넘녀을[1] 놋스오나 그스이 그
러 심녀[2] 엇지 다 덕습 한의도 구병 식이노라 즉시 못 보내고 인즈야 보내오며 이 동닉의도
츠츠 죠곰 건뎡ᄒ야 가니 힝이옵 츄시가 죽다 ᄒ니 여러 히 복스ᄒ던[3] 거시 불샹ᄒ옵 져부
치나 잇든 거시옵

판독대비

번호	판독자료집	金一根 (1986/1991 : 305)	김일근·이종덕·황문환 (2004 : 220)
1	넘녀을	넘려을	–
2	심녀	심려	–
3	복스ᄒ던	복사ᄒ던	복사ᄒ던

추사 언간 40

〈추사-40, 1842년, 김정희(남편) → 예안이씨(아내)〉

판독문

며ᄂᆞ리 글시을 보오니 화려ᄒᆞ야 제 친히 쓴 거시면 긔특ᄒᆞ개ᄉᆞᆸ 강동의 편지의 놈이 내외을 ᄯᅡ로 내여 각뎡식을 ᄒᆞ쟈 ᄒᆞ야ᄉᆞ오니 방ᄉᆞ 변통ᄒᆞᄋᆞᆸ는듸 ᄯᅡ로 내기는 못 ᄒᆞᆯ 묘리[1] 업ᄉᆞ나 아직 각뎡식은 부질업ᄉᆞ올 듯ᄒᆞ오니 엇지ᄒᆞ야 이리 긔별ᄒᆞᆫ 말ᄉᆞᆷ이온지 므슨 긔미 조짐을 보고 그리ᄒᆞ온 일이ᄋᆞᆸ[2] 의ᄉᆞ가 빅츌ᄒᆞᄋᆞᆸ 더고나 그러쇼록 그쳐로 버릇ᄒᆞᆯ 길 업ᄉᆞ니 방ᄉᆞ는 옴기되 각뎡은 아직 부질업ᄉᆞᆸ 이번의 나려온 민어는 젼 것보다 마히 낫ᄌᆞ와 먹개ᄉᆞᆸ 기름을 여긔셔 더고 어더 쓸[3] 슈가 업시 극귀ᄒᆞ오니 비편 갓튼 듸 기름 말이[4] 부치더면 죠흘 번ᄒᆞ와ᄉᆞᆸ 거번 부친[5] 날근 의복은 셔올노셔[6] 날여오면 그ᄉᆞ이 아마 못 갓ᄉᆞ올 듯ᄒᆞᄋᆞᆸ 무명바지 둘 보내오며 마ᄎᆞᆷ 무혈복 열두 개 싱겨ᄉᆞᆸ기 보내ᄋᆞᆸ ᄌᆞ시 츄심ᄒᆞᄋᆞᆸ 오포 두 쳡도 보내ᄋᆞᆸ 놈의 아쳑은 년ᄒᆞ야 고이ᄒᆞ오며 놈의 딕은 편지을 보듸 놈의 편지는 아니 부쳐ᄉᆞ오니 고이ᄒᆞᄋᆞᆸ

판독대비

번호	판독자료집	金一根 (1986/1991 : 305)	김일근·이종덕·황문환 (2004 : 220)
1	못 ᄒᆞᆯ 묘리	못ᄒᆞᆯ 일리	못ᄒᆞᆯ 일리
2	일이ᄋᆞᆸ	일이압	-
3	더고 어더 쓸	더 고어 더 쓸	-
4	기름 말이	기름말이〔나〕	기름 말이〔나〕
5	부친	부칠	-
6	셔올노셔	셔울노셔	-

•『순원왕후어필』언간•
25건

■ 대상 언간

서울대 규장각에 전하는 순원왕후(純元王后, 1789~1857)의 한글편지 중 『純元王后御筆』이라는 서첩(書帖)에 수록된 편지 25건을 이른다. 서첩 자체는 윤순(尹淳, 1680~1741)의 필적을 모아 2첩으로 성첩(成貼)한 것인데, 2첩 중 권1에 16건, 권2에 9건, 모두 25건의 한글편지를 필적 위에 별도로 붙여 놓았다.

■ 언간 명칭 : 『순원왕후어필』 언간

金一根(1986/1991 : 80)에서 '鮮朝末期 王室 諺簡'의 하나로 '純元王后 諺簡'이 언급된 바 있다. 이후 이승희(2000)에서 서울대 규장각에 전하는 순원왕후의 한글편지로 소개되면서 '純元王后 한글 편지'라는 전체 명칭 아래 서첩의 표제를 그대로 가져온 '≪純元王后御筆≫'로 명명되었다. 이후 25건 전체의 판독문을 처음 소개한 이승희(2010)에서도 이러한 명명이 유지되었는데, 이 판독자료집에서는 기존의 명명 취지를 이어 '『순원왕후어필』 언간'으로 명칭을 삼고 출전 제시의 편의상 약칭이 필요할 경우에는 '순원어필'을 사용하였다.

■ 언간 수량 : 25건

'純元王后御筆'이라는 표제(標題)의 서첩 속에는, 권1에 16건, 권2에 9건, 모두 합하여 25건의 한글편지가 수록되어 있다. 이승희(2000)와 이승희(2010)에서는 서첩의 권차(卷次)와 각 권에 실린 편지의 순서에 따라 '1-1, 1-2, …, 2-1, 2-2, …'와 같이 편지 번호를 부여하였는데 이 판독자료집에서는 25건 전체를 수록 대상으로 하면서 이승희(2010)에 제시된 편지번호를 그대로 따랐다.

■ 원문 판독

편지 원본의 존재는 아세아여성연구소(1968)를 통해 판독문 없이 영인 자료로만 먼저 알려졌다. 나중에 이승희(2008)와 이기대(2009)에서 원문 일부가 판독되고, 이후 이승희(2010)에서 25건의 흑백 사진과 판독문을 제시하고 현대어역과 어휘 주석 및 해설을 덧붙임으로써 『純元王后御筆』 서첩에 실린 25건 전체가 처음 판독문상으로 소개되었다. 이 판독자료집에서는 기존 판독 가운데 이승희(2010)*에서 이루어진 판독 사항과 대비하여 차이가 있는 부분을 표로 제시하고 판독 결과를 대조하는 데 도움이 될 수 있도록 하였다.

■ 발신자와 수신자

발신자는 순조(純祖, 1790~1834)의 비(妃)인 순원왕후(純元王后, 1789~1857) 김씨(金氏)이고 수신자는 순원왕후의 재종(再從) 동생에 해당하는 김흥근(金興根, 1796~1870)이다. 수신자는 봉투에 '좌합(左閤), 판서(判書), 참판(參判), 부사(副使)' 등으로 표시되는데 이는 모두 김흥근의 관직을 나타낸 것이다. 권1의 11번(1-11), 16번(1-16), 권2의 2번(2-2) 편지에는 수신자 표시가 정확히 되어 있지 않지만 편지의 내용상 이 편지들의 수신자 또한 김흥근인 것으로 추정된다. 다만 권1의 16번(1-16) 편지는 이승희(2010 : 16)에서 편지의 내용으로 보아 "순원왕후 자신이 써 보낸 편지라기보다는 제삼자가 순원왕후 및 임금의 안부를 김흥근에게 전한" 것일 가능성이 지적된 바 있다. 이 판독자료집에서는 발신자와 수신자에 대해 기본적으로 이승희(2010)를 따라 제시하였다.

■ 작성 시기

발신 일자가 적힌 편지는 없다. 그러나 편지 내용과 수신자의 관직 등을 통해 대략 편지를 보낸 시기를 추정할 수 있다. 연대가 확실한 편지 중 가장 이른 시기의 것은 1837년 10월, 가장 늦은 시기의 것은 1852년 1월로 파악되고, 연대를 파악할 수 없는 몇몇 편지는 이 중간 시기에 쓰였을 것으로 추정된다(이승희, 2010 : 17). 따라서 25건 전체의 작성 시기는 대략 1837~1852년 사이, 19세기 중반에 해당하는 것으로 볼 수 있다. 이 판독자료집에서는 작성 시기에 대해 기본적으로 이승희(2010)를 따라 제시하였다.

■ 자료 가치

역사 연구의 관점에서 본다면 19세기 중엽 절정에 이르렀던 세도 정치의 이면을 보여 준다는 점에서 흥미로운 자료이다. 또 한 개인의 역사에 초점을 둔다면 여성이 뜻하지 않게 정권을 잡게 되면서 겪는 심적인 고뇌를 엿볼 수 있다. 국어사의 측면에서도 19세기 국어의 모습, 특히 궁중 및 사대부 계층에서 사용된 언어와 편지글 특유의 문체를 보여 준다는 점

---

* 이 판독자료집에서는 2011년 2쇄로 출판된 책을 기준으로 하였다.

에서 중요한 자료라 할 수 있다(이승희, 2010 : 12~13).

■ 자료 해제

자료의 서지 사항에 대한 자세한 내용은 이승희(2000) 및 이승희(2010 : 11~41)를 참고할 수 있다.

■ 원본 사항

- 원본 소장 : 서울대학교 규장각(古貴 2410-21)
- 마이크로필름 : 서울대 규장각 소장(MF 73-102-25-C)
- 크기 : 24.0×36.8cm(1-1번) 등

■ 판독 사항

이승희(2008), 「'순원왕후 한글편지'의 資料的 特性에 대한 一考察」, 『韓國文化』 44, 서울대 규장각 한국학연구원, 31~47쪽.

이기대(2009), 「한글편지에 나타난 순원왕후의 일상과 가족」, 『한국고전여성문학연구』 18, 한국고전여성문학회, 315~349쪽.

이승희(2010), 『순원왕후의 한글편지』, 푸른역사. ※ 25건 전체 판독

■ 영인 사항

아세아여성연구소(1968), 「純元王后 御筆 <影印>」, 『亞細亞女性研究』 6, 淑明女子大學校 亞細亞女性研究所, 350~368쪽. ※ 흑백 사진

이승희(2010), 『순원왕후의 한글편지』, 푸른역사. ※ 25건 전체 영인(흑백 사진)

■ 참고 논저

고홍희(2013), 「<순원왕후 한글편지> 한자어에 대한 고찰-'한자 어기+ᄒ다' 구성의 한자어를 중심으로」, 『한중인문학연구』 38, 한중인문학회, 45~74쪽.

金用淑(1987), 『朝鮮朝 宮中風俗 研究』, 一志社.

金一根(1986/1991), 『三訂版 諺簡의 研究』, 건국대학교 출판부.

박정숙(2012), 「역대 왕후 최고의 명필 순원왕후 김씨의 생애와 글씨세계」, 『月刊 書藝』 통권 367호, 131~135쪽.

변원림(2012), 「순원왕후 독재와 19세기 조선사회의 동요」, 일지사.

서울大學校奎章閣(2001), 「純元王后御筆」, 『奎章閣所藏語文學資料 語學篇 解說』, 210~211쪽.

아세아여성연구소(1968), 「純元王后 御筆 <影印>」, 『亞細亞女性研究』 6, 淑明女子大學校 亞細亞女性研究所, 350~368쪽.

이기대(2009a), 「한글편지에 나타난 순원왕후의 수렴청정과 정치적 지향」, 『국제어문』 47, 국제어문학회, 199~229쪽.

이기대(2009b), 「한글편지에 나타난 순원왕후의 일상과 가족」, 『한국고전여성문학연구』 18, 한국고전여성문학회, 315~349쪽.

이기대(2011), 「19세기 왕실 여성의 한글 편지에 나타난 공적(公的)인 성격과 그 문화적 기반」, 『語文論集』 48, 중앙어문학회, 259~280쪽.

이승희(2000), 「奎章閣 所藏本 '純元王后 한글 편지'의 고찰」, 『奎章閣』 23, 서울대 규장각 한국학연구원, 113~140쪽.

이승희(2008), 「'순원왕후 한글편지'의 資料的 特性에 대한 一考察」, 『韓國文化』 44, 서울대 규장각 한국학연구원, 31~47쪽.

이승희(2010), 『순원왕후의 한글편지』, 푸른역사.

이이숙(2011), 「純元王后 諺簡의 書藝美學的 研究」, 성균관대학교 유학대학원 석사학위 논문.

이재옥(2001), 「純元王后의 한글御札의 美學的 分析」, 『동양예술』 4, 한국동양예술학회, 255~276쪽.

조용선 편저(1997), 『역주본 봉서』, 다운샘.

황문환(2010), 「조선시대 언간 자료의 현황과 특성」, 『국어사 연구』 10호, 국어사학회, 73~131쪽.

황문환(2012), 「조선시대 왕실의 한글편지」, 『조선 왕실의 문예』, 장서각 ACADEMY 왕실문화강좌, 한국학중앙연구원 장서각, 73~85쪽.

『순원왕후어필』 언간 1-01

〈순원어필-1-01, 1851년, 순원왕후(재종누나) → 김흥근(재종동생)〉

판독문

	좌합	
근		봉

뇨우 지리ᄒᆞ더니 수일은 쳥훈 둣ᄒᆞ니 긔운 평안ᄒᆞ시니잇가 뎌째 둥연의 뵈오니 신관이 노샹 혈식이 업고 ᄆᆞ이 패ᄒᆞ여[1] 겨시니 그스이 블평이ᄂᆞ 디내여 겨신가 시브더 향념 경경ᄒᆞ오며 침담은 엇더ᄒᆞ시니잇가 됴셥이나 아라 잘ᄒᆞ셔 쳥건ᄒᆞ시기 조이오며 권샹은[2] 주작지규로 무스티 못ᄒᆞ니 심히 애ᄃᆞ라온 사ᄅᆞᆷ이올너이다 김녕희도 대힝됴 여텬지은으로 별이훈 은수를[3] 닙어시니 고요히 드러 안자 다시 운수 트이기가 기ᄃᆞ리이ᄂᆞ 거시 아니라 즈에[4] 분수의 디내게 눌치다가 굿ᄐᆞ야 다시 덕거ᄒᆞ니 실노 고이훈 사ᄅᆞᆷ이올너이다 사ᄅᆞᆷ이 조조급급ᄒᆞᄂᆞ 일이 속속ᄒᆞ여 됴흔 딕도 잇거니와 희도 비경ᄒᆞ니 ᄆᆞᄋᆞᆷ대로 못 될 일도 그러홀가 보오니잇가 김녕희ᄂᆞ 실노 지승덕ᄒᆞ여 쇼년으로브터 져러ᄒᆞ여ᄉᆞᆸᄂᆞ니이다 믈졍[5] 되여 가ᄂᆞ 거슬 보아 오니 거의 미릭스를 알 둣ᄒᆞ더 씨ᄐᆞ디 못ᄒᆞ기 꿈ᄀᆞᆺᄉᆞ오이다

판독대비

번호	판독자료집	이승희 (2010 : 270~275)
1	패ᄒᆞ여	픠ᄒᆞ여
2	권샹은	셔샹은
3	은수를	운수를
4	즈에	즈게
5	믈졍	물졍

『순원왕후어필』 언간 1-02

〈순원어필-1-02, 1851년, 순원왕후(재종누나) → 김흥근(재종동생)〉

판독문

> 좌합 긔탁

츈일이 훤챵ᄒ니[1] 긔운ᄒ시고 이ᄉᄋᄂᆞ는 견비통은 엇더ᄒ시니잇가 ᄇ리디 못ᄒ오며 교관은 오늘 방방이 되니 든든ᄒ오이다 이 압흔 ᄆᄋᆞᆷ이 더 늙어 미리 엇더ᄒ여시리라 못 ᄒ디 아직은 이를 조이도 아녓더니 제 스스로 ᄒ고 나니 쾌타 홀 거시오 고금이리로 독셔 공부 ᄇ즈런이 ᄒ여 도를 펴쟈 ᄒ기는 공즈 ᄒᆞᆫ 분이실 듯 이외ᄂ는 거의 이것 ᄒ여 ᄉ업ᄒ랴는 일이니 인졍이 응당 그러홀 거시니 깃브고 구챠티 아니케 쉽ᄉ리 ᄒ고 나니 긔특ᄒ디 여러 집이 과경이[2] 년면ᄒ니 지졍으로 위ᄒ여 셩만을 긍츅ᄒ는[3] ᄆᄋᆞᆷ이 압셔니 더ᄃ려도 깃브다 일ᄏ디 아니코 형님은 녀편너니 응당 됴화ᄒ실 거시로디 이ᄲᅥ것[4] 하쟝을[5] 아니ᄒ여ᄉ 대신 ᄉᆡᆼ각은 엇더ᄒᆞᆸ 오늘 옥당 졔슈 말이 이시디 그럴 묘리 업고 내 조심되여 아니ᄒᆞᆸᄂ이다 옥당을 못 사ᄅᆷ이오리잇가 일시 은영이니이다[6] 잘 ᄀᄅ쳐 ᄂ의 뉴의 ᄲᅡ지디 아니코 가국이 태평 영화로이 디내기 ᄇ라ᄋᆸ 그 아ᄒᆡ 너모 나 ᄱᅡᆫ으로 노슉ᄒ니 이샹ᄒᆞᆸ더이다 두 오라바님 아ᄅ미[7] 겨신디 비감ᄒ오이다 나도 ᄆᆫ져 련문의 교관과 홍셕죵 과거ᄒ엿다 ᄒ기 의심을 과연 ᄒ여 날ᄃ려도[8] 니ᄅ디 아니코 ᄒ엿는가 미안ᄒ더니 츄후야 알고 그러티 아닌 줄 아라시니 나도 이러홀 제 남들이 ᄯ오 이리 의심홀 거시나 의심은 모ᄅ고 ᄒ는 거시오 신명은 아니 관계홀 거시 업ᄉᆞᆷ마는 조심ᄒ는 ᄆᄋᆞᆷ이야 다ᄅ미 업ᄉᆞ오이다

판독대비

번호	판독자료집	이승희 (2010 : 277~282)
1	횐창ᄒ니	횐창ᄒ니
2	과경이	과명이
3	긍츅ᄒᄂ	공츅ᄒᄂ
4	이ᄶᅵ것	이째것
5	하쟝을	하장을
6	은영이니이다	운영이니이다
7	아ᄅ미	아로미
8	날ᄃ려도	날ᄃ려

『순원왕후어필』 언간 1-03

〈순원어필-1-03, 1849년, 순원왕후(재종누나) → 김흥근(재종동생)〉

판독문

일한의 엇디 디내는디 향념 브리디 못ᄒ더니 봉셔 보고 든든 반가오나 신질노 댱 셩티 못ᄒ가 시브니 답답 브리디 못ᄒ니 일월이 무졍ᄒ여 인봉이 얼프시 디나시고 수우ᄀ디 디나시니 원확통운ᄒ기 그음업고 텬품의 명민 긔이ᄒ시던 거시 그린 쩍이 되며 녜일이 되여시니 이제야 뉘가 본셩의[1] 비샹ᄒ시던 줄을 알 니가 업스니 앗갑고 원통ᄒ기 죽기 젼 엇디 이질고 ᄒ갓 믈욕의[2] ᄆ든 님군으로만 알 일이 원통원통히 나는 완독ᄒ여 시식이 여젼ᄒ니 이러ᄒ 졍니는 다시 업는 듯히 쥬샹긔셔 태평ᄒ시고 오월이나 보니 텬셩이 슌젼이[3] 챡ᄒ시니[4] 잘만 보도ᄒ면 아모 념녀가 업슬 듯ᄒ디 그러ᄒ 수가 업스니 속의 시름이로셰 조샹님니[5] 셩덕스 말슴 ᄒᄆ디 어더 듯고 닐너야 아니 아는 거시 아니 잇게 ᄒ엿는가[6] 답답히 뉵월 이후 됴뎡 디난 일은 다 소문 드러시려니와 엇디 된디 이ᄯᅢ것 가부를 모르게 ᄒ엿니 요스이 쏘 인산 후는 쏘 므슨 일 잇다 ᄒ니 므슨 일인디 귀경이나 ᄒ 밧 업니 그스이 봉셔나 ᄒ쟈 ᄒ여도 편지 ᄒ 댱도 쩍 일위여 쓰디 못ᄒ여 못고 ᄆ음의만 굼거이 디내엿니 게 가[7] 칩다나 아닌가 ᄒ니

판독대비

번호	판독자료집	이승희 (2010 : 285~289)
1	본셩의	봉셩의
2	믈욕의	물욕의
3	순젼이	순졍이
4	챡ᄒ시니	착ᄒ시니
5	조샹님니	조상님내
6	잇게 ᄒ엿ᄂ가	잇게ᄒ엿ᄂ가
7	게 가	게가

『순원왕후어필』 언간 1-04

〈순원어필-1-04, 1842~1850년, 순원황후(재종누나) → 김흥근(재종동생)〉

판독문

| | 판셔 | |
| 봉 | | 봉 |

다룬 말 아니ᄒᆞ니 블힝이[1] 내 집의 패악ᄒᆞᆫ ᄌᆞ식이 나 이 남의 업ᄂᆞᆫ 소조룰 당ᄒᆞ니 므어시라 말홀 길 업니 어제 녕부ᄉᆞ가 뎐ᄒᆞᆫ 말을 듯디 아니커든 ᄒᆞᆫ가지로 오라 ᄒᆞ더라 ᄒᆞ니 뎌ᄂᆞᆫ 죽일 거시라 ᄒᆞ고 ᄒᆞᆫ 뎐ᄒᆞᄂᆞᆫ 말노 결단ᄒᆞᄂᆞᆫ 거시 엇더홀고 게 의심이 업스면 녀힝의 초관을 조샹과[2] 부모룰 이욕츄락ᄒᆞᄂᆞᆫ 거술 술녀 둘 길이 업스니 큰 결단 홀 밧 업스니 판셔가 강긔 업셔 결단을 못 ᄒᆞ여 두쥬ᄒᆞ여[3] 가면 시방 명을 도망ᄒᆞ려 춤으로 이디로 ᄃᆞ라나면 그는 이에셔 더ᄒᆞ니 ᄒᆞᆫ가지로 쳐치ᄒᆞ소 엇디 내 집 골육이 이러홀[4] 줄 아라실고 ᄌᆞ닌들 이 일에 어이 ᄒᆞᆫ가지로 ᄒᆞ고져 ᄒᆞᆯ고마는 가문을 싱각ᄒᆞ여 판셔와 보와 쳐치ᄒᆞ소

판독대비

번호	판독자료집	이승희 (2010 : 293~295)
1	블힝이	불힝이
2	조샹과	조샹과
3	두쥬ᄒᆞ여	두류ᄒᆞ여
4	이러홀	이러ᄒᆞᆫ

『순원왕후어필』 언간 1-05

〈순원어필-1-05, 1841년, 순원왕후(재종누나) → 김흥근(재종동생)〉

판독문

봉	참판 입납	봉

일긔 화란ᄒᆞᆫ디 평안이 디내ᄂᆞᆫ가 시브니 깃브나 지명일은 ᄉᆞ됴ᄒᆞᆫ다 ᄒᆞ니 젼과 ᄉᆞ이 더옥 섭섭ᄒᆞᆯ ᄲᅮᆫ이 아니라 미리 헤헤ᄒᆞ고 심히 고단스러워 ᄆᆞᄋᆞᆷ이 야릇히 ᄂᆞ려가 국ᄉᆞ도 진심ᄒᆞ고 몸도 평안이 디내다가 오소 가국의 일이 업스면 다ᄒᆡᆼ이게 ᄒᆞ엿ᄂᆡ[1]

판독대비

번호	판독자료집	이승희 (2010 : 298)
1	다ᄒᆡᆼ이게 ᄒᆞ엿ᄂᆡ	다ᄒᆡᆼ이게 ᄒᆞ엿ᄂᆡ

『순원왕후어필』 언간 1-06

〈순원어필-1-06, 1842~1850년, 순원왕후(재종누나) → 김흥근(재종동생)〉

판독문

판셔 스동

봉 판셔 기람 함

오래 미류ᄒ던 질양이 쾌건ᄒ야 츌슉ᄀ디 ᄒ니 다힝 깃브기 측냥업니 츈한이 오히려 심ᄒ 고 브됴ᄒ니 지친 근녁이니 요ᄉ이 엇디 디내ᄂ고 브리디 못ᄒ니 하 깃버 두어 줄 뎍으니 평안평안이 디내기 밋니

판독대비

번호	판독자료집	이승희 (2010 : 301)

『순원왕후어필』 언간 1-07

〈순원어필-1-07, 1851년, 순원왕후(재종누나) → 김흥근(재종동생)〉

판독문

> 판셔

일긔 쳥낭ᄒ니 긔운 평안ᄒ신 일 아옵고져[1] ᄒ오며 안히셔도 대례 박두ᄒ니 든든 흔힝ᄒ오이다 별궁 가셔 장속혼 양 보아 겨실 거시오니 엇더ᄒ옵더니잇가 나는 부원군을 보니 그 속은 알 길 업스나 외양이 그만홀 제는 심지도 브경티 아닐 거시니 심히 ᄆᆞᆷ이 흔연ᄒ옵기 이 말을 대신긔 쟈랑코져 ᄒ디 날마다 분분 다스ᄒ니 ᄒ디 못ᄒ여스오며 니인의 언니로 드러도 다 칭도ᄒᄂᆞ 말이오 듕궁뎐 ᄆᆞ이 무겁고 어려도 샹업디 아니타 ᄒ오니 이 밧[2] 만힝이 업스오이다 졍낭의 혼인의[3] 뼈 되디 아니터니 쌔가 다다라 오늘 혼이 되고 일긔도[4] 쳥낭ᄒ니 다힝ᄒ고 집이 이제야 뎡ᄒ게시니 싀훤 깃브오이다 ᄉ연 ᄀᆞ득ᄒ나 다 못 ᄒ옵ᄂᆞ이다

판독대비

번호	판독자료집	이승희 (2010 : 305~307)
1	아옵고져	아옵고져
2	이 밧	이맛
3	혼인의	혼인이
4	일긔도	일긔는

『순원왕후어필』 언간 1-08

〈순원어필-1-08, 1850년, 순원왕후(재종누나) → 김흥근(재종동생)〉

판독문

	판셔 긔탁	
근		봉

일젼 답봉셔 보고 평안이 디내는 일 알고 든든 깃브며 무결의 챵방 보고 즉시 교외로 나갓
다 호니 쇼동누의 즈미를 무이 드럿는가 시브니 웃니 진亽의 관복호 모양을 보니 동탕호 풍
의가 교관 직명이 가즈니 외양과 니직가 ㅈ기 브라고 든든 깃브기 측냥업니 병계는 녑흐로
잠간 보아시디 즈니 아돌은 지금 보디 못호여시니 교관을 보니 더 굼거온 ᄆᆞᆷ이 잇니 뉵가
뉵죵형뎨 슈복이 댱원호고 화목 일가 ㅈ기를[1] 조이더 내 ᄆᆞᆷ ㅈ기는 아무 쉽디 못홀 둧ᄒᆞ
니 내가 홀노 챡호 둧ᄒᆞ니 이 말이 엇더호고 웃게 뼈 보내니 교관 보고 깃거 좀 덕니

판독대비

번호	판독자료집	이승희 (2010 : 311~313)
1	ㅈ기를	ㅈ기

〈순원어필-1-09, 1840년, 순원왕후(재종누나) → 김흥근(재종동생)〉

판독문

봉	참판 입납	봉

츈한이 오히려 심호니 평안이 디내는디 알고져 호며 발셔브터 봉셔나 호고져 무움은 이시나 호디 못호엿니 향니 드르니 주부를 잘 어더 슉셩호여 지어미답더라 호니 인가의 며느리를 잘 어더야 뎨일가수가 홍셩홀 일이니 깃브고 이제야 뒤늣게 치하호니 오라바님긔셔 뎌째 무이 블평호시다 호더니 이수이는 쾌츠호신가 무음이 됴티 못호셔도 술에 붓치시고[1] 식수는 브히 아니 겨신가 보니 그리호신즉 뒤히 번번이 병환이 나신다 호니 아니 답답호가 모리 몬져 가신다 호니 브리읍디 못호니 엇디호면 그리 마르실디 민망히 나는 태산ᄀᆞ티 의앙호읍던 오라바님을 여히니 통원무이호 밧 금옥 ᄀᆞᄐᆞ신 주품이 앗가오시고 블상[2] 원통호온 디 셰월이 믈[3] ᄀᆞᄐᆞ여 어언지간의 장수가 박근호시니 새로이 셜운 심쟝이[4] 여할ᄀᆞ골호니 엇더타 형필호고 닙후는 무결이로 호니 그 밤 그 경샹이야 눔의 업는 일이니 다시 말호여 무엇호고 샹인 니외가 슉셩호고 무결이가 관후호 틀이 뵈더라[5] 호니 다힝 깃거호니 산디는 혼디로 되시니 평일 아바님 호오시던 말솜이 샹샹호이와 신구감통이 새로와 호니 갑오화변 후 혼갓 셜움분 아니라 브당지스를 당호여 쥬쇼의[6] 어느 째 무음과 줌이 평안홀 적이 업더니 셩산이 명명호셔 가당티 아닌 짐을 버수니 위종샤호여 경츅혼 외 내 몸의 한가홈과 집을 위호여셔는 홀노 만힝분이 아니니 째째 싱각홀수록 싀훤히 내가 이리 싀훤호여 호는 샹을 겨셔 보디 못호시니 그도 셟데 주니도 일 잇는 째마다 잘호여 내라 심히 보채여시니 이제 싱각호여도 즈질티 아니혼가 쾌혼 수연을 혼 번 베플고져[7] 벼르기는 호고도 못 호엿더니 이제야 덕니 나는 댱 곤곤호니[8] 추마 괴로와호니

판독대비

번호	판독자료집	이승희 (2010 : 315∼319)
1	붓치시고	붓치시고
2	블샹	불샹
3	믈	물
4	심쟝이	심장이
5	뙤더라	되더라
6	쥬쇼의	쥬소의
7	베플고져	베풀고져
8	곤곤ᄒ니	근근ᄒ니

판독문

봉셔

좌합 긔탁	봉

말춤 일긔 심히 브덕ᄒ니 긔도 평안ᄒ시고 그ᄉ이 견갑 담션[1] 인ᄒ여 괴로이 디내시믄 엇더 ᄒ시옵 어제ᄂᆞᆫ 츌ᄉᄒ셔 졍셕이 비원ᄒ고 진면ᄉ의도 졀지ᄒ여 아ᄅᆞ드르시기도 쉽고 됴ᄒ니 깃브고 든든ᄒ기 측냥업ᄉ오며 풍의도 명상 단녀ᄒ니 보샹을 득의이 ᄒᆞᆫ 일 만ᄒᆡ이오며 아모됴록 아ᄂᆞᆫ 거ᄉᆞᆫ 다ᄒ여 보도ᄒ고 구확의 든 빅셩을 건져 태평을 닐위게 ᄒ시기 브라옵 남이라도 이ᄢᅢ 브라미 이 일이니 더옥[2] 내 공스로 유광코져 ᄒᄆᆞᆫ 내 말을 기ᄃᆞ리디 아녀 아ᄅᆞ실 거시니 브디 셩의를 다ᄒᆞᆸ 대년의셔 결단코 그른 일은 아니실 거시오 바히 총도 업디 아니시고 슌실ᄒ신 ᄌᆞ품이니 그대로만 보도ᄒ면 태평이 오리이다 쎅쎅ᄒᆞᆫ 고집은 약간 겨시나 츈츄 더ᄒ시면 그도 나으시오리이다 억셕ᄒ여 일변 심ᄉᆞ가 엇더타 홀 길이 업ᄉ더이다 녀편니 ᄉ업이 어이 잇ᄉ오리잇가마ᄂᆞᆫ 하ᄂᆞᆯ긔 명도 타기를 긔구이 ᄒ여 이 터를 거듭[3] 당ᄒ여 흥쇠가 여긔 이ᄢᅢ 달녀시니 샹감 셩취의[4] 내 죄 잇고 업기 미여시니 여의ᄒ면 죠종의 뵈올 안면이 이실 거시니 이거시 내게ᄂᆞᆫ ᄉ업이니 슈미지간이나 닛고 ᄒ리나[5] 엇디 ᄆᆞ음 노하 디내오리잇가 브라ᄂᆞᆫ ᄆᆞ음은 내 긔츌 ᄌᆞ손의 비ᄒᆞ여 몃 비가 더ᄒᆞᆫ 줄 모ᄅᆞ게습ᄂᆞ이다 깃븐 ᄆᆞ음으로 뎍ᄉ오나 졍신이 흐릿흐릿ᄒ니 낙ᄌᆞ도 이실 듯ᄒ오이다

판독대비

번호	판독자료집	이승희 (2010 : 323~327)
1	견갑 담션	견갑담션
2	더옥	더욱
3	거듭	거듭
4	셩춰의	셩뮈의
5	흐리나	홀리나

『순원왕후어필』 언간 1-11

〈순원어필-1-11, 1851년, 순원왕후(재종누나) → 김흥근(재종동생)〉

판독문

```

```
*

녕샹은[1] 양쥬ㄱ디 가시니 돈칙ㅎ여[2] 아직 올 길은 업스니 이리ㅎ여 침식 진뎡이나 되게 ㄱ
라 주쟈 ㅎ여 너려시더 대관 거취가 심히 경솔ㅎ디 당쟈의 소견이 그리나 ㅎ고져 ㅎ엿눈디
그는 모륵게습 이러티 아니면 괴로와 밧비 뇌희코져 ㅎ미오 깁히 싱각은 아녀실 듯ㅎ옵 이
눈 그러커니와 대신은 쏘 어이 병 말노 시작ㅎ옵 댱 슈샹만 쓰라든니시랴[3] ㅎ옵더니잇가 몸
소 일이 다르니 그렁셩 닛눈[4] 거시 아니 되옵느니잇가 좌샹[5] 아니 쓴다 ㅎ고 외간의셔 내
시비가 만타 ㅎ고 우원 범수가 갑오년 굿디 아니니 노혼ㅎ여 그러혼가 보다 남으라기 측냥
업다 ㅎ나 드르면 우슬 분 디내옵느이다[6] 오감져은 싱각 마르시고 정셩으로 국수 ㅎ시옵

판독대비

번호	판독자료집	이승희 (2010 : 330~332)
1	녕샹은	녕샹은
2	돈칙ㅎ여	독칙ㅎ여
3	쓰라든니시랴	쓰라 든니시다
4	닛눈	닉눈
5	좌샹	좌상
6	디내옵느이다	디내옵노이다

....

* 이승희(2010 : 27)에 따르면 겉종이는 전하나 아무 것도 적혀 있지 않다고 함.

『순원왕후어필』 언간 1-12

〈순원어필-1-12, 1851년, 순원왕후(재종누나) → 김흥근(재종동생)〉

판독문

이 말 혼 번 ᄒ고져 ᄒ디 아딕 날이 잇기 아니ᄒ여슙 진년 환안이 오월 십칠일이니 그째[1]
대샹[2] 젼이시니 대샹[3] 젼이라도 블과[4] 이십 일 못 되니 뉵실을 혼디 봉안ᄒ면 새 일이 쏘되
디 아니실 듯ᄒ디 혹 무슨 녜문의 구이ᄒᄂ 일이 될가 즈뎌ᄒ니[5] 엇더ᄒ게슙 내 싱각은 그
럴 거시 업술 듯ᄒ여 판셔긔도 ᄒ여 보아시디 의심되여 이리 덕습 샹감긔셔[6] 능힝 째 묘소
의 돈녀오며 대원군 궁의 거동을 ᄒ시랴 ᄒ시니 그째ᄂ 아딕 말노 어량 치기 ᄒ여시디 슈친
으로 졍은 그러ᄒ디 죵묘 츈츄 뎐알처로 희마다 ᄒ시기ᄂ 아니실 일인 듯ᄒ니 이째의 엿즈
와 간년이 되게 ᄒ거나 ᄒ실 일이니 엇더ᄒᆸ 뉵샹궁 션희궁 거동은 엇더홀디 그ᄂ 아니ᄒ
셔도 엇덜 것 업스디 모도지 내 싱각은 샹년의[7] 뉵샹궁 ᄒ실 제 션희궁 지쳑인디 아니 가신
일과 올힌 다 가시는 거시 심히 샹반ᄒ니[8] 추긔ᄂ[9] 두시고 니년으로 다 ᄒ시면 됴흘 듯ᄒ디
브디 ᄒ고져 ᄒ면 엇덜디 나도 모ᄅ게슙[10]

판독대비

번호	판독자료집	이승희 (2010 : 336~339)
1	그째	그 쩌
2	대샹	대샹
3	대샹	대샹
4	블과	블과
5	즈뎌ᄒ니	즈려ᄒ니
6	샹감긔셔	샹감긔셔
7	샹년의	샹년의
8	샹반ᄒ니	샹반ᄒ니
9	추긔ᄂ	흐긔ᄂ
10	모ᄅ게슙	모로게슙

『순원왕후어필』 언간 1-13

〈순원어필-1-13, 1837년, 순원왕후(재종누나) → 김흥근(재종동생)〉

판독문

연힝으로 샤폐를[1] ᄒ니 섭섭ᄒᆫ 밧 원노 빙뎡의 왕반 엇디ᄒᆞᆯ디 넘녀 브리이디 못ᄒ며 완빅 시에ᄂᆞᆫ 병이 만하로라 ᄒ더니 온 후ᄂᆞᆫ 고공의 구실을 면ᄒ니 싀훤ᄒᆞ야 긔운 강건ᄒᆞᆫ가 오라 바님긔로 듯기ᄂᆞᆫ ᄒ디 오뉵 삭 험노니 브리디 못ᄒ니 그ᄉᆞ이 가국이 평안ᄒᆞᆯ 거시니 잘 ᄃᆞ녀 오소 집의 므ᄉᆞᆫ 연고들이 잇던가 시브디 말 아니ᄒ니 브디 만길이 ᄃᆞ녀오게 ᄒ소 도강만 ᄒ 면 셩식이 ᄌᆞᆽ게 ᄒᆞ엿기[2] 두어 ᄌᆞ 뎍니

판독대비

번호	판독자료집	이승희 (2010 : 343~345)
1	샤폐를	샤폐를
2	ᄌᆞᆽ게 ᄒᆞ엿기	ᄌᆞᆽ게ᄒᆞ엿기

『순원왕후어필』 언간 1-14

〈순원어필-1-14, 1844년, 순원왕후(재종누나) → 김흥근(재종동생)〉

판독문

봉	판셔 긔람		봉

일한이 두극ᄒ니 평안이 디내ᄂ디[1] 브리디 못ᄒ며 지작월 드르니 씨긋디 못ᄒ여 디낸다 ᄒ
더니 이ᄉ이ᄂ 쾌소ᄒ디 ᄌ로 그러툿 디내니 답답히 셰월이 무졍ᄒ여 오라바님 샹ᄉ 디나
셔 거연이 죵샹이 되시니 확연 통운ᄒ기 새로오랴 비챵ᄒ기 측냥업고 오십여 년 디나신 일
ᄒᄅ밤 ᄭᅮᆷ ᄀᆺ트시니[2] 한심 늣거올[3] ᄉᆞ분이로세 나ᄂ 국가 대ᄉᆞ를 평안이 디내고 곤뎐 슉셩 복
되시니 경힝 만만ᄒ고 억만셰 희로ᄒ시고 수년 ᄉ이 원냥을 탄싱ᄒ셔 국본이 반티 ᄀᆺ기 옹
츅ᄒ니마ᄂ 녯 며ᄂ리 지극히 완슌 ᄌᆞ인ᄒ던 일 이셕기 새롭고 부부 인일ᄒ며 뉵칠 년 엇디
엇디 디낸 거시 므ᄉ 뜻인디 텬의를 알 길이 업ᄂ

판독대비

번호	판독자료집	이승희 (2010 : 348~350)
1	디내ᄂ디	디ᄂᆡᄂ디
2	ᄀᆺ트시니	ᄀᆞ트시니
3	늣거올	늣거울

『순원왕후어필』 언간 1-15

〈순원어필-1-15, 1851년, 순원왕후(재종누나) → 김흥근(재종동생)〉

판독문

세월이 믈[1] ᄀᆞᆺᄐᆞ야 어언지간 효명뎐 샹ᄉᆞ를[2] 디내고[3] 샹하[4] 관샹이[5] 변계ᄒᆞ니 이확망극ᄒᆞ미
관텰궁양ᄒᆞ오며 텬ᄌᆞ의 특이ᄒᆞ시미 츈츄가 더ᄒᆞ시고 지량이 느시면 영명지쥬가 되실너니
원통 앗갑고 블샹[6] 한심ᄒᆞ니 국골홀 ᄯᅮᆫ이오며 일긔 기드리던 비는 럴읍의 쥬흡ᄒᆞᆫ가 시브니
깃브오나 음습ᄒᆞ기 심ᄒᆞ니 이동안 평안ᄒᆞ시오니잇가 브리디 못ᄒᆞ오며 그ᄉᆞ이 봉셔홀 일이
만하시나[7] 실노 이제ᄂᆞᆫ 편지 쓰기 극간ᄒᆞ고[8] 정신이 사오나와 ᄉᆞ연을 역거 쓰디 못ᄒᆞ오니
다 고이ᄒᆞᆫ 일이옵 다른 말 길게 말고 부묘 후 됴쳔ᄉᆞ가 지듕ᄒᆞ며 쳔만 심신ᄒᆞ올 일이니 슈
의[9] 말은 다 각각 드럿거와 네도 이런 일이 업습더니잇가 본디 녀편니 듕도 무식 혼암ᄒᆞᆫ디[10]
이제ᄂᆞᆫ 스스로 말홀 일도 아조 니즈니 헌의 잠간 드러시나 귀 셴 문ᄌᆞ간 말이 속의 담겨 잇
디 아니니 긔억 못 ᄒᆞ니 녕샹은[11] 엇더ᄒᆞ여 못 ᄒᆞ실 말이오니잇가 모ᄅᆞ면 모ᄅᆞ디 그 말이
친진티 아녓다 말은 올ᄒᆞ니 아조 못된 말은 아닐 ᄃᆞᆺ ᄒᆞᆸ더이다 한당송의라도 이ᄶᅢ와[12] ᄀᆞᆺᄐᆞ
여 엇디ᄒᆞᆫ 일이 잇습더니잇가 션유들이 남으라 ᄒᆞ엿다 ᄒᆞ니 인종 명종 됴쳔ᄒᆞ신 현묘됴 ᄶᅢ[13]
말이오니잇가 기러 다 ᄌᆞ셔히 뎍든 못ᄒᆞ셔도 알기 쉽게 뎍어 주시옵 므르면[14] 속이 싀훤티
아녀 더 컴컴 곱곱ᄒᆞ니 쏙ᄒᆞᆸ

판독대비

번호	판독자료집	이승희 (2010 : 352~355)
1	믈	물
2	샹스를	상스를
3	디내고	디너고
4	샹하	상하
5	관샹이	관상이
6	블샹	블상
7	만하시나	만하시니
8	극간ᄒ고	극난ᄒ고
9	슈의	속의
10	혼암ᄒ디	흑암ᄒ디
11	녕샹은	녕상은
12	이째와	이 씨와
13	째	씨
14	므르면	모르면

『순원왕후어필』 언간 1-16

〈순원어필-1-16, 19세기 중반, 미상 → 김흥근〉

판독문

> 봉셔 *

문안은[1] 작셕 졔졀은 일양이오시라 ᄒᆞᆸ고 오늘은 아딕 못 듯ᄌᆞ와ᅀᆞᆸᄂᆞ이다[2] 젼쥬 셔ᅀᆞᆸ이오시라 말ᄉᆞᆷ 올ᄉᆞ오니이다 본디 더위롤 그리 어려워 아니ᄒᆞ오시더니 이번 드러가ᄉᆞ올 적 뵈오니 못 견디여 ᄒᆞ오시니 속ᄆᆞ옴의[3] 긔력이 쇠ᄒᆞ오시니 ᄌᆞ연 그러ᄒᆞ오신가 ᄒᆞ오며도[4] ᄆᆞ슨 탈은 죠금 나으실 ᄃᆞᆺᄒᆞ여 뵈오시ᅀᆞᆸ더이다 대뎐의셔도 셔증후오신디 드러가ᄉᆞ올 때에도 ᄌᆞ셰이 아ᅀᆞᆸ든 못ᄒᆞ오디 노샹[5] 아니 잡ᄉᆞ오시고 씨긋디 아니ᄒᆞ오신가 보오디 듕난ᄒᆞ오니 눌ᄃᆞ려 뭇ᄌᆞ옴도 어렵ᄉᆞᆸ고 눈쳑가 용녀들 ᄒᆞ오시ᄂᆞᆫ가 보ᅀᆞᆸ더이다 일일 더위도[6] 젼후 업ᄂᆞᆫ 듯고이ᄒᆞ오니 탈이 나올 밧 업ᄉᆞ오니 어셔 디나고 셩냥이나 ᄒᆞ오면 낫ᄌᆞ올가 그저 동동ᄒᆞ오니 엇디ᄒᆞ면 싀훤ᄒᆞ올디 +**

판독대비

번호	판독자료집	이승희 (2010 : 360~363)
1	문안은	ᄆᆞᆫ 안은
2	듯ᄌᆞ와ᅀᆞᆸᄂᆞ이다	듯ᄌᆞ와ᅀᆞᆸ노이다
3	속ᄆᆞ옴의	속 모금의
4	ᄒᆞ오며도	ᄒᆞ오셔도
5	노샹	노상
6	더위도	더위ᄂᆞᆫ

---

* 이승희(2010 : 360)에 따르면 "겉종이만 전할 뿐, 봉투는 전하지 않는다"고 하였음.
** 편지 뒷면에 글씨가 더 있는 것이 보임.

『순원왕후어필』 언간 2-01

〈순원어필-2-01, 1843년, 순원왕후(재종누나) → 김흥근(재종동생)〉

판독문

> 봉서

> 봉　판셔 입납　　　　　　　　봉

뇨염이 극호니 평안이 디내는디 브리디 못호니 내 이번 당호 바는 지원통골호미[1] 날마다 모르고져 원이나 이리 사라 이시니 하놀이 엇디 내게 이리 박호신고 므슨 죈디 아디 못호게 호엿니 이돌이나 민익호 일이 이셔 줌[2] 덕니 공쥬의 묘디로 여러 곳을 보디 다 맛당호 디가 업고 예는 다론 폐 업고 쓸 만타 말을 듯고 게로 뎡호기는 신니가 업다 호면 모로디[3] 잇게 되면 므춤 이셔 호디[4] 모히는 거시 텬니 인졍의 합호기[5] 그리로 완뎡호여 셔계ㄱ디 호여 치표 뎡호ㄱ디 호 일이오 쏘는 가지 구괴라 호니 그 즈손이 됴화홀 니는 업스디 엇디 일가지 둥의셔 치슌 시가 무근지셜노 감히 왕괴 잇다 호며 이왕의[6] 능 간산으로 능소도 유의호며 혹 참망도 호엿다 호니 어느 째의 유의호고 참망호엿다 호던고 나는 듯디 못호여시니 그런 밍낭호 말을 호여 사롬을 속이며 듯는 쟈로 모골이 구송킈[7] 호니 그런 말을 경션이 호니 그런 도리가 어디 이실가 본고 초두의 이리 완뎡티 아녀셔 말을 호거나 이제 다 된 일의 이리 호니 므어시 엇더호기 못 호노라 다시 입계혼다 말인고 남이라도 이러호 째 박익히 못 홀디 호믈며 일가지둥의셔 이는 의스 밧기니 그런 인졍이 잇는가 날노 닐너도 쑬이 아모리 귀호 들 능 운운호고 참망호던 디롤 쓰라 홀 니가 업스니 싱각호여 보소 쏘 구긔 님즈가 눔의게 프라먹은 것 아니오 므춤 그곳이 다론 폐 업고 쓸 만호여 우희셔 쓰라 호여 겨시니 쳑촌지 디가 왕토 아닌 디 업스니 뫼즈리 쓸 만호디[8] 션현 구긔라 호여 못 쓰는 법이 어디 이실고 윤시 집으로 호여도 셰교요 즉금으로 보나 인졍이 이리 보나 져리 보나 그럴 길이 업스니 이는 벅벅이 구긔로 훼방호는 말인 거시 일이 슌 도위[9] 집의 가실 제 게가 므어시 됴화 게롤 쓰려느냐 호고 션현 구긔니 말나 호더니 어제 홀연이 이런 고이호 말을 호니 그러면 왕긔 잇다 ᄒᆞ고 치슌이ᄂᆞᆫ 구긔롤 아니 내려 ᄒᆞ고 왕녀ᄂᆞᆫ 못 ᄡᅳ니 텬하의 그런 법뎐이 어ᄃᆡ 실니엿ᄂᆞᆫ고 어훈이 엇디 도라가ᄂᆞᆫ디 모ᄅᆞ고[10] 그런 망패로온[11] 말을 경이히 내니 도로혀 어히업고 한심ᄒᆡ 그 엇디ᄒᆞᆫ ᄯᅳᆺ인고 내 ᄯᅳᆺ은 결단ᄒᆞ여 더 갓갑고 됴흔 ᄃᆡ 잇더라 ᄒᆞ여도 아니 ᄡᅳ고 여긔 ᄡᅳ게 ᄒᆞ여시니 장ᄉᆞ 디낸 후 픠여 내거나 아모리나 ᄒᆞ라 ᄒᆞ소 ᄯᅩᄂᆞᆫ 내가 ᄌᆞ녀들이 ᄀᆞᄅᆞ쳣다 ᄒᆞᄂᆞᆫ 거시 아니라 처음 와셔 이 말을 내거든 어이 두 번재나 ᄑᆞ라 우리 집 터히 된 밧 이ᄣᅢ 엇디 인ᄉᆞ 도리의 못 ᄒᆞ리라 홀가 보니 ᄒᆞ고 쥰졀이 ᄒᆞ여시면 이러티 아녀실ᄃᆡ ᄌᆞ녀들 ᄯᅳᆺ도 그러티 아니케 ᄃᆡ답ᄒᆞ엿기 이리ᄒᆞᄂᆞᆫ 거시니 도모지 ᄉᆡᆼ각ᄒᆞ면 션대왕 부ᄌᆞ 아니 겨시기로 집안+*

판독대비

번호	판독자료집	이승희 (2010 : 366~371)
1	지원통골ᄒᆞ미	지원통굴호미
2	ᄌᆞᆷ	좀
3	모ᄅᆞᄃᆡ	모로ᄃᆡ
4	ᄒᆞᄃᆡ	호ᄃᆡ
5	합ᄒᆞ기	합ᄒᆞ기로
6	이왕의	이 왕의
7	구송킈	구송타
8	만ᄒᆞᆫᄃᆡ	만ᄒᆞᆫ ᄃᆡ
9	일이 슌 도위	일이 츈도위
10	모ᄅᆞ고	모로고
11	망패로온	망패로운

* 이승희(2010 : 28)에 따르면 뒷부분이 유실되었다고 함.

『순원왕후어필』 언간 2-02

〈순원어필-2-02, 1850년, 순원왕후(재종누나) → 김흥근(재종동생)

판독문

신원의 긔도 평안훈 일 알고져 ᄒ며 거동이 과란ᄒ여 그러훈디 눈감과 희소가 대치ᄒ여 무
인블통ᄒ고[1] 훈 번 알코 낫디 아녀 이삼 초 대통들 ᄒ니 ᄌ니 감긔나 디나디 아니훈가 일ᄏ
니 나는 희가 밧고이고 선대왕 쥬갑년이 되시니 감구신비 엇더타 업셔 통원 망극홀 분이로
세 그소이 감히로 괴로이 디내고 편지나 홀 ᄆ음이 어ᄂ 째 업셔실고마는 과연 필력이 긴
ᄉ연 홀 길 업셔 못 ᄒ엿니 작하로 ᄌ니를 니즌 째 업스디 혐의의 갓가와 이제ᄀ디 와시니
이러훈 줄 아는가 ᄌ니 엇디ᄒ랴 ᄒ는고 디힝됴의셔 겨셔도 필경 닛든 아녀 인ᄒ여 그만ᄒ
실 니는 아니 겨실 거시오 ᄌ니가 거관폐딕홀 일이 업스니 엇디 거춰를 명훈디 모ᄅ디[2] 이
러훈 째가 왕텹의 업고 위험ᄒ기 엇더ᄒ고 스스로 말홀디라도 김가가 과연 만흐디 집으로
일을 졍으로 의논케 되면 고단ᄒ기 말 아니 되여시니 이 아니 민망훈가 이런 쌜스록 긔탄ᄒ
ᄂ니 이셔야 견디여 갈디 안흐로 대뎐 날을 뉘 져허ᄒ는가 미셰훈 일이라도 관망이나 ᄒ고
흥이나 잡을 ᄆ음분일 거시니 나라 모양이 그러ᄒ고 엇디ᄒ는가 낸들 팔ᄌ 험흔ᄒ여 이러
훈 터을 당ᄒ여 죵샤를 위ᄒ여 마디못 이 거조를 ᄒ니 굿텨[3] 평안코져 ᄆ음이 듀야로 동동
ᄒ디 훈편은 위구지심이 이와 ᄀ트니 이는 돈돈훈[4] 혐이 업셔 일이 잘되는디 그룻ᄒ는디 날
노셔는 용녈ᄒ여 질졍을[5] 못 ᄒ니 위인이 이러ᄒ고 어이 이 터을 당훈 줄만 셜우니 견딜 수
잇는가 긴 말 다 쓸 길도 업고 형언티 못홀 말을 니ᄅ 다홀 길 업셔 아니ᄒ니 드러와셔 보
아주어야 ᄒ게시니 지리히 구지 말고 드러오소 칙교는 이시려니와 몬져 알게 ᄒ니 이왕의
ᄆ음을 다시 입명 아니키로 단뎡ᄒ여셔도 그러티 못홀 거시니 그리 아소 후셰라도 아모가
슈렴 두 번 ᄒ여 나죵은 첫 번만 못ᄒ엿다 쑤지람 듯디 아니케 ᄒ소 속의 ᄀ득훈 말을 다
못 ᄒ니 이번 묘궁 뎐알은 가부가 엇더ᄒ고 그도 알고 시븨 이 편지 삼일야로 쓰나 말이 못
되여시니 짐쟉 보소

판독대비

번호	판독자료집	이승희 (2010 : 376~381)
1	무인블통ᄒ고	무인불통ᄒ고
2	모ᄅ디	모로디
3	굿뎌	뭇뎌
4	돈돈혼	됴됴혼
5	질졍을	질뎡을

『순원왕후어필』 언간 2-03

〈순원어필-2-03, 1851년, 순원왕후(재종누나) → 김흥근(재종동생)〉

판독문

근	좌샹 긔탁	봉

기ᄃᆞ리던 비ᄂᆞᆫ 두루 족흡다 ᄒᆞ니 다힝ᄒᆞ옵더니 근일 댱마가 되니 민ᄉᆞ의 걱정이나 아니 될가 민망ᄒᆞ오이다 일긔 어ᄂᆞ ᄉᆞ이 증습기 심ᄒᆞ니 엇디 디내시옵ᄂᆞ니잇가[1] 녕샹은[2] 공연이 독당풍파ᄒᆞ니 ᄀᆞ이업고 말이 밋쳐 업셔실 제ᄂᆞᆫ 소견이 각이ᄒᆞ미니 관겨ᄒᆞ랴[3] ᄒᆞ며도[4] 념녀ᄂᆞᆫ ᄒᆞ엿더니 죄목이 무상ᄒᆞᆫ ᄃᆡ 도라가니 ᄀᆞ이업고 고집이 셰고 우젹우젹ᄒᆞ야 친구 간 몰니ᄂᆞᆫ 말을 아니 듯고 ᄌᆞ취ᄒᆞ[5] ᄋᆡᆨ이니 심히 애ᄃᆞᆲᄉᆞ오이다 이 사ᄅᆞᆷ이 삼됴의셔 쁠 인ᄌᆡ로 아르시고 슌종됴의셔ᄂᆞᆫ 더욱 권우가 겨시고 헌종긔셔도 이마작 그리ᄒᆞ여도 대신 듕[6] 낫다 ᄒᆞ시던 거시니 거의 대신도[7] 셩의를 앙탁ᄒᆞ여실 거시니 이러티 아녀 겨신들 ᄎᆞ마 므ᄉᆞᆫ 고이ᄒᆞᆫ ᄆᆞᄋᆞᆷ 먹고 브러 이리ᄒᆞ든[8] 아닐 사ᄅᆞᆷ이니 내 ᄉᆡᆼ각도 야쇽ᄒᆞᆫ[9] ᄉᆡᆼ각이 업기[10] 져리 지목ᄒᆞᄂᆞᆫ[11] 줄이 애ᄃᆞᆲ나 ᄒᆞ오며[12] 좌샹[13] 말이 올희여 ᄆᆡᆸ술이 보던 쟈들이[14] 말을 그리 븟터 ᄒᆞ랴면[15] 그리ᄒᆞᆯ 만ᄒᆞᆫ 일이니 그 말이 올ᄒᆞᆫ 말ᄉᆞᆷ이오이다 녕샹이 근간[16] 소문을 드르면 상듕하로 인심을 만히 닐허 예셩은[17] 업고 훼언이 만하 들니기[18] 어인 곡절인고 의심ᄒᆞ여ᄉᆞᆸ더니이다 대간 연차ᄀᆞ디 나시니 그만이나 ᄒᆞ면 다힝ᄒᆞᆯᄃᆡ[19] 엇더ᄒᆞᆯ디 몰나 념녀가 되오며 사ᄅᆞᆷ을 업수이 보고 협졔ᄒᆞᄂᆞᆫ ᄶᅡ닥으로[20] 믜워들 ᄒᆞᄂᆞᆫ ᄃᆞᆺᄒᆞ니 이거시 녕샹의[21] 흉이오 봉패가 되여ᄉᆞᆸᄂᆞ니이다 판셔ᄃᆞ려도 관유들 일 나기도 판셔 타시라 ᄒᆞ여ᄉᆞᆸ 방촌지디의셔 대신 휘쳑ᄒᆞ려ᄂᆞᆫ[22] 긔미를 모ᄅᆞᆯ[23] 제ᄂᆞᆫ 엇디 진압ᄒᆞᆯ 량이 이시면 이러ᄒᆞ랴 ᄒᆞ여ᄉᆞᆸ 그 사ᄅᆞᆷ이 엇디 소위 셰도 다[24] 명식을 가질가 보오리잇가[25] 그도 고집이 못된 고집이 잇고 블통ᄒᆞᆫ[26] 흉이 만흐니 댱 엇덜고 시버 근심이오며 동ᄉᆡᆼ의 말을 ᄌᆡ죵의게 이리 쁠 거시 올티 아니ᄃᆡ 대신도 모ᄅᆞ디[27] 아니키 속의 잇ᄂᆞᆫ 일이기 ᄒᆞ옵 대신은 그 사ᄅᆞᆷ의 셩품이 그러ᄒᆞ다 ᄒᆞ고 엇더이 아디 마옵 아모 일이 업셔ᄂᆞᆫ[28] 견ᄃᆡ여 간다 ᄒᆞ여도 응당 ᄒᆞ염즉ᄒᆞᆫ 일을 못 ᄒᆞ여도 일이 그릇쳐 가ᄂᆞᆫ 거시니 큰일이 잇고야 엇디 감당ᄒᆞᆯ 녁냥이 이실가 보옵 즉금 당ᄒᆞ여ᄂᆞᆫ 판셔가 고됴 훈쟝[29] ᄀᆞᆺ더면

시븐 성각 이시니 엇디 아쉬워 그 성각이 잇습 만일 녕샹이[30] 죵시 아니 드러오면 엇더케 쳐분을 흐여야 됴케습 내 언교 말을 흐엿기 좌샹긔[31] 의논흐여 잘 초흐여 드리면 됴켓다 흐여시니 그 말 흐옵더니잇가 오쟉디 아니케 잘흐여야 무스홀가[32] 시브옵 위션 왕대비뎐[33] 오늘 슈직흐니 진묘 됴쳔 아니면 냥됴의셔는 쇼목 외가[34] 되시게습 흐시니 슬컷 다 드른 말이 시올너이다 소견이 닥닥 달나 그러흐디 므슨 다른 뜻이 이셔 그럴가 보옵 흐여습 촉하 졍신 휘리휘리 다 못 뎍습 낙즛 만홀 거시니 짐쟉[35] 보시옵

판독대비

번호	판독자료집	이승희 (2010 : 385~390)
1	디내시옵ᄂᆞ니잇가	디니시옵ᄂᆞ니잇가
2	녕샹은	녕샹은
3	관겨흐랴	관셔흐랴
4	흐며도	흐셔도
5	ᄌᆞ쥐흐	ᄌᆞ쥐흔
6	대신 등	디신듕
7	대신도	디신도
8	이리흐든	엇디흐던
9	야슉흔	야속흔
10	업기	업시
11	지목흐는	지묵흐는
12	애돌나 흐오며	애돌라흐오며
13	좌샹	좌상
14	쟈들이	자들이
15	흐랴면	ᄀᆞ랴면
16	녕샹이 근간	녕샹이 금간
17	예셩은	미셩은
18	들니기	들리기
19	다힝홀더	다힝흐옵더
20	싸닥으로	싸닥을
21	녕샹의	녕샹의
22	휘척흐려는	휘척흐려는
23	모롤	모를

번호	판독자료집	이승희 (2010 : 385~390)
24	셰도 다	셰도라
25	보오리잇가	보오니잇가
26	불통훈	불통훈
27	모른디	모로디
28	업셔눈	업셔도
29	훈쟝	훈쟝
30	녕샹이	녕샹이
31	좌샹긔	좌샹긔
32	무ㅅ훌가	무사훌가
33	왕대비뎐	왕딕비뎐
34	쇼목 외가	쇼목의가
35	짐쟉	짐쟉

〈순원어필-2-04, 1851~1857년*, 순원왕후(재종누나) → 김흥근(재종동생)〉

판독문

근	대신 입납	봉

포슘으로 어련 잘 조쳐ᄒ시랴 ᄒ디 ᄆᆞᆷ 놋티 못ᄒᆞᆸ더니[1] 조건조건이 ᄌᆞ셔히 분명ᄒ신 거술 보니 알기 쉬오니 보기 뎨일 정신이 쓰이디 아니니 그도 됴슙고 네터로 회복ᄒ고 관셔 텽구 폐와 숑민이 칭원이 업고 뎌희들 즐겨 ᄒ면 다ᄒ힝니 다 그대로 ᄒ시고 나는 다시 거리ᄭᅵ는 ᄆᆞᆷ[2] 업스오며 별쟝[3] 쥬인도 인정의 거리ᄭᅧ ᄒ나히나 ᄒ여 주어셔는 게 ᄆᆞᆾ출[4] 다라 누고는 시기고 누고는 못 ᄒᆞ다 공평ᄒ 일도 아니 되고 말이 셜 길이 업스니 ᄒ 사름을 위ᄒ여 새로 큰일을 바로 ᄒ고져 ᄒᄂᆞᆫ 디 흠이 되게 ᄒᆞᆯ가 보오니잇가 미슘은 네 이만 근 갈 제 드려가던 거시라 ᄒ고 각각 제 궁의 니코져 ᄒ여 뎌희도 ᄭᅬ이는 말을 듯고 ᄒᄂᆞᆫ 말이로디 미슘의 간계가[5] 이러틋[6] ᄒ여 명식 업는 지믈을 드리며 말고져 ᄒᆞᆯ 제는 뎌희들이 볽이 보고 디내는 일노 폐를 막고져 ᄒᄂᆞᆫ 일이니 그는 듕간 미슘 아니 터 준 일노 시힝ᄒ면 걱졍이 업슬 일이오이다 숑만 두 곳 큰 폐가 슈고 업시[7] 일노 졔ᄒ고 삼농ᄒ던 숑인이 낙엽으로 됴화ᄒ면 내 ᄆᆞ음은 편ᄒ오이다 위험티 아닌들 신명을[8] 엇디 아니 도라볼가 보오 뎨일이 지리 침침ᄒ면 냥반이 아니오니이다 다 이대로 뎡ᄒ고 역관들[9] 각별 신칙 엄님과뎡ᄒ여 영구둔 힝ᄒ게 ᄒᆞᆸ쇼셔 대신긔셔도 이리ᄒ여 노ᄒ시면 쳥텬빅일 확호쇼명이라 칭예를 드르실 거시니 깃브오이다 대뎐의셔도 어졔 판셔[10] 가지고 드러와 보아 드르시게 ᄒ여숩ᄂᆞ이다 이 좀 샹 금ᄒᄂᆞᆫ 뎐교는 ᄆᆞ이 잘ᄒ여야 ᄒ게시니 초ᄒ여 주ᄋᆞᆸ쇼셔[11] 이 편지를 세 번을 쉬여 쓰는 거시 조으노라 이리ᄒ니 고이ᄒ외다 샹감 외손봉ᄉᆞᄒᆞ리[12] 업셔 홀일업시 염죵슈로 ᄒᆞ랴 ᄒ나 ᄆᆞ음은 ᄲᅡ디 아니ᄒ외다 관견ᄒ오리잇가마는 참티 아니나 홀일업스오이다

* 이승희(2010 : 401)에서는 1851년 이후로 보았으나 순원왕후의 몰년(沒年)을 고려하여 1851~1857년으로 시기를 좁혀 제시하였다.

126   조선시대 한글편지 판독자료집 ❸

판독대비

번호	판독자료집	이승희 (2010 : 396~399)
1	못ㅎ옵더니	못ㅎ옵더니
2	ᄆᆞ음	마음
3	별쟝	별장
4	ᄯᅩᆺ출	ᄯᅳ출
5	간계가	간셰가
6	이러툿	이럿툿
7	업시	없이
8	신명을	신병을
9	역관들	염관들
10	판셔	관셔
11	주옵쇼셔	주옵쇼셔
12	외손봉ᄉᆞ흐리	외조 봉ᄉᆞ흐리

〈순원어필-2-05, 1849년, 순원왕후(재종누나) → 김흥근(재종동생)〉

판독문

	판셔 기람	
봉		함

그수이 평안이 디내는디 둉츈 일슌이 넘으나 오히려 남은 치위 이시니 침담지졀이 일양 안
슌흔디 브리디 못ᄒ니 셩듕도 여러 집이 무고흔가 시브니 깃븨 집 형님이 게 가셔 보앗노라
ᄒ고 신관이 나아 뵈더라 ᄒ여시니 양호의 한가흔 몸이 되여 분별이 업스니 심긔 안졍ᄒ여
그러흔가 다힝이로쇠 내 흔 말 홀 거시니 보소 근일 몽방지인이 스인 둥 모모는 탕쳑이 되
고 ᄲᅡ지ᄂᆞᆫ 시비 간 블예ᄒ시미니[1] ᄌ뉘가 샹궁의 유익디 아닌 일과 빅셩 유희지스ᄂᆞᆫ 결연
코 아닐 거시니 이 두 말이 분수의 넘은 싱각인 줄 아로디 이 죄가 이시면 죄벌이 맛당흔디
이ᄂᆞᆫ 그러토 아니□ ᄆ슨 일인고 밧바 ᄒᄂᆞᆫ 말이 아니라 의괴ᄒ여 이 말이로셰 엇더ᄒ던디
붕우 간이라도 말을 삼가 조심ᄒ여 디내소 드르니 녀쥬로 가셔 흔동안[2] 잇고져 흔다 말이
이시니 게 집이 잇ᄂᆞᆫ가 ᄒ니 샹후 안녕ᄒ시디 진어ᄅᆞᆯ 브히 못 ᄒ시니 답답히 군신은의가[3]
부ᄌ일톄니 아모리 내게 노호온 일이 잇고 ᄆᆞ옴의 업는 일노 ᄶᅮ지져도 원ᄒᄂᆞᆫ 일이 업스니
내 이 좀쳐엿 쎡은 말이 아니라도 셰딕 튱졍으로 졀노 ᄋᆡ군지셩이 이실 거시니 샹감 뵈옵고
시븐가 만일 뵈옵고 시븐 ᄆᆞ옴이 업셔도 이 말 보고 싱각ᄒ여 궷ᄌ와 ᄒ고 무원이면 하ᄂᆞᆯ이
빅샹을[4] 느리셔 ᄌ뉘 ᄌᄌ손이 여국가로 만년 태평ᄒ리 고젹흔디[5] 이 ᄉ연 보고 웃기도[6] 우
슬 거시오 오감져이도 알 거시로디 튱졍으로 난 말이로셰 나는 무스이 디내니 평안이 디내
게 ᄒ소 휴지 즉 셰쵸ᄒ소[7]

판독대비

번호	판독자료집	이승희 (2010 : 403~407)
1	블예ᄒᆞ시미니	불예ᄒᆞ시미니
2	가셔 ᄒᆞ동안	가 며출 동안
3	군신은의가	군신유의가
4	빅샹을	빅상을
5	고젹ᄒᆞ디	고젹홀디
6	웃기도	웃기ᄂᆞᆫ
7	셰쵸ᄒᆞ소	셰초ᄒᆞ소

『순원왕후어필』 언간 2-06

〈순원어필-2-06, 1851년, 순원왕후(재종누나) → 김흥근(재종동생)〉

판독문

근 좌합 ᄀᆡ탁 봉

츈한이 심ᄒᆞ니 긔운 평안ᄒᆞ시오니잇가 브리디 못ᄒᆞ오며 샹ᄃᆡᆨ을 ᄒᆞ시니 일노브터 민국이 반태지안이 이실 거시니 든든 만힝ᄒᆞ오이다 ᄌᆡ작동으로 지우금 좌샹을[1] 믜복 아닌ᄂᆞᆫ고 ᄒᆞ며 혹 ᄒᆞᆫ다 ᄒᆞ며 ᄂᆡ외로 듕망이 울연ᄒᆞᄃᆡ 이롱ᄒᆞᆫ 체 ᄌᆞᆷᄌᆞᆷᄒᆞ기ᄂᆞᆫ 이 벼술이 엇디 어려온ᄃᆡ[2] 보국으로 이실 제ᄂᆞᆫ 칭경이 잇다가도 대광 두 글ᄌᆞ의 오른즉 이러타 져러타 ᄒᆞ던ᄃᆡ ᄒᆞ믈며[3] 이ᄯᅢ 이 졍승을 ᄒᆞ여 뎌 ᄇᆞ라ᄂᆞᆫ ᄆᆞᄋᆞᆷ을[4] 다 맛출 길이 업술 거시니 이 무셔운 인심의 ᄯᅩ 니어 훼언이 날가 위ᄒᆞ여 앗기고 아쳐로와 이ᄯᅢᄭᆞ디 왓더니 대신ᄂᆡ들도 졈졈 년노ᄒᆞ고 여러 번 쳥ᄒᆞ고 실노도 권샹[5] 말 ᄀᆞᆺᄐᆞ야 묘무도 ᄒᆞ여 보아야 ᄂᆡᆨ을 터이니 여러 ᄀᆞ디로 뇨량ᄒᆞ여 좌우샹[6] 신복ᄒᆞ여시니 내 지인지감은 업스ᄃᆡ 이ᄯᅢ 내 속으로 독단ᄒᆞ여시니 밋고 ᄇᆞ람이 듕ᄒᆞᆫ 줄을 거의 짐작ᄒᆞ오리이다 모ᄅᆞᄂᆞᆫ[7] 일은 홀일업셔도 아ᄂᆞᆫ 것과 올흔 일은 진명갈력ᄒᆞ여[8] 어지리 쥬샹을[9] 도아 챡ᄒᆞᆫ[10] 님군이라 일ᄏᆞ라 죵샤 태평ᄒᆞ고 나도 이러나 ᄒᆞ여 타일 조종의 뵈올 안면 잇기을 옹망ᄒᆞ고 대신도 현샹 위명을[11] ᄇᆞ라옵ᄂᆞ이다[12] 요ᄉᆞ이 어득 눈이[13] 컴컴ᄒᆞᆫ ᄯᅢ 만하 봉셔를 못 ᄒᆞ더니 오늘은 크게 졍신 모화 뎍ᄉᆞᆸᄂᆞ이다

판독대비

번호	판독자료집	이승희 (2010 : 410~413)
1	좌샹을	좌상을
2	어려온디	어려운디
3	호믈며	호믈며
4	ᄆᆞ음을	ᄆᆞ음을
5	권샹	권상
6	좌우샹	좌우상
7	모르는	모로는
8	진명갈력ᄒᆞ여	진셩갈력ᄒᆞ여
9	쥬샹을	쥬상을
10	챡ᄒᆞ	착ᄒᆞ
11	현샹 위명을	현상위명을
12	ᄇᆞ라옵ᄂᆞ이다	ᄇᆞ라옵ᄂᆞ이다
13	어득 눈이	어둑눈이

『순원왕후어필』 언간 2-07

〈순원어필-2-07, 1851년, 순원왕후(재종누나) → 김흥근(재종동생)〉

판독문

봉셔

판셔 ᄀᆡ람

*

신원의 긔도 평듕ᄒᆞ신 일 아ᄋᆞᆸ고져[1] ᄒᆞ오며 드르니 눈감으로 청건티[2] 못ᄒᆞ시다 ᄒᆞ더니 엇더ᄒᆞ시니잇가 신년브터ᄂᆞᆫ 긔력이 월월일일 강건ᄒᆞ며[3] 나라희 현상이 되며[4] 여국가로 동낙ᄒᆞ시기 츅ᄒᆞ오며 대뎐의셔도 츈츄 더ᄒᆞ시고 태평이 디내시니 흔만ᄒᆞ오며 텰념을 ᄒᆞ니 외견과연 싀훤타 ᄒᆞ듸 속은 것만 ᄀᆞᆺ디 못ᄒᆞ여 답답ᄒᆞ오이다 엇디 만긔지무를 급즉이 다 잘ᄒᆞ실 길이야 잇ᄉᆞ오리잇가마ᄂᆞᆫ 보도를 잘ᄒᆞ여 ᄀᆞᄅᆞ쳐 드려야 될 일이니 속이 답답ᄒᆞ오이다 이 ᄆᆞᄋᆞᆷ은 언제나 싀훤히 트일디 모ᄅᆞ게ᄉᆞ오며[5] 판셔ᄂᆞᆫ 내 말대로 ᄒᆞ려니와 젼혀 당신으로만은 ᄒᆞ실 길 업스니 아딕 보아 드리면 잘 아라 공ᄉᆞ의 무폐무탈ᄒᆞ면[6] 됴코 견듸여 가려니와 이와 샹반ᄒᆞ면[7] 엇디홀디 ᄯᆞᆨᄒᆞ오이다 속의 ᄀᆞ득ᄒᆞᆫ 말이 잇ᄉᆞ오나 다 ᄒᆞ디[8] 못ᄒᆞᄋᆞᆸᄂᆞ이다[9] 텰념 후 즉시 봉셔나 ᄒᆞ려 ᄒᆞ더니 날이 가 새희 되여습기 과셰 평안이 ᄒᆞ신 일이나 아쟈 좀 덕ᄉᆞ오며 어제 공폐로 소회ᄒᆞᆫ 거시 열시민인가 보오니 ᄒᆞᆯ 만ᄒᆞᆫ 거ᄉᆞᆫ 잘ᄒᆞ여 주시ᄋᆞᆸ쇼셔[10]

* 이승희(2010 : 29)에 따름.

판독대비

번호	판독자료집	이승희 (2010 : 416~419)
1	아옵고져	아옵고져
2	쳥건티	평건티
3	강건ㅎ며	강건ㅎ셔
4	되며	되셔
5	모른게스오며	모로게스오며
6	무폐무탈ㅎ면	무례무탈ㅎ면
7	샹반ㅎ면	샹반ㅎ면
8	다 ㅎ디	다ㅎ디
9	못ㅎ옵ㄴ이다	못ㅎ옵노이다
10	주시옵쇼셔	주시옵쇼셔

『순원왕후어필』 언간 2-08

〈순원어필-2-08, 1838년, 순원왕후(재종누나) → 김흥근(재종동생)〉

판독문

| 봉 | 참판 입납 | 봉 |

일젼 입시의셔는 보앗거니와 타국 원뎡의 몸은 무스이 왕반ᄒ여시니 만ᄒᆡᆼᄒ나 환가ᄒ여 허확 챵도홈과 아히들 회듕을 닐고 혈혈ᄒᆞᆫ 경샹을¹ 더ᄒ니 비량 쳐챵ᄒᆞᆫ² 심ᄉ 오죽ᄒᆞᆯ가 브리디 못ᄒ고 ᄆᆞ옴이 됴티 못ᄒᆞᆫ³ 사롬이라⁴ 참졀ᄒ기 ᄀᆞ이업ᄂᆡ ᄒᆡᆼ듕 둣고 하 쳔만 ᄯᅳᆺ밧기니 죽히 경악ᄒ여실가 몃 둘 길에 빗쳐 와 안헐티 못ᄒ고 그러툿 디내며 엇더ᄒ고 넘녀며 오라바님겨셔는 평안ᄒᆞ신가 시브니 깃브나 집의셔 납월의 민망이 디내신 일 슬히여 다시 일ᄏᆞᆺ디 아니나 그ᄞᅢ의 비ᄒ여는 다 나으신 혐이로디 죵시 여긔 쾌티 못ᄒ시니 민망ᄒ고 뵈완 디도 빅십여 일이 되니 당신 봉셔의 뵈완 디 오래다 말은 ᄒ디 아니나 그리온 디⁵ 디나 쌔 됴티 아니코 ᄯᅩ 넘녀가 죵시 노히디 아녀 민망 쪽ᄒ여 디내니⁶ 와시니 든든ᄒ고 샹쳐ᄒ여시니 ᄀᆞ이업ᄉᆞᆫ 인ᄉᆞ도 츠루려 겸ᄒ여 뎍ᄂᆡ

판독대비

번호	판독자료집	이승희 (2010 : 421~423)
1	경샹을	경샹을
2	비량 쳐챵ᄒᆞᆫ	비량쳐챵ᄒᆞᆫ
3	못ᄒᆞᆫ	못ᄒᆞᆯ
4	사롬이라	ᄯᅡ롬이라
5	그리온 디	그리운 쩌
6	디내니	디너니

『순원왕후어필』 언간 2-09

〈순원어필-2-09, 1834~1849년, 순원왕후(재종누나) → 김흥근(재종동생)〉

판독문

	판셔 기람	
봉		함

수일은 화챵ᄒ니 년ᄒ야 평안이 디내고 부평도 평안훈가 안부롤 듯기는 ᄒ디 ᄌ셔티 못ᄒ
니 겸겸ᄒ여 알고져 덕니 나는 환졀 째라 셩셩티 못ᄒ나 눕든 아니코 디내니 내 가셔 증손
녀롤[1] 싱각 밧 보아시니 샹감 괴츌이니 깃브고 작인이 쏘 완비ᄒ니 괴특ᄒ니 외간의셔는 엇
더이들 아는고 이 일이 져근 경ᄉ로 비르셔 곤뎐긔셔 니년의 원냥을 탄싱ᄒ실 징샹이니[2] 그
리 아소

판독대비

번호	판독자료집	이승희 (2010 : 426~428)
1	내 가셔 증손녀롤	내가 셔증손녀롤
2	징샹이니	징샹이니

■ 대상 언간

　조용선 편저『봉셔』(1997)에 수록된 왕비와 궁녀, 사대부가(士大夫家) 부인이 쓴 한글편지 40건을 이른다. 이들 편지는 덕온공주(德溫公主, 純祖의 셋째딸, 1822~1844)의 부군(夫君)인 남녕위(南寧尉) 윤의선(尹宜善, 1823~1887) 집안에 전래해 오던 것을 그 손녀인 윤백영(尹伯榮, 1888~1986) 여사가 편저자(編著者)에게 제공해 준 것들이다(조용선 편저, 1997 : 6). 연구진이 확인한 바에 의하면 40건 중 12건은 편저자가 소장하고 있고 5건은 이득선 씨가 소장하고 있으나 나머지는 현재 소장처를 알 수 없는 상태이다.

■ 언간 명칭 : 조용선 편저『봉셔』소재 언간

　『봉셔』에 실린 한글편지를 조용선 편저(1997)에서는 단순히 '봉서(封書)'로 명명하였다. '봉서' 자체는 "겉봉을 봉한 편지"를 가리키는 일반 명칭이기도 하므로 이 판독자료집에서는『봉셔』에 실린 한글편지 40건을 특별히 지칭하기 위하여 '조용선 편저『봉셔』소재 언간'으로 명칭을 삼고, 출전 제시의 편의상 약칭이 필요할 경우에는 '봉셔'를 사용하였다.

■ 언간 수량 : 40건

　조용선 편저(1997)에서는 먼저 '봉서 원전 및 역주'라는 이름 아래 한글편지 40건을 소개하고 '부록'에서 다시 한글편지 2건을 더 수록하였다. 그러나 '부록'에 실린 2건은 판독문 없이 원본 사진만 실린 것이기 때문에 이 판독자료집에서는 부록의 2건을 제외하고 본문에 해당하는 40건만을 수록 대상으로 삼았다. 편지 번호는『봉셔』에서 매긴 순서를 그대로 따르되, 궁인 글씨로 소개된 36번 편지는 내용상 2건의 편지가 합쳐진 것으로 판단되어 내용에 따라 36과 36-1로 구분하였다.

■ 원문 판독

　조용선 편저(1997)에서 40건의 판독문을 원본 사진과 함께 주석을 덧붙여 제시하였다. 이 판독자료집에서는 기존의 판독문을 재검토하고 차이가 있는 부분을 표로 대비하여 판독 결과를 대조하는 데 도움이 될 수 있도록 하였다.

■ 발신자와 수신자

봉투와 같이 발신자나 수신자를 알려 주는 정보가 거의 없어 발수신 관계를 정확히 파악하기 어렵다. 다만 상당수 편지에 발신자나 필사자, 수신자 등을 밝힌 윤백영(尹伯榮, 1888~1986) 여사의 부기(附記)가 있어 참고가 된다. 조용선 편저(1997)에 따르면 사대부가 여인의 편지(40번)를 제외한 39건은 모두 왕비나 궁녀의 글씨로 된 것인데, 왕비의 친필 편지로는 순원왕후(純元王后, 1789~1857)와 철인왕후(哲仁王后, 1837~1878)의 것이 있다. 나머지는 신정왕후(神貞王后, 1808~1890), 효정왕후(孝定王后, 1831~1903), 명성황후(明成皇后, 1851~1895) 등 왕비의 편지를 궁녀가 대필(代筆)한 것이거나 궁녀가 발신자로서 직접 쓴 편지들이다. 40건 중 15건에는 수신자를 연안김씨로 밝힌 부기(附記) 내용도 있는데 연안김씨(延安金氏, 1864~1896)는 부기(附記)의 당사자 윤백영 여사의 어머니이자 덕온공주(德溫公主, 1822~1844)의 며느리에 해당한다. 이 판독자료집에서는 발신자와 수신자에 대해 기본적으로 조용선 편저(1997)에 소개된 내용을 참조하여 제시하되, 기존의 발수신 관계에 대해 재검토할 사항이 있을 경우에는 그것을 해당 편지에 각주로 언급하였다.

■ 작성 시기

40건 가운데 발신 일자가 적힌 것은 사대부가 여인의 편지 1건(40번, '갑ᄌ 이월 초ᄉ일') 뿐이다. 나머지는 발신자와 수신자 정보, 편지 내용 등을 통하여 작성 시기를 추정할 수밖에 없는데, 조용선 편저(1997)에서는 글씨에 초점을 맞추어 발신자나 필사자만 밝혀 두었을 뿐 작성 시기에 대해서는 아무런 언급을 하지 않았다. 그러나 윤백영 여사의 부기(附記) 내용에 등장하는 발수신자의 생몰년(生沒年)을 종합적으로 고려할 때 편지의 전반적인 작성 시기는 19세기 중반부터 20세기 초반에 걸친 것으로 파악된다[*]. 편지에 따라서는 사연 내용을 고려하여 시기를 좀더 좁혀 추정할 수도 있는데 이때에는 해당 편지에 추정 시기를 제시하고 그 추정 근거를 각주로 소개하였다.

....

[*] 다만 일부 편지(예 : 28번, 33번)는 이러한 파악에서 벗어날 가능성도 있어 이에 대해서는 해당 편지의 각주에 언급해 두었다.

■ 자료 가치

19세기 궁중의 왕비나 궁녀의 언어와 문체를 알 수 있는 자료이다. 특히 편지에 쓰인 서체는 서기(書記) 이씨(李氏)의 글씨를 비롯하여 궁체(宮體)의 전범을 보이는 자료로 평가받을 수 있다. 또 왕후를 대신하여 궁녀가 대필한 편지가 실존하는 점도 독특한 가치를 지닌다.

■ 자료 해제

자료의 간략한 서지 사항에 대해서는 조용선 편저(1997)를 참조할 수 있다.

■ 원본 사항

- 원본 소장 : 조용선(12건), 이득선(5건) 외
- 크기 : 24.0×21.53cm(17번), 24.7×54.2cm(16번) 등

■ 판독 사항

조용선 편저(1997), 『역주본 봉셔』, 다운샘. ※40건 전체 판독

■ 영인 사항

朴堯順(1982), 「明成皇后 御札攷」, 『韓南語文學』 7 · 8, 한남대 국어국문학회, 274~281쪽.
조용선 편저(1997), 『역주본 봉셔』, 다운샘. ※40건 전체 영인

■ 참고 논저

朴堯順(1982), 「明成皇后 御札攷」, 『韓南語文學』 7 · 8, 한남대 국어국문학회, 274~281쪽.
朴堯順(1992), 「明成皇后 諺簡札」, 『韓國古典文學新資料硏究』, 한남대학교출판부, 597~611쪽.
조용선 편저(1997), 『역주본 봉셔』, 다운샘.
황문환(2010), 「조선시대 언간 자료의 현황과 특성」, 『국어사 연구』 10호, 국어사학회, 73~131쪽.

〈봉셔-01, 19세기 중반~20세기 초반, 천상궁(미상) → 윤용구(미상)[*]〉

판독문

복모 듕 하셔 밧ᄌ와 기간 긔후 지안ᄒᆞ오신 문안 아옵고 흔츅이오며 예는 문안 침슈 졔졀
안강ᄒᆞ오시옵고^{**} 진어ᄒᆞ옵심 ᄒᆞᆫ가지ᅌᅩ오시옵고 탕졔는 그동안 이것저것 소조지졔롤 만
히 진어ᄒᆞ오시옵다 이젼 진어ᄒᆞ오시옵던 이듕탕 수일지 신후 잡ᄉᆞ오시옵고 공심탕졔도
이젼과 ᄀᆞᆺ치 진어ᄒᆞ오시ᄂᆞ이다

판독대비

번호	판독자료집	조용선 편저 (1997 : 17~19)

** 이곳의 'ᅌᅩ오'는 서체상으로 '오ᅌᅩ' 내지 '오오'처럼 보이지만 어법(語法)을 고려하여 판독하였다. '-ᅌᅩ오시-'와
관련된 형태에서 대부분 그러한데 이하(以下)의 판독문에서는 별다른 언급 없이 'ᅌᅩ오'로 일관되게 읽은 기존의
판독을 유지하였다.

조용선 편저 『봉셔』 소재 언간 02

〈봉셔-02, 19세기 중반~20세기 초반, 서기 이씨 → 미상〉

판독문

복모 듕 하셔 밧ᄌᆞ와 보ᅌᆞᆸ고 악한의 긔후 지안ᄒᆞ오신 문안 아ᅌᆞᆸ고 듣든 흔희ᄒᆞᅌᆞᆸ고 예는 문
안 졔졀 안녕ᄒᆞᄋᆞ오시ᅌᆞᆸ고 담쳬 증후는 강복ᄒᆞᄋᆞ오시ᅌᆞᆸ고 침슈 진어ᄒᆞ오심 ᄒᆞᆫ가지ᄋᆞ오시ᅌᆞᆸ
고 탕졔는 지쟉브터 뉵군ᄌᆞ탕 십 텹 진어ᄒᆞᄋᆞ오시게 의졍ᄒᆞ와ᄉᆞᆸᄂᆞ이다

판독대비

번호	판독자료집	조용선 편저 (1997 : 23)

조용선 편저 『봉셔』 소재 언간 03

〈봉셔-03, 19세기 중반~20세기 초반, 서기 이씨(미상) → 윤용구(미상)〉

판독문

복모 듕 하셔 밧ᄌ와 수야간 톄졀 지안ᄒ오신 문안 아옵고 흔희 경힝이옵고 여긔는 문안 침
슈 졔졀 안강ᄒᆞ오시오니 하졍의 경츅하와 ᄒ옵고 지쟉일은 삭포 만 가온 거시 일긔 음예
ᄒ옵기로 더옥 덧업시 뵈옵고 오온 일 눌이 갈ᄉ록 섭섭ᄒ옵고 마마겨ᄋ오샤도 니외분 안
부 듯ᄌᆞ오시옵고 오릭오릭 금심 굼굼ᄒᆞ오시옵다 든든ᄒᆞ오시온 듕 녕감 신관 말 못
되온 말ᄉᆞᆷ 통촉ᄒᆞ오시옵고 금심 못내못내 아쳐롭고 못 잇ᄌᆞ오시옵ᄂ이다 여러히 무탈
이 입궐ᄒ와숩ᄂ이다

판독대비

번호	판독자료집	조용선 편저 (1997 : 27~29)

조용선 편저 『봉셔』 소재 언간 04

〈봉셔-04, 19세기 중반~20세기 초반, 서기 이씨 → 미상〉

판독문

글월 밧즈와 한염이 심ᄒ온디긔후 졔졀 지안ᄒ오심 복츅 만만이옵고 아가 안온ᄒ오닛가 예
는 마마 문안 침슈 진어 졔졀 안녕ᄒᆞ오시옵고 큰뎐 문안 각 뎐 문안 만안ᄒᆞ오시오니 하
졍 츅슈ᄒ와 ᄒ오며 뎍 말씀 알외오니 이제는 결단되여 스묘 시역가지 되다 ᄒ니 쇠훤ᄒ니
이째[1] 역스 군가도 하 금죽ᄒ니 엇디홀고 답답다 ᄒᆞ오시옵ᄂᆞ이다 져는 기간 경향으로 분
쥬히 단니옵노라 빅병 겸발 욕스욕스ᄒ옵다 계유 일간이야 긔동ᄒ와습ᄂᆞ이다

판독대비

번호	판독자료집	조용선 편저 (1997 : 33~35)
1	이째	이쎠

조용선 편저 『봉셔』 소재 언간 05

〈봉셔-05, 19세기 중반~20세기 초반, 셔기 이씨(미상) → 윤용구(미상)*〉

판독문

일한이 브죠 거복ㅎ온디 기간 긔후 졔졀 지안ㅎ오시온디 복모 구구 무임이옵고[1] 아가는 역
환 태평 고이고이 ㅎ옵고 츌쟝가지 태평ㅎ온 문안은 듯즈오니 너모 신긔 긔힝ㅎ오시려 흔
만 일캇즈오며 문안 스연은 이위 알외와스오니 쏘 아니ㅎ오나 이런 말솜 챵피 괴로와ㅎ오
시나 일념 블망 고로 즈연 말솜이오며 범스를 엇디 분별ㅎ오시옵눈고 블문가지로 못내못
내[2] 잇즙디 못ㅎ옵고 마마겨오샤도 근일 더옥 못 니저 못 니저 여러 슌 일캇즈오시옵고 큰
녕감 말솜 셩심의 걸녀 걸녀 ㅎ오시는 셩의 앙탁ㅎ오니 당신 신슈만 대통ㅎ오시면[3] 여의셩
취 은스를[4] 므릅즈오시올 듯 그런 하교만 듯즈와도 황감ㅎ와 조금 엿즈오니 훈동과 슈쟉 듕
도 마오심 브라오며 져는 기간 풍단 대통ㅎ와[5] 근 일삭이나 욕스ㅎ옵다 이제야 면스 계유
ㅎ와숩ㄴ이다[6] 휴지 즉파 브라옵ㄴ이다 니시

판독대비

번호	판독자료집	조용선 편저 (1997 : 39~43)
1	무임이옵고	무엄이옵고
2	못내못내	못ㄴ못ㄴ
3	대통ㅎ오시면	디통ㅎ오시면
4	은스를	운스를
5	대통ㅎ와	디통ㅎ와
6	ㅎ와숩ㄴ이다	ㅎ와숩이ㄴ다

---

* 편지 여백에 '익조황뎨 배위신 신뎡황후 됴시던 셔긔 니씨의 글시니 국문 시쟉된 후 제일 가는 명필인대 해관 윤
판셔게 한 편지요 고종황뎨 무자의 윤공 쌀 사후당 윤백영 역질 잘한 치하 편지니'라고 적은 윤백영(尹伯榮,
1888~1986) 여사의 부기(附記)가 있다.

조용선 편저『봉셔』소재 언간 06

〈봉셔—06, 1837~1857년*, 순원왕후(장모) → 윤의선(사위)**〉

판독문

봉셔 보고 일긔 증울ᄒ기 심ᄒ나 일양 디내ᄂ[1] 일 깃브나 친환이 더 못 디내시ᄂ가[2] 시브니 민박홀 일 일ᄏ라며 ᄉ연은 보고 내[3] 싱각도 업디 아니더 면갈노 ᄒ기도 엇더ᄒ기 못 ᄒ엿더니 도위 ᄯᅳᆺ이 이러ᄒ니 ᄒ여 보려ᄂ[4] ᄒ니

판독대비

번호	판독자료집	조용선 편저 (1997 : 45)
1	디내ᄂ	디닉ᄂ
2	디내시ᄂ가	디닉시ᄂ가
3	내	닉
4	보려ᄂ	보닉ᄂ

....
* 수신자로 추정되는 윤의선(尹宜善, ?~1887)이 덕온공주와 혼인한 1837년부터 순원왕후(純元王后, 1789~1857)의 몰년(沒年)인 1857년 사이로 시기를 좁혀 추정하였다.
** 편지 여백에 '순조숙황뎨 배위 되시는 순원숙황후 김시 어필'이라고 적은 윤백영(尹伯榮, 1888~1986) 여사의 부기(附記)가 있다.

조용선 편저『봉셔』소재 언간 07

〈봉셔-07, 19세기 중반*, 순원왕후(어머니) → 덕온공쥬(딸)**〉

판독문

두 슌 봉셔 보고 작일 챵황이 츌문ㅎᄂᆞᆫ ᄉᆞ연 보니 갓득 비원훈 심ᄉᆞ의 악연 억식ᄒᆞ여 홀 말이 업다 너희 집의 이런 일 이실 줄은 싱각디 아녓더니 그져 블힝홀[1] 분일다

판독대비

번호	판독자료집	조용선 편저 (1997 : 47)
1	블힝홀	불힝 홀

....

* 수신자로 추정되는 덕온공쥬(德溫公主, 1822~1844)의 생몰년을 감안하여 추정하였다.
** 편지 여백에 '순조숙황뎨 배위신 순원숙황후 어필'이라고 적은 윤백영(尹伯榮, 1888~1986) 여사의 부기(附記)가 있다.

조용선 편저『봉셔』소재 언간 08

〈봉셔-08, 1837~1857년*, 순원왕후(장모) → 윤의선(사위)**〉

판독문

친환으로 날포 쵸젼ᄒ여 디낸다[1] ᄒ니 답답 민망ᄒ더니 수일은 져기 동졍이 겨시다 ᄒ니 죡
히 만ᄒᆡᆼ 옹츅ᄒ랴 위ᄒ여 깃브기 ᄀ이업다 응당 그러ᄒ려니와 신식이 ᄆ이 패ᄒ고 감긔도
긴터라 ᄒ니 세나디나 아닐가 념녀 브리이디 못ᄒ며 오ᄂᆞᆯ은 판관긔셔 감셰 더 겨시고 ᄌᄂᆞ
도 신긔 엇더ᄒᆫ디 알고져 ᄒ며 그ᄉᆞ이 봉셔나 ᄒ고져 ᄒ나 경황이 업시 디내게[2] ᄒ엿기 ᄆ슨
도 못ᄒ엿다 본퇴긔셔 이번 그 심녀가 오죡 오죡ᄒ여 겨실가 보냐 엇디 디내시ᄂᆞᆫ디[3] 두루
브리이디 못ᄒ다

판독대비

번호	판독자료집	조용선 편저 (1997 : 49~51)
1	디낸다	디닌다
2	디내게	디닉게
3	디내시ᄂᆞᆫ디	디닉시ᄂᆞᆫ디

* 수신자로 추정되는 윤의선(尹宜善, ?~1887)이 덕온공주와 혼인한 1837년부터 순원왕후(純元王后, 1789~1857)의
  몰년(沒年)인 1857년 사이로 시기를 좁혀 추정하였다.
** 편지 여백에 '순조숙황뎨 배위신 순원숙황후 김시 어필'이라고 적은 윤백영(尹伯榮, 1888~1986) 여사의 부기(附
   記)가 있다.

조용선 편저 『봉셔』 소재 언간 09

〈봉셔-09, 1837~1857년*, 순원왕후(장모) → 윤의선(사위)**〉

판독문

갈망ᄒ던[1] 희우는 패연ᄒ나 덥기 심ᄒ니 엇디 디내ᄂ디 브리이디 못ᄒ더니 니변을 보는가
보니 셔습인가 톄ᄒ여 그러ᄒ가 복통이 ᄆ이 괴로올 거시니 답답 넘녀며 오래디 아녀 나아
야 지치디 아니케 ᄒ엿니 니질쳐로 긔운 휘잡히ᄂ 거시 업ᄂ니 샹약 율당 쟉셜차 진히 달히
고 사당 셜 타셔 ᄒᆞᆫ 탕긔가 되던디[2] 삼ᄉ 츳식 먹으면 셜변이 되여 나은 일도 이시니 뎡약
도 먹으려니와 이것 시험ᄒ여 보소 ᄌᆞ셔ᄂᆞᆫ 약 슌강ᄒ니 다힝ᄒ여 ᄒᆞ니

판독대비

번호	판독자료집	조용선 편저 (1997 : 53~55)
1	갈망ᄒ던	갈망하던
2	ᄒᆞᆫ 탕긔가 되던디	ᄒᆞᆫ탕긔 가져덕디

....

* 수신자로 추정되는 윤의선(尹宜善, ?~1887)이 덕온공주와 혼인한 1837년부터 순원왕후(純元王后, 1789~1857)의
  몰년(沒年)인 1857년 사이로 시기를 좁혀 추정하였다.
** 편지 여백에 '순조숙황뎨 배위 되오시는 순원숙황후 김시 어필'이라고 적은 윤백영(尹伯榮, 1888~1986) 여사의
  부기(附記)가 있다.

조용선 편저 『봉셔』 소재 언간 10

〈봉셔-10, 19세기 중후반*, 신정왕후 → 미상**〉

판독문

천천 몽미 밧 대감 상ᄉ 말ᄉᆞᆷ은 진뭉을 블각이옵고 지필노 무슨 말ᄉᆞᆷ을 일워 알외올 바 막
무막무ᄒᆞ온 둥 시상 히쳔으로 괴로이 디내오시옵ᄂᆞᆫ 줄은 이위 아옵ᄂᆞᆫ바 근일 감후 제졀 쳠
가ᄒᆞ오샤 미령ᄒᆞ옵신 줄노만 아와ᄉᆞ오니 ᄎᆞᄎᆞ 평복되옵실 일만 앙망이옵더니 블의 상ᄉ 나
오시오니 호텬망극 이훼지통 엇더엇더ᄒᆞ옵시올고 샹셔로 다 못 알외옵고 시일 박졍뉴속ᄒᆞ
와 쟉일 셩복ᄀᆞ디 디나오시오니 이제ᄂᆞᆫ 속졀업시 되옵신 일이오니 빅만지통을 관억ᄒᆞ오시
옵고 대감 ᄉ후 녜졀을 이제ᄂᆞᆫ 대효로 싱각ᄒᆞ오시고 ᄒᆞ오샤 ᄌᆞ보ᄒᆞ오심 ᄇᆞ라옵ᄂᆞ이다

판독대비

번호	판독자료집	조용선 편저 (1997 : 59~63)

....

* 발신자 신정왕후(神貞王后, 1808~1890)의 생몰년(生沒年)을 감안하여 추정하였다.
** 편지 여백에 '신뎡황후 묘시던 지밀내이 쟝희 최 샹궁 글시 궁듕 명필'이라고 적은 윤백영(尹伯榮, 1888~1986)
여사의 부기(附記)가 있다. 부기에 따르면 신정왕후가 보내는 편지를 최 상궁이 대서(代書)한 것이라 할 수 있다.
수신자는 미상이지만, 편지 내용중에 '대감 상ᄉ'를 언급하고 있어서 '대감'이 윤의선(尹宜善, ?~1887)으로 해석
될 경우 수신자는 윤의선의 아들 윤용구(尹用求, 1853~1939)일 가능성이 있다.

조용선 편저 『봉셔』 소재 언간 11

〈봉셔-11, 1891년, 서희순 상궁(의동생) → 연안김씨(의언니)*〉

판독문

일한이 공혹ㅎ온더 긔후 태평ㅎ오신 문안 아옵고져 ㅂ라오며 근일 범졀 안강ㅎ오시옵고 오라바님 졔졀 만안ㅎ오시온더 외쳐 복모 ㅂ리옵디 못ㅎ옵고 아가 형뎨 여샹ㅎ온더 두로 굼굼ㅎ옵고 일긔도 너모 칩ㅅ오니 답답 일쿳줍ㅅ오며 단낭은 변변치 못ㅎ오나 보내오니[1] 두 아가 쥬옵실가 ㅎ오며 이히 마니 아니 남아ㅅ오니 과셰 안녕안녕이 ㅎ오시옵고 시희는 귀즈 낫즈오시기 ㅂ라옵ㄴ이다 오라바님긔 문안 엿즈와 쥬옵심 ㅂ라옵ㄴ이다 뎨

판독대비

번호	판독자료집	조용선 편저 (1997 : 67~69)
1	보내오니	보니오니

---

* 편지 여백에 '고종황뎨전 큰방 제주샹궁 서희순 글시 아가는 윤백영 네 살 아오 두 살 젹의 신묘년의 한 편지'라고 적은 윤백영(尹伯榮, 1888~1986) 여사의 부기(附記)가 있다. 부기의 내용대로 편지 속의 '아가'가 윤백영 여사를 가리킨다면 편지의 발신 시기는 '신묘년' 곧 1891년으로 확정할 수 있다.

조용선 편저 『봉셔』 소재 언간 12

〈봉셔-12, 1886~1896년*, 서희순 상궁(의동생) → 연안김씨(의언니)**〉

판독문

문안 알외옵고 쟉일 봉셔 밧ᄌ와 보옵고 긔후 태평ᄒ오신 문안 아옵고 든든 못니 반갑ᄉ옴
그음업ᄉ와 ᄒ오며 일긔 과량ᄒ온디 근일 침담 범졀 씨굿 만강ᄒ오시옵고 대감 문안 졔졀
안녕ᄒ오시옵고 영감겨옵셔도 태평ᄒ오시온디 외쳐 졍셩의 복모 브리옵디 못ᄒ옵고 거월은
가와 일야을 뫼옵고 든든 흔축ᄒ와 디니옵ᄂ¹ 듕 극낙 가오신 분 싱각ᄒ오니 허우록 감챵ᄒ
옵고 못ᄌ와 디니옵던 일 츈몽 ᄀᆺᄉ와 디우금 셥셥 못니 일ᄏᄌ옵ᄉ오나 드러오던 날브터 댱
번ᄒ와 총총ᄒ여 이만 봉셔 ᄒ 슌 못 엿ᄌᆸᄉ와 무신ᄒ온 듯 ᄌ탄 무궁이올 ᄎ² 대ᄉ로이 몬
져 뭇ᄌ오신 일 감축감축 반갑습기 다시 뫼와 말ᄉ이온 듯ᄒ오나 므안 므안 죄롭ᄉ와 알외
올 말ᄉ 업ᄉ오며 가와 쇼요만 브리옵고 분별 슈응 만ᄉ오신디 먹ᄂ 거시 폐롭ᄉ와 더욱 골
몰ᄒ오신 일 못니 블안블안ᄒ와 일ᄏᄌᆸᄉ옵고 거일 영감겨옵셔 승후 드러와 겨옵시기 뫼옵
고 든든 축슈ᄒ옵고 문안 ᄌ셔니 듯ᄌ와ᄉ오며 신 샹궁³ 글월은 젼ᄒ옵고 그ᄉ이 나가 단녀
드러왓ᄉ오니 ᄯᅩ 나가거든 긔별ᄒ오리다 고모가 문안 엿ᄌᆸ고 노병 치ᄉ을 ᄒ와 봉셔도 못
엿ᄌ오니 허믈치 마옵시ᄉ ᄒ오며 져ᄂ 슉딜이 잘 디니옵고 이러툿 갓쵸⁴ 유렴ᄒ옵셔 뭇ᄌ
오시니 감축감축ᄒ와 ᄒ옵ᄂ이다 셔

판독대비

번호	판독자료집	조용선 편저 (1997 : 73~81)
1	디니옵ᄂ	디니옵ᄂ
2	무궁이올 ᄎ	무궁이올ᄎ
3	신 샹궁	신샹궁
4	갓쵸	갓ᄒ

....

 * 수신자 연안김씨(延安金氏, 1864~1896)는 윤용구(尹用求, 1853~1939)의 재취부인(再娶夫人)이다. 초취부인(初娶夫人) 광산김씨(光山金氏, 1853~1884)의 대상(大祥)이 지난 1886년부터 연안김씨의 몰년(沒年)인 1896년 사이로 시기를 좁혀 추정하였다.
 ** 편지 여백에 '텰종황뎨긔 승은하고 고종태황뎨 덕수궁 큰방 제주상궁 서희순 글시'라고 적은 윤백영(尹伯榮, 1888~1986) 여사의 부기(附記)가 있다.

조용선 편저 『봉셔』 소재 언간 13
〈봉셔-13, 19세기 중반~20세기 초반, 서희순 상궁 → 미상*〉

판독문

문안 알외옵고 츄염의 긔후 안녕ᄒ오신 문안 아옵고져 ᄇ라오며 올 더위ᄂ 처음인 듯ᄒ옵더니 어ᄂ덧 츄긔 심ᄒ옵고 마우 지리ᄒ온디 범졀 씨긋 만강ᄒ오시옵고 대감 문안 졔졀 안녕ᄒ오시옵고 영감겨옵셔도 태평ᄒ오시온디 외쳐 졍셩의 복모 ᄇ리옵디 못ᄒ오나 이만 봉셔ᄂ 흔 슌 못 알외옵고 영감은 두 번 뵈옵고 문안은 듯ᄌ와ᄉ오나 졍셩을 베프옵디 못ᄒ온 일 섭섭 죄 만만ᄒ와 ᄒ오며 요ᄉ이 시졀이 슈란ᄒ옵다 ᄒ오니 숑구ᄒ와 문안이나 아오려 ᄒ옵고 대강 알외오니 비ᄌ 편 젼갈노 ᄒ오시오면 여러 분 문안 듯ᄌ기ᄉ오니 답봉셔ᄂ 부디부디 마옵쇼셔 마미겨셔도 태평태평ᄒ오시옵고 본딕의셔도 안녕ᄒ오시온디 굼굼 ᄇ리옵디 못ᄒ와 ᄒ옵ᄂ이다 거월은 니문 안 궁의셔 넘 밧 뫼와 ᄃ니옵다 몬져 훌쳐 가오신 일 너모 섭섭ᄒ옵고 나가거든 오라 ᄒ와 겨오시니 감츅ᄒ와 가오려 ᄒ와ᄉ더니 친형의 집이 ᄇ뎡ᄒ와 그 집을 통ᄒ와 단니옵기로 조심되와 못 가옵고 드러오온 일 섭섭ᄒ와 ᄒ여ᄉ더니 아니 단녀갓다고 영감겨옵셔 조르옵시기 웃습고 총총ᄒ와 말숨도 못 엿ᄌ와ᄉᄂ이다 ᄉ연 남ᄉ오나 지번 이만 알외오니 닉닉 태평태평이 ᄃ니오심 ᄇ라옵ᄂ이다 집이 나가옵거든 흔 슌 가오려 ᄒ오나 졍치 못ᄒ오니 섭섭ᄒ와 ᄒ옵ᄂ이다 셔

판독대비

번호	판독자료집	조용선 편저 (1997 : 83~89)

---

* 편지 여백에 '고종태황뎨젼 큰방 제주상궁 텰종황뎨게 승은한 셔 샹궁 희순 글시'라고 적은 윤백영(尹伯榮, 1888~1986) 여사의 부기(附記)가 있다.

조용선 편저『봉셔』소재 언간 14

〈봉셔-14, 19세기 중반~20세기 초반*, 궁인(의동생) → 미상〉

판독문

야간 긔후 안녕ᄒ오신 문안 아옵고져 ᄇ라오며 어졔는 광풍의 블니오니 갓치 가와 몽둥갓
치 희포 만의 뵈오니 신관니 마니 수쳑ᄒ오신 거슬 뵈오니 외쳐 졍셩의 답답 동동 브리옵디
못ᄒ옵고 대감겨옵셔도 쟝 미령ᄒ옵시다 답답 동동 조민ᄒ옵고 오리 못 뵈옵고 쟉일 잠간
뵈와 밤이 디나올ᄉ록 섭섭ᄒ옴 측냥업ᄉ고 아기시겨옵셔도 태평이 즈므시고 아가는 밤ᄉ
이 엇더엇더ᄒ온디 두로 굼굼ᄒ옵고 보교 말ᄉᆷᄒ옵고 와 보오니 쥐가 바탕 가쥭을 ᄯ러 노
아 ᄭᆞᆯ답지 아니ᄒ나 츠ᄌ 노코 어졔 하인 보니마시기 기다리다 못ᄒ여 보니오나 시로 ᄒ여
다 마니 타도 아니ᄒᆫ 거슬 쥐가 이 ᄭᆞᆯ을 만드러 걱졍을 옵고 곳쳐 보니려 ᄒ옵다 월급도 아
니 되옵고 수이 쓰옵실가 ᄒ여 변변치 못ᄒᆫ 거슬 보니오니 붓그럽ᄉ외다 총총 다 못 엿ᄌ오
니 유딕긔 섭섭 문안 마니마니 ᄒ여 쥬옵시고 ᄂ너 안녕안녕이 디니오시기 츅슈츅슈 ᄇ라
옵ᄂ이다 늙거 그러ᄒ온디 이지는 글도 망측망측ᄒ오니 눌너 보옵심 ᄇ라옵ᄂ이다 의뎨

판독대비

번호	판독자료집	조용선 편저 (1997 : 91~95)

* 편지에 언급된 '대감'이 윤의선(尹宜善, ?~1887)으로 해석될 경우 발신 시기를 윤의선 생전 19세기 중후반으로 좁
  혀 추정할 수 있다.

조용선 편저 『봉셔』 소재 언간 15

〈봉셔-15, 19세기 중반~20세기 초반, 원상궁 → 미상*〉

판독문

ᄉ연만 덕ᄉ오며 대감 문안 안녕ᄒᄋ오신 문안 아옵고져 ᄇ라옵ᄂᆞ이다 길례 시 쌔 대감 관
녜 시와 길례 시의 듀 순의 다 공복이 잇셔ᄉ오니 그져 잇ᄉᆞᆸ는디 공복 ᄒ 벌만 ᄒᆞ옵고 그쌔
관녜 시의 조복을 입어 겨오시면 잇ᄉ올 듯ᄒ오니 됴복ᄒ고 됴복의 짜로인 갓초미 안고옵
고 ᄌ가 슈ᄌ 흉비도 잇ᄉ올 거시니 흉비와 ᄌ가 홍당삼의 안고인[1] 후슈 폐슬 패옥은[2] ᄡ이
와ᄉ올디라도 그려 ᄡ이옵고 잇ᄉ올 듯ᄒ오니 ᄒᆞᆫ디 드려보ᄂᆡ오시고 삼간틱의 입고 나가오
신 초록 단녕도 잇ᄉᆞᆸ거든 ᄒᆞᆫ디 드려보ᄂᆡ오쇼셔 다 ᄌᆞ셔니 ᄎᆞᆽ 닉일 드려보ᄂᆡ오쇼셔 원

판독대비

번호	판독자료집	조용선 편저 (1997 : 97~99)
1	안고인	안 고인
2	후슈 폐슬 패옥은	후 슈례 슬패옥은

----

* 편지 여백에 '순원숙황후 큰방 원 상궁 글월'이라고 적은 윤백영(尹伯榮, 1888~1986) 여사의 부기(附記)가 있다.
  편지에 언급된 '대감'이 윤의선(尹宜善, ?~1887)으로 해석될 경우 발신 시기를 윤의선 생전 19세기 중후반으로 좁
  혀 추정할 수 있다.

조용선 편저 『봉셔』 소재 언간 16

〈봉셔-16, 19세기 중반~20세기 초반, 신상궁 → 미상[*]〉

판독문

쟉일 뎍스오시니 밧즈와 보옵고 슈일간 긔후 태평ᄒ오신 문안 아옵고져 ᄇ라오며 대감겨옵
샤와 녕감겨옵셔 안녕ᄒᄋ오시오니 축슈축슈ᄒ와 ᄒ옵ᄂ이다 마누라겨옵셔ᄂ 희포 만 입궐
ᄒ오셔 일긔ᄂ 극한이온디 구경도 잘 못 ᄒ오시옵고 양일 고싱ᄒ오시옵다 나가옵셔 감긔나
아니 어드시고 만안ᄒ오신디 굼금 ᄇ리옵지 못ᄒ와 ᄒ오며 샹궁너도¹ 다 태평 쉬온잇가 예
ᄂ 문안 졔졀 만안ᄒ오시옵고 샹후 문안도 태평ᄒᄋ오시오니 경축ᄒ와 ᄒ오며 져ᄂ 감긔로
그져 낫지 못ᄒ오나² 어제가지 단니옵다 오늘 아니 올나갓스옵ᄂ이다 일억케 뭇즈오시오니
감스감스 황숑ᄒ와 ᄒ옵ᄂ이다 명년이나 쏘 뵈올 듯 셥셥ᄒ와 ᄒ옵ᄂ이다 너니 태평태평
디니옵심 축슈축슈ᄒ옵ᄂ이다 신

판독대비

번호	판독자료집	조용선 편저 (1997 : 103~107)
1	샹궁너도	샹궁너도
2	못ᄒ오나	못하오나

조용선 편저 『봉셔』 소재 언간 17

〈봉셔-17, 19세기 중반~20세기 초반, 김상궁(미상) → 남녕위 소실 유씨(미상)*〉

판독문

츈일이 블슌 고르디[1] 못ᄒ오니 긔운 평안ᄒ오시고 대감 문안 안녕ᄒ오시옵고 나으리 너외
분겨옵셔도 태평태평ᄒ옵신 문안 아옵고져 ᄇ라오며 나는 바히 몰라습더니 숑현셔 시방 긔
별훈 말슴 듯스오니 나으리겨옵셔 과거롤 ᄒ야 겨시니 니일 가쟈고 ᄒ야스오니 뎡말슴이온
디 대감겨오샤 혼열 긔힝ᄒ오심과 마노라겨셔도 경힝 가열ᄒ오심 오죽ᄒ오시오려 외쳐 졍
셩의도 흔츅ᄒ옴 엇더타 못 ᄒ오며 무슨 과거이오닛가 나는 벽강 궁촌 안자 아모 소문을 못
듯스오니 굡굡ᄒ외다 오늘밤 듕삭 다례오시니 니일은 가와 반가이 뵈옵고 흔흔 경츅ᄒ온
치하 만히만히 ᄒ옵게습 굼굼ᄒ야 수주 뎍습ᄂ이다 샤동

판독대비

번호	판독자료집	조용선 편저 (1997 : 111~113)
1	고르디	고로디

---

* 편지 여백에 '화빈 윤시 큰방 김 샹궁이 남녕위 소실 유시게 ᄒ 편지'라고 적은 윤백영(尹伯榮, 1888~1986) 여사
의 부기(附記)가 있다.

조용선 편저 『봉셔』 소재 언간 18

〈봉셔-18, 19세기 중반~20세기 초반, 천상궁 → 미상*〉

판독문

복모 등 하셔 밧ᄌ와 보옵고 일긔 고르옵디 못ᄒ온디 긔후 지안ᄒ오신 문안 아옵고 흔만 츅
슈ᄒ와 ᄒ오며 아가 유침 여상ᄒ온디 굼굼ᄒ외다 예는 마마겨ᄋ오샤 감후로 희소 긴ᄒᄋ오
샤 침슈 계졀이 씨긋디 못ᄒ오시니 하졍 복민 동동ᄒ와 ᄒ옵ᄂ이다

판독대비

번호	판독자료집	조용선 편저 (1997 : 115)

조용선 편저 『봉셔』 소재 언간 19

⟨봉셔-19, 1851~1878년*, 철인왕후(시외숙모) → 연안김씨(생질부)**⟩

판독문

글시 보고 하일이 브죠훈디 년흥야 잘 디내는[1] 일 알고 든든 깃브며 국긔 디나오시니 년년
튜원 감회 새로올 분일다 예는 샹후 문안 만강ㅎ시고 예도 혼가지로 디닌다

판독대비

번호	판독자료집	조용선 편저 (1997 : 117)
1	디내는	디닉는

* 발신자인 철인왕후(哲仁王后, 1837~1878)가 왕비로 책봉된 1851년부터 철인왕후의 몰년(沒年) 1878년 사이로 시
  기를 좁혀 추정하였다.
** 편지 여백에 '텰종황뎨 배위신 텰인쟝황후 김시겨오사 졍경부인 김시 생딜부게 흐오신 답봉셔'라고 적은 윤백영
  (尹伯榮, 1888~1986) 여사의 부기(附記)가 있다. 부기에서는 수신자를 연안김씨로 밝히고 있으나 철인왕후의 몰년
  (沒年)으로 보아 윤용구(尹用求, 1853~1939)의 초취부인(初娶夫人) 광산김씨(光山金氏, 1853~1884)를 수신자로 볼
  가능성도 있다.

조용선 편저 『봉셔』 소재 연간 20

〈봉셔-20, 1886~1890년*, 신정왕후(시외숙모) → 연안김씨(생질부)**〉

판독문

글시 보고 단염의 시봉 듕 안길훈 일 알고 든든 깃브다 예셔는[1] 샹후 태평ㅎ시니 경힝ㅎ다
예는 년년이 이째을[2] 당ㅎ여 통원 챵확훈 비회 졍치 못훈다 슈요ㅎ여 답셔 진시 못 ㅎ여 일
크라 디내엿다[3]

판독대비

번호	판독자료집	조용선 편저 (1997 : 119)
1	예셔는	예서는
2	이째을	이 씨을
3	디내엿다	디니엿다

* 수신자 연안김씨(延安金氏, 1864~1896)는 윤용구(尹用求, 1853~1939)의 재취부인(再娶夫人)이다. 초취부인(初娶夫人) 광산김씨(光山金氏, 1853~1884)의 대상(大祥)이 지난 1886년부터 신정왕후(神貞王后, 1808~1890)의 몰년(沒年)인 1890년 사이로 시기를 좁혀 추정하였다. 편지 속에 나오는 '시봉 듕'을 윤의선(尹宜善, ?~1887)의 생전(生前)과 관련시킬 수 있다면 시기는 1886~1887년으로 더 좁힐 수 있다.
** 편지 여백에 '익조문황뎨 배위신 신뎡황후 됴시겨오샤 생딜부 졍경부인 김시게 흐오신 답봉셔 궁인이 대셔'라고 적은 윤백영(尹伯榮, 1888~1986) 여사의 부기(附記)가 있다.

조용선 편저『봉셔』소재 언간 21

〈봉셔-21, 1886~1896년*, 효정왕후(시외종동서) → 연안김씨(내종동서)**〉

판독문

봉셔 보옵고 지한의 평안이 디내눈가 시브니 다힝ᄒ며 예셔는 ᄌ후 문안 졔졀 태평ᄒᄋ오
시니 졍셩의 축슈ᄒ와 ᄒ고 오늘 인능 국긔 디나오시니 튜모여신ᄒ여 ᄒᄂ이다

판독대비

번호	판독자료집	조용선 편저 (1997 : 121)

---

 * 수신자 연안김씨(延安金氏, 1864~1896)는 윤용구(尹用求, 1853~1939)의 재취부인(再娶夫人)이다. 초취부인(初娶夫人) 광산김씨(光山金氏, 1853~1884)의 대상(大祥)이 지난 1886년부터 연안김씨의 몰년(沒年)인 1896년 사이로 시기를 좁혀 추정하였다.

** 편지 여백에 '헌종황뎨 배위 되오시는 명헌태후 홍시겨오사 내종동서 졍경부인 김시게 답봉서ᄒ오시니 궁인 대서 인능은 순조숙황뎨 능이시니'라고 적은 윤백영(尹伯榮, 1888~1986) 여사의 부기(附記)가 있다. 부기에서는 발수신자를 효정왕후와 연안김씨로 밝히고 있으나 다른 편지(22번, 28번, 32번)와 달리 이 편지에서는 아주 높임의 경어법을 사용하고 있어 발수신 관계 등을 보다 면밀히 재검토할 필요가 있다.

조용선 편저『봉셔』소재 언간 22

<봉셔-22, 1886~1896년*, 효정왕후(시외종동서) → 연안김씨(내종동서)**>

판독문

봉셔 보고 노염의 시봉 듕 평안이 디내는 안부 알고 든든 깃브며 예셔는 주련 문안 안녕ᄒ
오시니 츅슈츅슈ᄒ여 ᄒ고 오ᄂᆞᆯ은 대뎐 탄일 되시니 든든 경힝ᄒ여 ᄒᄂᆡ 스연 이만 뎍ᄂᆡ

판독대비

번호	판독자료집	조용선 편저 (1997 : 123)

* 수신자 연안김씨(延安金氏, 1864~1896)는 윤용구(尹用求, 1853~1939)의 재취부인(再娶夫人)이다. 초취부인(初娶夫
   人) 광산김씨(光山金氏, 1853~1884)의 대상(大祥)이 지난 1886년부터 연안김씨의 몰년(沒年)인 1896년 사이로 시
   기를 좁혀 추정하였다.
** 편지 여백에 '헌종성황뎨 배위신 명헌황후 홍시겨오샤 내종사촌 동서 정경부인게 ᄒ오신 답봉셔'라고 적은 윤백
   영(尹伯榮, 1888~1986) 여사의 부기(附記)가 있다.

162 조선시대 한글편지 판독자료집 ❸

조용선 편저 『봉셔』 소재 언간 23

〈봉셔-23, 1886~1895년*, 명성황후(시외종동서) → 연안김씨(내종동서)**〉

판독문

덕으니 보고 어제 치운디 평안이 나가 밤 평안이 쉬신가 시브니 든든 다힝ᄒ며 마니 비치고
나가 두로 곤뇌ᄒ려 못내 일ㅋᆺ스오며 예ᄂᆫ 일양 디내ᄂᆞ이다[1]

판독대비

번호	판독자료집	조용선 편저 (1997 : 125)
1	디내ᄂᆞ이다	디ᄂᆞᄂᆞ이다

 * 수신자 연안김씨(延安金氏, 1864~1896)는 윤용구(尹用求, 1853~1939)의 재취부인(再娶夫人)이다. 초취부인(初娶夫人) 광산김씨(光山金氏, 1853~1884)의 대상(大祥)이 지난 1886년부터 명성황후(明成皇后, 1851~1895)의 몰년(沒年)인 1895년 사이로 시기를 좁혀 추정하였다.
** 편지 여백에 '고종태황뎨 배위 되오시ᄂᆞ 명성황후 민시겨오샤 내종동서 정경부인 김시게 ᄒᆞ오신 답봉셔'라고 적은 윤백영(尹伯榮, 1888~1986) 여사의 부기(附記)가 있다.

조용선 편저 『봉셔』 소재 언간 24

〈봉셔-24, 1886~1890년*, 신정왕후(시외숙모) → 연안김씨(생질부)**〉

판독문

봉셔 보고 쳥츄의 시봉 듕 년호야 잘 디내는[1] 일 알고 든든 깃브며 예는 샹후 침슈 졔졀 태평호시고 오늘은 쳔츄 셩졀이시니 흔힝 든든호고 동궁의셔도 안샹호시니 심힝 츅슈호고 나도 한가지로 디낸다[2]

판독대비

번호	판독자료집	조용선 편저 (1997 : 127)
1	디내는	디닉는
2	디낸다	디닌다

---

 * 수신자 연안김씨(延安金氏, 1864~1896)는 윤용구(尹用求, 1853~1939)의 재취부인(再娶夫人)이다. 초취부인(初娶夫人) 광산김씨(光山金氏, 1853~1884)의 대상(大祥)이 지난 1886년부터 신정왕후(神貞王后, 1808~1890)의 몰년(沒年)인 1890년 사이로 시기를 좁혀 추정하였다. 편지 속에 나오는 '시봉 듕'을 윤의선(尹宜善, ?~1887)의 생전(生前)과 관련시킬 수 있다면 시기는 1886~1887년으로 더 좁힐 수 있다.
** 편지 여백에 '익조효문황뎨 배위 되오시는 신뎡황후 됴시겨오샤 생딜부 졍경부인 연안김시게 답셔 궁인이 대셔'라고 적은 윤백영(尹伯榮, 1888~1986) 여사의 부기(附記)가 있다.

조용선 편저 『봉셔』 소재 언간 25

〈봉셔-25, 1886~1895년*, 명성황후(시외종동서) → 연안김씨(내종동서)**〉

판독문

덕으시니 보고 츄량의 평안이 디내시ᄂ가[1] 시브오니 든든 깃브오며 예셔ᄂ 오날 인능 국긔
디나오시오니 튜모 챵확ᄒ여 ᄒᄂ이다

판독대비

번호	판독자료집	조용선 편저 (1997 : 129)
1	디내시ᄂ가	디닉시ᄂ가

....

* 수신자 연안김씨(延安金氏, 1864~1896)는 윤용구(尹用求, 1853~1939)의 재취부인(再娶夫人)이다. 초취부인(初娶夫人) 광산김씨(光山金氏, 1853~1884)의 대상(大祥)이 끝난 1886년부터 명성황후(明成皇后, 1851~1895)의 몰년(沒年)인 1895년 사이로 시기를 좁혀 추정하였다.

** 편지 여백에 '고종태황뎨 배위신 명성황후 민시겨오사 내종동서 정경부인 연안김시게 ᄒ오신 답봉셔 궁인이 대셔'라고 적은 윤백영(尹伯榮, 1888~1986) 여사의 부기(附記)가 있다.

조용선 편저 『봉셔』 소재 언간 26

〈봉셔-26, 1886~1896년*, 효정왕후(시외종동서) → 연안김씨(내종동서)**〉

판독문

봉셔 보고 극셔의 평안이 디내는¹ 일 알고 든든 깃브며 예는 ᄌᆞ후 문안 태평ᄒᆞᄋᆞ오시니 츅슈 츅슈ᄒᆞ며 오늘은 국긔 디나오시니 튜모여신ᄒᆞ여 디내ᄂᆞ이다²

판독대비

번호	판독자료집	조용선 편저 (1997 : 131)
1	디내는	디니는
2	디내ᄂᆞ이다	디니ᄂᆞ이다

---

 * 수신자 연안김씨(延安金氏, 1864~1896)는 윤용구(尹用求, 1853~1939)의 재취부인(再娶夫人)이다. 초취부인(初娶夫人) 광산김씨(光山金氏, 1853~1884)의 대상(大祥)이 지난 1886년부터 연안김씨의 몰년(沒年)인 1896년 사이로 시기를 좁혀 추정하였다.
** 편지 여백에 '헌종황뎨 배위 되오시는 명헌태후 홍시겨오사 내종동서 정경부인 김시게 답봉서ᄒᆞ오시니 궁인 대서 인능은 순조숙황뎨 능이시니'라고 적은 윤백영(尹伯榮, 1888~1986) 여사의 부기(附記)가 있다. 부기에서는 발수신자를 효정왕후와 연안김씨로 밝히고 있으나 다른 편지(22번, 28번, 32번)와 달리 이 편지에서는 아주 높임의 경어법을 사용하고 있어 발수신 관계 등을 보다 면밀히 재검토할 필요가 있다.

조용선 편저 『봉셔』 소재 언간 27

〈봉셔-27, 1851~1878년*, 철인왕후(시외숙모) → 연안김씨(생질부)**〉

판독문

글시 보고 잘 디내는[1] 일 알고 든든 깃브고 일긔 혹한훈디 년호여 잘 디내는지[2] 궁금호다
오놀은 대왕대비뎐 탄일 되시니 경츅으로 디내인다[3] 예셔도 한가지로 디내인다[4]

판독대비

번호	판독자료집	조용선 편저 (1997 : 133)
1	디내는	디니는
2	디내는지	디니는지
3	디내인다	디니인다
4	디내인다	디니인다

---

* 발신자인 철인왕후(哲仁王后, 1837~1878)가 왕비로 책봉된 1851년부터 철인왕후의 몰년(沒年) 1878년 사이로 시기를 좁혀 추정하였다.
** 편지 여백에 '텰종황뎨 배위신 텰인쟝황후 김시겨오사 졍경부인 김시 생딜부게 호오신 답봉셔'라고 적은 윤백영(尹伯榮, 1888~1986) 여사의 부기(附記)가 있다. 부기에서는 수신자를 연안김씨로 밝히고 있으나 철인왕후의 몰년(沒年)으로 보아 윤용구(尹用求, 1853~1939)의 초취부인(初娶夫人) 광산김씨(光山金氏, 1853~1884)를 수신자로 볼 가능성도 있다.

조용선 편저 『봉셔』 소재 언간 28

〈봉셔-28, 1886~1896년*, 효정왕후(시외종동서) → 연안김씨(내종동서)**〉

판독문

봉셔 보고 초하의 평안이 디내ᄂᆞᆫ[1] 안부 알고 든든 깃브고 년ᄒᆞ여 지졀 안샹이 디내ᄂᆞᆫ가[2] 시
브니 다ᄒᆡᆼᄒᆞ기 측냥업고 오늘 유릉 국긔 디나오시니 튜모 망극 통원ᄒᆞ여 ᄒᆞᄂᆡ 아히 남미 무
탈ᄒᆞᆫ디 궁금ᄒᆞ여 ᄒᆞᄂᆡ 나는 ᄒᆞᆫ 모양이니 괴로와ᄒᆞᄂᆡ 슈연 이만 뎍ᄂᆡ

판독대비

번호	판독자료집	조용선 편저 (1997 : 135)
1	디내ᄂᆞᆫ	디ᄂᆞᄂᆞᆫ
2	디내ᄂᆞᆫ가	디ᄂᆞᄂᆞᆫ 가

....

* 수신자 연안김씨(延安金氏, 1864~1896)는 윤용구(尹用求, 1853~1939)의 재취부인(再娶夫人)이다. 초취부인(初娶夫
人) 광산김씨(光山金氏, 1853~1884)의 대상(大祥)이 지난 1886년부터 연안김씨의 몰년(沒年)인 1896년 사이로 시
기를 좁혀 추정하였다.
** 편지 여백에 '헌종황뎨 배위 되오시는 명헌태후 홍시겨오사 내종동서 정경부인 연안김시 답봉셔 궁인이 대서'라
고 적은 윤백영(尹伯榮, 1888~1986) 여사의 부기(附記)가 있다. 그런데 편지 내용 중에는 '유릉 국긔'가 언급되어
있어 문제가 된다. '유릉(裕陵)'은 순종(純宗)과 순명효황후(純明孝皇后) 민씨·순정효황후(純貞孝皇后) 윤씨를 함께
모신 능을 이른다. 편지의 '유릉'이 '裕陵'을 적은 것이라면 이 편지는 적어도 1926년 순종 승하 후에 쓴 편지일
수밖에 없어 윤백영 여사의 부기(附記) 내용과 시기가 맞지 않는다. 조용선 편저(1997 : 135)에서는 '유릉'을 '綏陵
(수릉)', 곧 '익조대왕릉(翼祖大王陵)'으로 해석하여 주석을 달아 놓았는데 앞으로 작성 시기나 발수신 관계를 면
밀히 재검토할 필요가 있다.

조용선 편저 『봉셔』 소재 언간 29

⟨봉셔-29, 1886~1895년*, 명성황후(시외종동서) → 연안김씨(내종동서)**⟩

판독문

봉셔 보고 지한의 평안이 디내시ᄂᆞᆫ[1] 일 다힝 깃브오며 예셔는 ᄌᆞ후 문안 안녕ᄒᆞ오시오니 경츅ᄒᆞ여 ᄒᆞᄂᆞ이다

판독대비

번호	판독자료집	조용선 편저 (1997 : 137)
1	디내시ᄂᆞᆫ	디니시ᄂᆞᆫ

* 수신자 연안김씨(延安金氏, 1864~1896)는 윤용구(尹用求, 1853~1939)의 재취부인(再娶夫人)이다. 초취부인(初娶夫人) 광산김씨(光山金氏, 1853~1884)의 대상(大祥)이 지난 1886년부터 명성황후(明成皇后, 1851~1895)의 몰년(沒年)인 1895년 사이로 시기를 좁혀 추정하였다.
** 편지 여백에 '고종태황뎨 배위 되시는 명성황후 민시겨오사 내종동서 졍경부인 김시게 ᄒᆞ오신 답봉셔'라고 적은 윤백영(尹伯榮, 1888~1986) 여사의 부기(附記)가 있다.

조용선 편저 『봉셔』 소재 언간 30

〈봉셔-30, 1886~1890년*, 신정왕후(시외숙모) → 연안김씨(생질부)**〉

판독문

봉셔 보고 일긔 증울흔디 년흐야 잘 디내ᄂ[1] 일 알고 든든 깃브며 예ᄂ 샹후 만안흐시니 츅
슈흐며 오ᄂᆯ 경능 국긔 디나시니 년년 이쩌를[2] 당흐야 구회 샹통 익심홀 분일다

판독대비

번호	판독자료집	조용선 편저 (1997 : 139)
1	디내ᄂ	디니ᄂ
2	이쩌를	이쩨를

---

* 수신자 연안김씨(延安金氏, 1864~1896)는 윤용구(尹用求, 1853~1939)의 재취부인(再娶夫人)이다. 초취부인(初娶夫人) 광산김씨(光山金氏, 1853~1884)의 대상(大祥)이 지난 1886년부터 신정왕후(神貞王后, 1808~1890)의 몰년(沒年)인 1890년 사이로 시기를 좁혀 추정하였다.
** 편지 여백에 '익조효문황뎨 배위 되오시는 신뎡황후 됴시겨셔 생딜부 졍경부인 연안김시게 하신 봉서 궁인이 대셔'라고 적은 윤백영(尹伯榮, 1888~1986) 여사의 부기(附記)가 있다.

조용선 편저 『봉셔』 소재 언간 31

〈봉셔-31, 1886~1890년*, 신정왕후(시외숙모) → 연안김씨(생질부)**〉

판독문

글시 보고 일한이 심훈디 시봉 등 잘 디내는[1] 일 알고 든든 깃브며 예셔는 샹후 졔졀 태평
호오시니 흔힝호고 예도 일양 디낸다[2]

판독대비

번호	판독자료집	조용선 편저 (1997 : 141)
1	디내는	디닌는
2	디낸다	디닌다

----

* 수신자 연안김씨(延安金氏, 1864~1896)는 윤용구(尹用求, 1853~1939)의 재취부인(再娶夫人)이다. 초취부인(初娶夫人) 광산김씨(光山金氏, 1853~1884)의 대상(大祥)이 지난 1886년부터 신정왕후(神貞王后, 1808~1890)의 몰년(沒年)인 1890년 사이로 시기를 좁혀 추정하였다. 편지 속에 나오는 '시봉 등'을 윤의선(尹宜善, ?~1887)의 생전(生前)과 관련시킬 수 있다면 시기는 1886~1887년으로 더 좁힐 수 있다.
** 편지 여백에 '익조문황뎨 배위신 신덩황후 됴시겨오샤 생딜부 졍경부인 김시게 호오신 답봉셔 궁인이 대셔'라고 적은 윤백영(尹伯榮, 1888~1986) 여사의 부기(附記)가 있다.

조용선 편저 『봉셔』 소재 언간 32

〈봉셔-32, 1886~1896년*, 효정왕후(시외종동서) → 연안김씨(내종동서)**〉

판독문

봉셔 보고 신원의 무양훈 안부 알고 든든ᄒ며 아히 형뎨 일 셰식 더 되니 든든ᄒ려 긔힝 일
ᄏᄂ니 예는 셰환ᄒ고 이ᄶ롤[1] 당ᄒ니 망극 영모디통 새로이 익심ᄒ며 ᄉ연 남으나 이만 뎍으
니 년ᄒ야 평슌히 디니기 조ᄒ니

판독대비

번호	판독자료집	조용선 편저 (1997 : 143)
1	이ᄶ롤	이 ᄶ를

---

 * 수신자 연안김씨(延安金氏, 1864~1896)는 윤용구(尹用求, 1853~1939)의 재취부인(再娶夫人)이다. 초취부인(初娶夫人) 광산김씨(光山金氏, 1853~1884)의 대상(大祥)이 지난 1886년부터 연안김씨의 몰년(沒年)인 1896년 사이로 시기를 좁혀 추정하였다.
** 편지 여백에 '헌종황뎨 배위 명헌황후 흥시겨오샤 내종동서 정경부인 연안김시게 답셔 궁인이 대셔'라고 적은 윤백영(尹伯榮, 1888~1986) 여사의 부기(附記)가 있다.

조용선 편저 『봉셔』 소재 언간 33

〈봉셔-33, 1886~1895년*, 명성황후(시외종동서) → 연안김씨(내종동서)**〉

판독문

뎍으시니 보고 년호여 평안이 디내시눈가[1] 시브오니 든든 깃브오며 예셔눈 오늘 유릉 국긔
디나오시니 튜모여신호여 훙느이다

판독대비

번호	판독자료집	조용선 편저 (1997 : 145)
1	디내시눈가	디닉시눈가

---

* 수신자 연안김씨(延安金氏, 1864~1896)는 윤용구(尹用求, 1853~1939)의 재취부인(再娶夫人)이다. 초취부인(初娶夫人) 광산김씨(光山金氏, 1853~1884)의 대상(大祥)이 지난 1886년부터 명성황후(明成皇后, 1851~1895)의 몰년(沒年)인 1895년 사이로 시기를 좁혀 추정하였다.
** 편지 여백에 '고종태황데 배위 되오시는 명성황후 민시겨오사 내종동서 정경부인 김시게 호오신 답봉셔 궁인이 대서 유릉은 익조효문황데 능이시니'라고 적은 윤백영(尹伯榮, 1888~1986) 여사의 부기(附記)가 있다. 그런데 편지 내용 중에는 '유릉 국긔'가 언급되어 있어 문제가 된다. '유릉(裕陵)'은 순종(純宗)과 순명효황후(純明孝皇后) 민씨·순정효황후(純貞孝皇后) 윤씨를 함께 모신 능을 이른다. 편지의 '유릉'이 '裕陵'을 적은 것이라면 이 편지는 적어도 1926년 순종 승하 후에 작성된 편지일 수밖에 없어 윤백영 여사의 부기(附記) 내용과 시기가 맞지 않는다. 조용선 편저(1997 : 145)에서는 '유릉'을 '綏陵(수릉)', 곧 '익종릉(翼宗陵)'으로 해석하여 주석을 달아 놓았는데 앞으로 작성 시기나 발수신 관계 등을 보다 면밀히 재검토할 필요가 있다.

조용선 편저『봉셔』소재 언간 34

〈봉셔-34, 1866~1895년, 명성황후(이종질녀) → 한산이씨(이모)*〉

판독문

봉셔 밧즈와 보옵고 긔후 안녕ㅎ오신 문안 아옵고 든든 못내 알외오며 여긔셔는 샹후 문안
만안ㅎㅇ오시옵고 동궁 졔졀 태평ㅎ시오니 츅슈ㅎ옵고 예는 흔가디오며 이번 동가 츌환궁
태평이 ㅎ오시옵고 졔졀 태평ㅎ시오니 츅슈ㅎ옵고 긔별ㅎ신 말솜은 즈셔이 보옵고 어디 그
리 쉽스온잇가

판독대비

번호	판독자료집	조용선 편저 (1997 : 147)

* 윤백영 여사의 부기(附記)가 없으나 이종덕 선생님(한국학중앙연구원 어문생활사연구소 전임연구원)에 따르면 이
편지는『明成皇后御札 單』(이득선 씨 소장)이라는 표제(標題)의 첩(帖) 속에 수록된 것이다. 따라서 발신자는 명성
황후이고 수신자는 이모인 한산이씨(韓山李氏)가 되며, 이 편지의 발신 시기는 명성황후가 고종 비(妃)로 간택된
1866년부터 명성황후의 몰년(沒年)인 1895년 사이로 추정할 수 있다.

조용선 편저 『봉셔』 소재 언간 35

〈봉셔-35, 1866~1895년, 명성황후(이종질녀) → 한산이씨(이모)*〉

판독문

샹후 문안 만안ㅎ오오시고 동궁 계졀 태평ㅎ시니 축슈ㅎ오며 나는 감긔 종시 낫디 못ㅎ오
니 괴롭ᄉ외다 신졍균이 말ᄉᆷ은 듯디도 못ᄒ 말ᄉᆷ이외다 어디셔 공논이 원흔단 말ᄉᆷ이 잇
단 말ᄉᆷ이온잇가 아디도 못ㅎ오며 홍양은 진샹을 밧치고 쏘 거희을 보내시니 블안ㅎ외다

판독대비

번호	판독자료집	조용선 편저 (1997 : 149)

* 윤백영 여사의 부기(附記)가 없으나, 이종덕 선생님(한국학중앙연구원 어문생활사연구소 전임연구원)에 따르면 이
편지는 『明成皇后御札 畢』(이득선 씨 소장)이라는 표제(標題)의 첩(帖) 속에 수록된 것이다. 따라서 발신자는 명성
황후이고 수신자는 이모인 한산이씨(韓山李氏)가 되며, 이 편지의 발신 시기는 명성황후가 고종 비(妃)로 간택된
1866년부터 명성황후의 몰년(沒年)인 1895년 사이로 추정할 수 있다.

조용선 편저 『봉셔』 소재 언간 36

〈봉셔-36, 1866~1895년, 명성황후(이종질녀) → 한산이씨(이모)*〉

판독문

복모 둥 하셔 밧즛와 보옵고 긔후 안녕ㅎ오신 문안 아옵고 든든 츅슈ㅎ와 ㅎ오며 예논 샹후
문안 만안ㅎㅇ오시옵고 동궁 졔졀 태평ㅎ시니 츅슈ㅎ오며 감역은 식여ㅅ오며 돈은 드려보
닉지 마오시고 어려온디 츠자 쓰옵시고 검단이딕 말슴ㅎ온 거슨 브질업ㅅ오니 그만두옵쇼
셔[1]

판독대비

번호	판독자료집	조용선 편저 (1997 : 151~153)
1	그만두옵쇼셔	그만 드옵쇼셔

....

* 윤백영 여사의 부기(附記)가 없으나, 이종덕 선생님(한국학중앙연구원 어문생활사연구소 전임연구원)에 따르면 이
  편지는 『明成皇后御札 單』(이득선 씨 소장)이라는 표제(標題)의 첩(帖) 속에 수록된 것이다. 따라서 발신자는 명성
  황후이고 수신자는 이모인 한산이씨(韓山李氏)가 되며, 이 편지의 발신 시기는 명성황후가 고종 비(妃)로 간택된
  1866년부터 명성황후의 몰년(沒年)인 1895년 사이로 추정할 수 있다.

조용선 편저 『봉셔』 소재 언간 36-1

〈봉셔-36-1, 1866~1895년, 명성황후(이종질녀) → 한산이씨(이모)*〉

판독문

상후[1] 문안 안녕ᄒ오시옵고 동궁 졔졀 태평ᄒ시니 츅슈츅슈ᄒ와 ᄒ오며 원용졍 말ᄉᆷ 젼나
도 갈 ᄃᆡ가 업ᄉ오며 닉국 졍이온잇가[2] 원 차함이온니잇가[3] 닉국 졍이면[4] 못 되게ᄉ오며 드
려보니다 ᄒ오시는 표눈[5] 여긔 업ᄉ오이다

판독대비

번호	판독자료집	조용선 편저 (1997 : 151~153)
1	상후	샹후
2	닉국 졍이온잇가	닉국졍이온잇가
3	원 차함이온니잇가	원차학이온니잇가
4	닉국 졍이면	닉국졍이면
5	표눈	표도

* 윤백영 여사의 부기(附記)가 없으나, 이종덕 선생님(한국학중앙연구원 어문생활사연구소 전임연구원)에 따르면 이
  편지는 『明成皇后御札 單』(이득선 씨 소장)이라는 표제(標題)의 첩(帖) 속에 수록된 것이다. 따라서 발신자는 명성
  황후이고 수신자는 이모인 한산이씨(韓山李氏)가 되며, 이 편지의 발신 시기는 명성황후가 고종 비(妃)로 간택된
  1866년부터 명성황후의 몰년(沒年)인 1895년 사이로 추정할 수 있다.

조용선 편저 『봉셔』 소재 언간 37

〈봉셔-37, 1866~1895년, 명성황후(이종질녀) → 한산이씨(이모)*〉

판독문

봉셔 밧즈와 보옵고 긔후 안녕호오신 문안 아옵고 든든 츅슈호오며 근일 졔졀 엇더호오시고 일젼 날포[1] 빗치고 나가셔 년호여 태평이 쉬오신가 보오니 츅슈호오며 여긔셔는 샹후 문안 만안호으오시옵고 동궁 졔졀 태평호시니 츅슈호오며 예셔는 흔가지오며 가산은 흉양호고 샹환이 못 되옵ᄂᆞ이다 이다음의나 맛당혼 것 잇거든 엇지호던지 아덕은 홀 슈 업ᄉ외다

판독대비

번호	판독자료집	조용선 편저 (1997 : 155)
1	날포	달포

* 윤백영 여사의 부기(附記)가 없으나 이종덕 선생님(한국학중앙연구원 어문생활사연구소 전임연구원)에 따르면 이 편지는 『明成皇后御札 單』(이득선 씨 소장)이라는 표제(標題)의 첩(帖) 속에 수록된 것이다. 따라서 발신자는 명성황후이고 수신자는 이모인 한산이씨(韓山李氏)가 되며, 이 편지의 발신 시기는 명성황후가 고종 비(妃)로 간택된 1866년부터 명성황후의 몰년(沒年)인 1895년 사이로 추정할 수 있다.

조용선 편저『봉셔』소재 언간 38

〈봉셔-38, 19세기 중반~20세기 초반, 금연이(궁인) → 미상〉

판독문

안부 알외옵고 덕스오시니 보옵고 문안은 안녕ㅎㅇㅇ오시이다 오늘은 냥됴 튜상존호[1] 되ㅇㅇ오
시오니 우ㅎ로겨ㅇㅇ오샤 감구지회 새롭스ㅇㅇ오시옵고 하졍의도 흔감 축슈ㅎ와 ㅎ옵ᄂ이다 금
연이

판독대비

번호	판독자료집	조용선 편저 (1997 : 157)
1	튜상존호	튜상존호

조용선 편저 『봉셔』 소재 언간 39

〈봉셔-39, 19세기 중반~20세기 초반, 궁인 → 미상〉

판독문

안부 알외옵고 덕ᄉ오시니 보옵고 문안은 안녕ᄒᆞ오시옵고 샹후 문안도 만안ᄒᆞ오시이다
오늘은 션대왕 튜샹존호 되ᄋ오시오니 우흐로겨ᄋ오샤 감회ᄒᆞ오시옵고 하졍의도 일희 일
챵ᄒ옴 아모라타 업ᄉ와 ᄒ옵ᄂ이다

판독대비

번호	판독자료집	조용선 편저 (1997 : 159)

조용선 편저 『봉셔』 소재 언간 40

〈봉셔-40, 1864년*, 미상(며느리) → 미상(시아버지)〉

판독문

문안 알외옵고 츈일이 고룹옵지[1] 못ㅎ온디 연ㅎ옵셔 긔후 안녕ㅎ옵시고 셔방님 니외분 평
안ㅎ시옵고 츙규 모즈분 여샹ㅎ온지 오릭 아옵지 못ㅎ오니 굼굼 측냥업ㅅ오며 즈부는 무탈
ㅎ옵고 쥬인딕 여샹ㅎ오니 다힝ㅎ오며 즈부는 명일간 망희로 가려 ㅎ오며 츈간의 혹 올나
가 뵈올지 보아야 알게ㅅ오며 알외옴 이만 알외오며 내내 긔톄후 만안ㅎ옵심 ㅂ라옵ㄴ이다
갑즈 이월 초ㅅ일 즈부 소샹술이

판독대비

번호	판독자료집	조용선 편저 (1997 : 161~163)
1	고룹옵지	고로옵지

---

* 편지 끝에 적힌 '갑즈'라는 연기(年記)를 통해 추정하였다.

■ 대상 언간

서울대 규장각에 전하는 순원왕후(純元王后, 1789~1857)의 한글편지 중 서첩(書帖) 속에 수록되지 않고 봉서(封書) 형태 그대로 전해 온* 편지 33건을 이른다. 이들 편지는 순원왕후 김씨가 재종(再從) 동생인 김흥근(金興根, 1796~1870) 일가에 보낸 편지들을 모아 놓은 것이다.

■ 언간 명칭 : 순원왕후어필봉서 언간

이승희(2000)에서 서울대 규장각에 전하는 순원왕후의 한글편지로 소개되면서 '純元王后 한글 편지'라는 전체 명칭 아래 서첩(書帖) 속에 전하는 다른 편지와 구분하여 '≪純元王后 御筆封書≫'로 명명되었다. 이후 33건 전체의 판독문을 처음 소개한 이승희(2010)에서도 이러한 명명이 유지되었는데, 이 판독자료집에서는 기존의 명명 취지를 존중하여 '순원왕후어필봉서 언간'으로 명칭을 삼고 출전 제시의 편의상 약칭이 필요할 경우에는 '순원봉서'를 사용하였다.

■ 언간 수량 : 33건

편지 번호상으로는 33건이지만 01번 편지와 02번 편지는 내용이 이어지는 하나의 편지이므로(번호 순서와 달리 내용은 02번이 01번에 앞섬)** 내용상으로는 32건에 해당한다. 이 판독자료집에서는 33건 전체를 수록하면서 편지 번호는 이승희(2010)에서 부여된 번호를 그대로 따랐다.

■ 원문 판독

이승희(2008)에서 33건 중 4건이 판독되면서 처음 소개되었다. 이후 이기대(2009)에서 7건을 판독하였고 이승희(2010)에서는 33건에 대해 흑백 사진과 판독문을 제시하고 현대어역과

---

 * 이승희(2010 : 13)에 따르면 이들 편지는 "봉투에 넣어 한 번 더 종이로 싼" 상태여서 이른바 중봉(重封)에 가까운 형태를 띠고 있다. 이승희(2010)에서는 봉투나 그것을 싼 겉종이에 적힌 내용도 모두 판독하여 소개하였는데 이 판독자료집에서는 이승희(2010 : 21~24)에서 소개된 내용에 따라 봉투에 적힌 부분과 겉종이에 적힌 부분을 구분하여 제시하였다.
 ** 이승희(2010 : 21)에 따름.

어휘 주석 및 해설을 덧붙임으로써 33건 전체가 처음으로 소개되었다. 이 판독자료집에서는 기존 판독 가운데 이승희(2010)*에서 이루어진 판독 사항과 대비하여 차이가 있는 부분을 표로 제시하고 판독 결과를 대조해 보는 데 도움이 되도록 하였다.

■ 발신자와 수신자

발신자는 순조(純祖, 1790~1834)의 비(妃)인 순원왕후(純元王后, 1789~1857) 김씨(金氏)이고, 수신자는 대부분 순원왕후의 재종(再從) 동생에 해당하는 김흥근(金興根, 1796~1870)이다. 김흥근에게 보낸 것 외에 05번, 10번, 16번, 21번, 22번 편지 5건은 김흥근의 아들 김병덕(金炳德, 1825~1892)에게 보낸 것이고, 29번 편지 1건은 조카인 김병주(金炳柱, 1827~1887)에게 보낸 것이다. 이 판독자료집에서는 발신자와 수신자에 대해 기본적으로 이승희(2010)에서 밝혀진 내용을 따랐다.

■ 작성 시기

발신 일자가 명확히 적혀 있는 편지는 '무신 팔월 념칠일(1848년 8월 27일)'이라고 적힌 15번 편지 1건이다. 다른 편지들은 편지의 내용을 통해 작성 시기를 추정할 수 있는데 대략 1840년대 초부터 1850년대 중반 사이에 쓰인 것들로 추정된다(이승희, 2010 : 15). 가장 이른 것은 1841년에 쓴 것으로 추정되는 22번 편지이고, 가장 늦은 것은 1856년에 쓴 것으로 추정되는 18번 편지이다. 이외에 09번, 11번, 26번, 28번, 32번 편지는 시기를 추정하기가 어려운데 이 중 'ᄒᆞ쇼셔'체를 사용한 09번, 28번 편지는 1851년 이후에 쓰인 것으로 추정된다(이승희, 2010 : 15). 이 판독자료집에서는 작성 시기에 대해 기본적으로 이승희(2010)에 밝혀진 내용을 따랐다.

■ 자료 가치

역사 연구의 관점에서 본다면 19세기 중엽 절정에 이르렀던 세도 정치의 이면을 보여 준다는 점에서 흥미로운 자료이다. 또 한 개인의 역사에 초점을 둔다면 여성이 뜻하지 않게 정권을 잡게 되면서 겪는 심적인 고뇌를 엿볼 수 있다. 국어사의 측면에서도 19세기 국어의

---

* 이 판독자료집에서는 2011년 2쇄로 출판된 책을 기준으로 하였다.

모습, 특히 궁중 및 사대부 계층에서 사용된 언어와 편지글 특유의 문체를 보여 준다는 점에서 중요한 자료라 할 수 있다(이승희, 2010 : 12~13).

■ 자료 해제

자료의 서지 사항에 대한 자세한 내용은 이승희(2000) 및 이승희(2010 : 11~41)를 참고할 수 있다.

■ 원본 사항

- 원본 소장 : 서울대학교 규장각(奎 27785)
- 마이크로필름 : 서울대 규장각 소장(MF 82-16-53-M)
- 크기 : 26.0×40.3cm 등

■ 판독 사항

이승희(2008), 「'純元王后 한글편지'의 資料的 特性에 대한 一考察」, 『韓國文化』 44, 서울대 규장각 한국학연구원, 31~47쪽. ※ 4건 판독(부분판독)

이기대(2009), 「한글편지에 나타난 순원왕후의 일상과 가족」, 『한국고전여성문학연구』 18, 한국고전여성문학회, 315~349쪽. ※ 7건 판독(부분판독)

이승희(2010), 『순원왕후의 한글편지』, 푸른역사. ※ 33건 전체 판독

■ 영인 사항

이승희(2010), 『순원왕후의 한글편지』, 푸른역사. ※ 33건 전체 영인(흑백 사진)

■ 참고 논저

고홍희(2013), 「<순원왕후 한글편지> 한자어에 대한 고찰-'한자 어기+ᄒ다' 구성의 한자어를 중심으로」, 『한중인문학연구』 38, 한중인문학회, 45~74쪽.

金用淑(1987), 『朝鮮朝 宮中風俗 硏究』, 一志社.

金一根(1986/1991), 『三訂版 諺簡의 硏究』, 건국대학교 출판부.

박정숙(2012), 「역대 왕후 최고의 명필 순원왕후 김씨의 생애와 글씨세계」, 『月刊 書藝』 통권 367호, 131~135쪽.

변원림(2012), 『순원왕후 독재와 19세기 조선사회의 동요』, 일지사.

서울大學校奎章閣(2001), 「純元王后御筆封書」, 『奎章閣所藏語文學資料 語學篇 解說』, 210~211쪽.

이기대(2009), 「한글편지에 나타난 순원왕후의 일상과 가족」, 『한국고전여성문학연구』 18, 한국고전여성문학회, 315~349쪽.

이승희(2000), 「奎章閣 所藏本 '純元王后 한글 편지'의 고찰」, 『奎章閣』 23, 서울대 규장각 한국학연구원, 113~140쪽.

이승희(2008), 「'순원왕후 한글편지'의 資料的 特性에 대한 一考察」, 『韓國文化』 44, 서울대 규장각 한국학연구원, 31~47쪽.

이승희(2010), 『순원왕후의 한글편지』, 푸른역사.

이이숙(2011), 「純元王后 諺簡의 書藝美學的 硏究」, 성균관대학교 유학대학원 석사학위 논문.

韓小尹(2003), 「純元王后 封書의 書體 硏究」, 원광대학교 서예학과 석사학위 논문.

황문환(2010), 「조선시대 언간 자료의 현황과 특성」, 『국어사 연구』 10호, 국어사학회, 73~131쪽.

황문환(2012), 「조선시대 왕실의 한글편지」, 『조선 왕실의 문예』, 장서각 ACADEMY 왕실문화강좌, 한국학중앙연구원 장서각, 73~85쪽.

순원왕후어필봉서 언간 01

〈순원봉서-01, 1850년, 순원왕후(재종누나) → 김흥근(재종동생)〉

판독문

> 이문니

+* ᄒᆞ엿ᄂᆡ 이제는 무고지인이니 당ᄒᆞᆫ 국ᄉᆞ나 잘ᄒᆞ소 나도 거리길 거시 업셔 싀훤히 막막ᄀᆞᆸᄀᆞᆸ던 거슨 나을 거시니 집의 드러와 안쳐시니[1] 든든히 내가 엇디 못되엿ᄂᆞᆫᄃᆡ 정신은 즉금 ᄒᆞᆫ 일을 즉지로[2] 닛고 갑오년 후 브즈런이 구던 ᄆᆞ음이 삼분지일도 못 남아시니 그ᄯᆡ로 즉금 비ᄒᆞ면 십 ᄇᆡ나 더ᄒᆞ여 올흘 일인ᄃᆡ 이러ᄒᆞ니 스스로 그런 줄 아디 그ᄯᆡ ᄀᆞᆺ디 못ᄒᆞ니 아니 고이ᄒᆞᆫ가 간퇴 단ᄌᆞ가 이십여 댱 드러와시니 례왕가 비필이 응당 뎡ᄒᆞ니 이시려니와 시방브터 동동ᄒᆞ기 니를 것 업ᄂᆞᆫ 거시 쳐ᄌᆞ는 눈으로 보니 알녀니와 ᄉᆞ돈 지목이 극난ᄒᆞᆫ 거시 문흑이나 잇고 심지나 튱후ᄒᆞ고 샹감을[3] 잘 도아 드릴 지목이야 홀ᄃᆡ 아모리ᄒᆞ여도 ᄀᆞᆺ초 그 속을 알 길이 업스니 이 싱각을 ᄒᆞ면 속이 답답히[4] 내 ᄯᅳᆺ이 우리 김시와는 아니코져 ᄒᆞ미 두 후와 냥 도위가 분수의 과ᄒᆞᆫ 거시 두려워 슬흔 일이로세 판셔ᄃᆞ려도 이 말 여러 번 ᄒᆞ엿ᄂᆡ 언마 셰월이 가 내년 츄동이 되게 ᄒᆞ엿ᄂᆞᆫ고 내 소견은 이번은 노쇼를 분별티 말고 ᄒᆞ고져 ᄒᆞ니 엇더ᄒᆞᆫ가 이ᄃᆡ 답ᄒᆞ소[5] 밤이 죠용ᄒᆞ기[6] 봉셔 쓰더니 이 말ᄀᆞ디 ᄒᆞᆫᄃᆡ ᄲᅥ더 노라고 다 니졋ᄒᆞ며 쇼라고 사ᄅᆞᆷ마다 노만 못홀가 디난 일노 취이ᄒᆞ여도 쇼가 감ᄉᆞ[7] ᄒᆞ나토 엇더ᄒᆞᆫ 일이 업스니 아니 긔특들 ᄒᆞᆫ가 쏙쏙ᄒᆞ니가[8] 만흔가 시브니 그러ᄒᆞᆫ가 이 봉셔 보고 즉시 세 쵸ᄒᆞ소[9] 나는 감히가 오히려 쾌히 낫디 아니니 괴로와 디내ᄂᆡ[10]

....
* 내용상 뒤의 02번 편지가 앞서고 그에 이어지는 편지이다.

판독대비

번호	판독자료집	이승희 (2010 : 52~57)
1	안쳐시니	안져시니
2	즉지로	즉시로
3	샹감을	샹감을
4	답답히	갑갑히
5	이디 답ᄒ소	이 디 답 ᄒ소
6	죠용ᄒ기	됴용ᄒ기
7	감ᄉ	□□ᄉ
8	쏙쏙ᄒ니가	쏙쏙ᄒ니가
9	셰쵸ᄒ소	셰쵸ᄒ소
10	나는 감히가 오히려 쾌히 낫디 아니니 괴로와 디내니	〔판독 안 됨〕

순원왕후어필봉서 언간 02

〈순원봉서-02, 1850년, 순원왕후(재종누나) → 김흥근(재종동생)〉

판독문

ㅅ　뎐동 샤랑

근　판셔 입납　　　　　　　봉

츈일 브됴훈디[1] 그스이 여긔더긔 노신ᄒ여 디내여시니[2] 계졀이[3] 평안훈가 브리디 못ᄒ니 진강 ᄀ디 츠니 내 ᄆᆞᆷ 든든ᄒ기 측냥업스디 긔유 이젼 녜일이 되고 변역ᄒ여시니 감회 그음 업셔실 ᄃᆞᆺ 쳑감ᄒ기 엇디 다 덕을고 처음으로 뵈오니 용의ᄂᆞᆫ 엇더ᄒ시며 강셩은은[4] ᄯᅩ 엇더ᄒ시고 둔둔ᄒ시던가 드러와시니 진강의 ᄃᆞ니고 강혹 말ᄉᆞᆷ을 ᄌᆞ로 ᄒ쇼 아모리 질실ᄒ셔도 츈츄가 아딕 아기니오 보고 드른 것 업스니 므어슬 비혼 거시 이실가 본고 이십ᄀᆞ디 붉고 새면 쟉난이나[5] ᄒ고 져므도록 집안으로 ᄃᆞ녀 힝습이 되엿ᄂᆞᆫ디[6] 급쟉져히 긔운을 주리고 글이나 닑으라 ᄒ니 곱곱지 아닌 ᄯᆡ도 업디 아닐 거시니 내 역 일변 아쳐로온[7] ᄆᆞᆷ이 ᄌᆞᄌᆞ 나니 어디 잘 ᄀᆞᄅᆞ치게 ᄒ엿ᄂᆞᆫ가[8] 이리ᄒ여도 념녀요 져리ᄒ여도 념녀니 심지가 굿디 못ᄒ여 그런가 시븨 ᄌᆞ니가 문혹이 업셔 강관의 당티 아니타 ᄒ기 디답을 강관의 가ᄒ기 ᄒ여실라[9] ᄒ고 시버도 ᄯᅩ 므어시라 홀디 몰나 아 ᄒ엿노라[10] ᄒ시기 우셧니[11] 아모 말이라도 됴신이 ᄒ거든 잘 디답ᄒ던디 죠금 잘 디답디 못ᄒ여도 흉보디 아닐 거시니 소견의 잇ᄂᆞᆫ ᄃᆡ로 ᄒ쇼셔 +*

....
* 내용상 앞의 01번 편지가 뒤에 이어진다.

판독대비

번호	판독자료집	이승희 (2010 : 46~51)
1	브됴ᄒᆞᆫ디	브됴ᄒᆞᆫ디
2	디내여시니	디ᄂᆡ여시니
3	제졀이	제졀이
4	강셩은은	강셩은
5	작난이나	잠낙이나
6	되엿ᄂᆞᆫ디	되엿ᄂᆞᆫ 디
7	아쳐로온	아쳐로운
8	ᄀᆞᄅ치게 ᄒᆞ엿ᄂᆞᆫ가	ᄀᆞᄅ치게ᄒᆞ엿ᄂᆞᆫ가
9	ᄒᆞ여실라	ᄒᆞ여시나
10	몰나 아 ᄒᆞ엿노라	몰나아 ᄒᆞ엿노라
11	우셧ᄂᆡ	우셧ᄂᆡ 내

순원왕후어필봉서 언간 03

〈순원봉서-03, 1846년, 순원왕후(재종누나) → 김흥근(재종동생)〉

판독문

> 봉서　　　　　　　　　　　　　　*

> ᄉ 뎐동 샤랑

일긔 한난이 블일ᄒ니[1] 평안이 디내는가[2] 요ᄉ이 소문으로 드르니 탈황증으로 괴로이 디낼[3] 분 아니라 블평타[4] ᄒ니 엇더ᄒᆫ디 브리디 못ᄒ니 판셔는 우연ᄒᆫ 병이 대단타 ᄒ니 심혼이 산난ᄒ여 아모라타 업시 디내더니[5] 수일간은 져기 동졍이 잇다 ᄒ니 만힝ᄒ나 소셰ᄒ고 내 눈의 뵈여야 ᄆᆞᆷ을 노케 ᄒ엿ᄂᆡ[6] 알고 시븐 ᄉ연도 잇고 그리 긴히 거북ᄒ다 ᄒ니 넘녀되여 좀 덕너 셰식 다 그므러시니 흐르는 믈 ᄀᆞᆺᄐᆞ야 칩기도 칩고 심ᄉ는 쳑연히 여러 집 과셰 평안이 ᄒ고 태평이들 디내소[7]

판독대비

번호	판독자료집	이승희 (2010 : 62~64)
1	블일ᄒ니	불일ᄒ니
2	디내는가	디ᄂᆡ는가
3	디낼	디닐
4	블평타	불평타
5	디내더니	디ᄂᆡ더니
6	노케 ᄒ엿ᄂᆡ	노케ᄒ엿ᄂᆡ
7	디내소	디ᄂᆡ소

....

* 이승희(2010 : 22)에 따르면 04번 편지도 같은 겉종이에 싸여 있다고 함.

순원왕후어필봉서 언간 04

<순원봉서-04, 1846년, 순원왕후(재종누나) → 김흥근(재종동생)>

판독문

향니 민달용의 일은 대강 아라시되 즈셔히 듯디 못ᄒ여시니 외됴 믈의가[1] 원통타 ᄒ는가 져 리된 거시 가타 ᄒ는가 고가셰신이[2] 아조 망ᄒ 혐이니 바히 모ᄅ는 집이라도 죄는 엇더ᄒ던 디 참측홀디 모모ᄒ여[3] 모ᄅ는 터이 아니니 그러티 마더면 시븐 ᄆᆞ음이[4] 잇더니 수쳐의셔 내게 봉셔ᄒ며 이번 칭경[5] 광탕지뎐을 ᄇ란다 ᄒ고 텬쳥ᄒ시과져 ᄒ ᄉᆞ연이니 즈니도 짐쟉 ᄒ려니와[6] 내 말 셩ᄉᆞ도 될 줄 모ᄅ고[7] ᄯᅩ는 판셔나 내게 ᄒ여 입 빈 줄 아ᄅᆞ실 거시니 그 일이 엇더ᄒ며 판셔게 듯디 아니면 어디로 드럿다 ᄒ실가 본고 즉금 말고 셰알 동가런디[8] 능히ᄒ이런디 되실 ᄯᅢ[9] 격징은 아니코 통곡ᄒ거든 우ᄒᆞ로셔 므르시면[10] 원졍을 ᄒ게시니 므 르시게 ᄒ여 달나 ᄒ고 됴뎡의셔 다 원통이 아라 원졍곳 ᄂᆞ리면 잘ᄒ여 준다 ᄒ여시니 실노 무죄홀딘대 심슐이 됴티 못ᄒ데 이제는 셰도가 달나지고 이미ᄒ여 신셜이[11] 되게 ᄒ엿는가 이 봉셔와 조각 됴희가 성각이 궁진ᄒ여 안흐로 ᄒ[12] 일이로디[13] 내 ᄉᆞ견은 ᄆᆞ춤내 올흔 줄 을 모ᄅ기[14] 판셔ᄃᆞ려도 옴기디 아니코 업시ᄒ엿더니 즉금은 두 곳의셔 와시니 판셔ᄃᆞ려 믈 졍도[15] 과연 그러ᄒ며 그 일이 엇더ᄒ리[16] 뭇고져[17] ᄒ디 드러오디 못ᄒ니 므롤[18] 길 업셔 이리 뎍으니 그 일이 엇더ᄒ고 즈니만 보고 옴기디 마소 셩ᄉᆞ도[19] 못 ᄒ고 당쟈의게는 ᄆᆞ이 브졀업술 ᄃᆞᆺᄒ니 이 말로셰 별입시 ᄃᆞᆼ 된다[20] ᄒ니 극한의 죵일 밤ᄀᆞ디 디낼[21] ᄯᅢ는 실 시도 여러 번 ᄒ여실 거시니 답답ᄒ고 공ᄉᆞ의 일분 나은 것도 업스니 민망ᄒ나 홀 수 업스 니 엇디홀가 본고 죵년ᄐᆞ록 소문 여간 드르나 듯고 보디[22] 못ᄒ던 일이 만코 ᄯᅩ 답답 민망 훈 말이야 ᄲᅥ 므엇홀고 인심은 극악ᄒ고 원망은 ᄲᅡ혀시니 엇디홀디 긔긔괴괴훈 소셜은 ᄭᅳᆺ 히일 적이 업스니 심히 고이ᄒ니 내 터는 시방 이[23] 도라가는 거시 맛당맛당 됴ᄒ나 임의로 ᄒ디 못ᄒ고 졀통히 총위영으로 빅셩이 더 살 길 업다 훈다 ᄒ니 대쟝은 다 드롤디 엇디ᄒ 여 ᄇ려 두[뒷부분 결락] 녕부ᄉᆞ는 병이 고헐무상타[24] ᄒ니 우국지증인가 실권지병인가 엇 더ᄒ던디 이 사ᄅᆞᆷ은 샹감[25] 셩덕이 ᄒ는 업술 줄노 알고 풍은 도라간 후이나 어릿스러운 ᄆᆞ 음으로[26] 더 살고져 ᄆᆞ음이 업디 아니터니 이러타 져러타 ᄒ니 유병 후 보아실 거시니 증형 이 엇더ᄒ던가 유ᄉᆞ지심 무ᄉᆞ지괴ᄒ다 ᄒ데

판독대비

번호	판독자료집	이승희 (2010 : 67~74)
1	믈의가	물의가
2	고가셰신이	고가세신의
3	모모ᄒ여	모모 ᄒ여
4	ᄆ옴이	ᄆ옴이
5	칭경	칭명
6	짐쟉ᄒ려니와	짐쟉ᄒ려니와
7	모ᄅ고	모로고
8	셰알 동가런디	셰알동가런디
9	째	쩌
10	므르시면	무르시면
11	신셜이	신칠이
12	혼	홀
13	일이로더	일이로되
14	모ᄅ기	모로기
15	믈졍도	물졍도
16	엇더ᄒ리	엇더혼디
17	뭇고져	뭇고져
18	므롤	무를
19	셩ᄉ도	셩ᄉ논
20	댱 된다	댱 적다
21	디벨	디닐
22	보디	보니
23	시방 이	시방이
24	고흴무상타	고흴무상타
25	샹감	상감
26	ᄆ옴으로	ᄆ옴으로

순원왕후어필봉서 언간 05

⟨순원봉서-05, 1849년, 순원왕후(재당고모) → 김병덕(재종질)⟩

판독문

대교 즉뎐

봉	대교 즉뎐

네 어룬은 원노 한명의 평안이 회환 샹봉ᄒ니 환텬희지홀 거시니 싀훤 깃브기 측냥업다 이
제야 네 아바지 드리고 과셰 평안평안이 ᄒ여라

판독대비

번호	판독자료집	이승희 (2010 : 81)

순원왕후어필봉서 언간 06

〈순원봉서-06, 1853년, 순원왕후(재종누나) → 김흥근(재종동생)〉

판독문

삼계동 대신

판부ᄉ 긔탁	봉

금년 더위는 소무젼고ᄒᆞᆫ 듯ᄒᆞ니 뉵십여 일 엇디 디내엿ᄂᆞᆫ디 일ᄏᆞᆯ라 디내니[1] 여름 디낸 셔독이 채 ᄀᆞ시도 못ᄒᆞ여 녕변 등뎡ᄒᆞ여시니 내내 평안이 득달ᄒᆞᆫ가 넘 ᄇᆞ리디 못ᄒᆞᆸ 녕변은 회갑이 되니 근항이 처음이니 흔귀 경힝ᄒᆞ고 녕변으로[2] 비룻ᄒᆞ여 다 희년을[3] 디낼[4] 거시니 든든 경희ᄒᆞ오이다 모히여 이락ᄒᆞ신 둥 일변 감구지회 새로오랴 일ᄏᆞᆺ소오며 그ᄉ이 녕변 공무의 번극이 업셔[5] 안한ᄒᆞ고 년ᄉ의도 걱졍이나 업는가 ᄇᆞ리디 못ᄒᆞ며 더위 하 몹시 디내여 졍신이 모손ᄒᆞᆫ디 ᄉ연 ᄎ셔 업스니 짐쟉 보시옵[6] 가실 제도 편지 못ᄒᆞ엿기 좀 뎍습ᄂᆞ이다[7]

판독대비

번호	판독자료집	이승희 (2010 : 84~86)
1	디내니	디내디
2	녕변으로	녕변을
3	희년을	회년을
4	디낼	디닐
5	업셔	업서
6	짐쟉 보시옵	짐쟉 보시옵
7	뎍습ᄂᆞ이다	뎍습노이다

순원왕후어필봉서 언간 07

〈순원봉서-07, 1849년, 순원왕후(재종누나) → 김흥근(재종동생)〉

판독문

뎐동

판셔

운수를 므르와[1] 회환고토ᄒ여 동긔 ᄌ딜이 관낙ᄒ여[2] 디내니 이왕ᄉ는 일댱츈몽이오 일가
의 새로이 환흡ᄒ미 측냥티 못ᄒ니 감격ᄒ미 엇더타 홀 길 업ᄂ 동란이 여츔ᄒ더니 근일 졸
연ᄒ 풍한이 극심ᄒ여시니 무ᄉ이 온 줄은 대강 아라시디 원노 빙뎡의 엇디 오고 수일 쉬니
노독이나 아니 나고 평온ᄒ디 향념 브리디 못ᄒ니 이제ᄂ 걸닌 거시 트이고 아모 걱정도 업
ᄂ 듯 싀훤싀훤 깃븨 ᄌ뉘가 공명이 낫븐 것 업시 다 ᄒ여 보아시니 이제야 신션의 쳥복을
누리면 됴ᄒ리 나믄 길은 혜아려 ᄒ소 깃블 분이오 다른 말 업스니 환셰 만길이 ᄒ기 밋니

판독대비

번호	판독자료집	이승희 (2010 : 90~92)
1	므르와	므로와
2	관낙ᄒ여	관락ᄒ여

순원왕후어필봉서 언간 08

〈순원봉서-08, 1855년, 순원왕후(재종누나) → 김흥근(재종동생)〉

판독문

봉셔   *

근   판부ᄉ 입납   봉

기츈 후 한온이 블일ᄒ오니[1] 긔력이 엇더ᄒ신디 근일 휴손ᄒ심도 겨실 듯 브리옵디 못ᄒ오
며 삼위 쳔봉은 희포 운운ᄒᄂ 말이 잇ᄉ오디 막듕ᄎ대ᄒ오신 대ᄉ오니 ᄒ 부인으로 결단
홀 이 아니니 은우 은통이 되여 디내더니 디난 일 다 싱각ᄒ면 놀납고 두려워 아모려도 참
을 길 업셔 샹감긔[2] 말ᄉᆷᄒ고 내 나히 졈졈 만하 가니 세 분을 평안ᄒ 길디를 어더 뫼시ᄂ
거슬 보고 죽어야 ᄆᆞᆷ을 노켓노라 ᄒ니 당신긔셔도 ᄉ겨의 겨실 제브터 흠쳐 겨시다 ᄒ기
당신 ᄆᆞᆷ 우원이 ᄆᆞᆷ이 겨셔로라 ᄒ시기 인ᄒ여 결단ᄒ 일이로디 그 이후로 일심이 동동
황숑ᄒ기 좀든 외의ᄂ 이 일분이시니 무샹 대길지디롤[3] 엇ᄌ와 톄빅이 안온ᄒ시고 ᄌ손이
면원ᄒ며 억만년 태평 영댱ᄒ신 디를 엇줍기 츅텬ᄒ옵ᄂ이다[4] 아모 ᄣ니 능디 뎡홀 제 뉘
됴코져 ᄒᄂ ᄆᆞᆷ이 업스며 디ᄉ들이라도 다 그러ᄒ여ᄉ오련마ᄂ 미양 뫼신 후 그 뒤 오라
디 아녀 이러타 져러타 ᄒ오니 그도 인력으로 못 ᄒ고 운수요 하늘이니 누고를 탓ᄒ며 누고
룰 원홀가 보오니잇가 그져 셜울 분이오니 이번은 아모조록 길샹지디를[5] 졈복ᄒ기를 츅텬
츅슈ᄒ니 졔대신브터 일심으로 졍셩을 다ᄒ여 ᄒ시게 ᄒ옵 후릉 희릉이 ᄆᆞ이[6] 됴ᄒ시다 ᄒ
고 챵릉[7] 국니ᄂ[8] 셋재 간다 디ᄉ의 말도 드러ᄉ오며 동팔릉 봉표 터 둥 달마동이 ᄆᆞ이[9] 됴
타 ᄒ고 다 니론다 말ᄉᆷ이 희포 잇숩더이다 유릉골이라 ᄒᄂ 디ᄂ 엇디ᄒ여 그리 지명ᄒ엿
다 ᄒ옵더니잇가 왕대비뎐긔셔ᄂ[10] 동팔릉 국니를 브라시니 됴흔 디곳 겨시면 죽히 다힝ᄒ
오리잇가 ᄉ연 ᄀᆞ득ᄒ나 다 못 뎍고 내 졍신이 샹년 여름만도 못ᄒ더니 겨을[11] 봄은 너모
고약히 되여 보쟐 거시[12] 업스니 고이ᄒ오이다 샹의ᄂ[13] 달마동의 만히 겨시오니이다 ᄌ손

---

* 이승희(2010 : 22)에 따르면 09번 편지도 같은 겉종이에 싸여 있다고 함.

손셰를 탹실이[14] 보아 ᄒᆞᆸᄂ 거시 올ᄉ오니이다 영묘 경모궁 혈손이 샹감이니[15] 셩ᄌ신손
으로[16] 니어 가시기를 츅텬ᄒᆞᆸ 디ᄉ들이 변변티 못ᄒᆞ다 ᄒᆞ니 뎨일 민망ᄒᆞ오이다

판독대비

번호	판독자료집	이승희 (2010 : 95~100)
1	블일ᄒᆞ오니	불일ᄒᆞ오니
2	샹감긔	상감긔
3	무샹 대길지디롤	무상대길지디롤
4	츅텬ᄒᆞᆸᄂ이다	츅텬ᄒᆞᆸᄂ이다
5	길샹지디를	길상지디를
6	ᄆᆞ이	모이
7	챵능	챵능은
8	국너ᄂ	국너
9	ᄆᆞ이	모이
10	왕대비뎐긔셔ᄂ	왕디비뎐긔셔ᄂ
11	겨을	겨울
12	보쟐 거시	보쟐거시
13	샹의ᄂ	상의ᄂ
14	탹실이	탁실이
15	샹감이니	상감이니
16	셩ᄌ신손으로	셩ᄌ신손을

순원왕후어필봉서 언간 09

〈순원봉서-09, 1855년, 순원왕후(재종누나) → 김흥근(재종동생)〉

판독문

안악의 상변 천만 의려 밧기니 오죽 참셕비졀ᄒ시랴 홀 말이 업습고 경악ᄒ고 위인이 앗갑고 불샹ᄒ니[1] 어인 일인디 지금 거줏말 ᄀᆺᄐ여 고이ᄒ오이다 상희 병 잇다 말은 듯디 못ᄒ고 마시는 거시 과ᄒ다 ᄒ디 뎌 지경이 될 줄은 몰나습더니이다[2] 밥은 변변 먹디 아니코 그리 디내여시니[3] 스스로 알며 져즌 일이니 졀통 애듮소오이다 ᄃ리고 간 칙직 져믄 손이라 ᄒ니 큰일을 당ᄒ여 초죵을 엇디ᄒ여 엇디 디내며[4] 형님 경샹[5] 춤아 싱각디 못ᄒ게습ᄂ이다[6] 딕각도 엇디 갓는디 블샹[7] 닛디 못ᄒ게습 응당 올나오며 바로 묘하로 가게시니 짐쟉의[8] 하월 어느 날이나 오게습ᄂ니잇가 길희셔 흉보롤 드르시고 경참 비통ᄒ여 겨실 거시오니 긔력도 손샹ᄒ여 겨실 거시니 넘녀 노히디 못ᄒ오며 다ᄒᆼ이 유치의 아둘이 잇는 줄이 긔라도 만ᄒᆼᄒ옵더이다

판독대비

번호	판독자료집	이승희 (2010 : 107~111)
1	블샹ᄒ니	불상ᄒ니
2	몰나습더니이다	몰라습더니이다
3	디내여시니	디닉여시니
4	디내며	디닉며
5	경샹	경샹 다
6	못ᄒ게습ᄂ이다	못ᄒ게습노이다
7	블샹	불상
8	짐쟉의	짐작의

순원왕후어필봉서 언간 10

〈순원봉서-10, 1849년, 순원왕후(재당고모) → 김병덕(재종질)〉

판독문

디교

봉	디교 즉뎐	봉

네 부공은 은샤를 므르와[1] 오게 되니 즐겁기 비홀 디 업슬 거시니 만힝ᄒ기 셔스로 다 덕으리 성은 여뎐ᄒ시니[2] 너희들이 다 챡ᄒ여 이 은덕을 보답ᄒ여라 뎌쩨 드르니[3] 토질노 모이 셩티 아니케 디낸다[4] ᄒ더니 그스이 긔별 드론가 흔다 오기 목젼의 잇고 일긔 봄날 굿ᄐ야 심흔 치위 아니니 더옥[5] 다힝 깃브다 치하로 수항 덕는다 너도 무스이 디내는가 시브니 다힝ᄒ다

판독대비

번호	판독자료집	이승희 (2010 : 114~116)
1	므르와	므로와
2	성은 여뎐ᄒ시니	성은여뎐 ᄒ시니
3	드르니	드로니
4	디낸다	디닌다
5	더옥	더욱

순원왕후어필봉서 언간 11

<순원봉서-11, 1842~1850년, 순원왕후(재종누나) → 김흥근(재종동생)>

판독문

수동 판셔

봉 판셔

일긔 극열ᄒ니 이동안은 엇디 디내ᄂ디[1] 평안타는 ᄒ디 미양 브리디 못ᄒ니 나는 근니 즈로 현긔 와 눕고만 시브니 괴로와ᄒ니 판셔긔 ᄒᆫ 스연은 보고 낸들 그 일이 의외오 어쳑업슨 줄 모ᄅ디 아니나 이 ᄯᅳ치 나시니 엇디ᄒᄂᆫ고 보고 ᄉᄂᆫ 브지어턴ᄒ고 공은 아모 ᄣᅢ 가셔라도 사름의 셩이이면[2] 엄쳑ᄒ리 이실 거시니 내 ᄆᆞ음은 조일 것도 업고 겁닐 것도 업니 그러ᄒ디 엇더ᄒ여 가 겨시니[3] 아딕은 일이 급히 업슬 ᄃᆺ히 긔튝 년간 샹소와[4] 그ᄯᅢ 말도 다 드러시디 과연 그ᄯᅢ는 밋ᄂᆫ 바 등ᄒ니 그리 유심ᄒ디 아녀 그러ᄒᆫ디 녁녁ᄒᆫ 싱각이 업ᄉ니 졍신이 고이히 집의 오라바님 아니 겨시고 대신 오라바님 아니 겨시니 이졔야 ᄆᆞ음 펴고 나는 ᄒᆫ 늙은 형셰 업ᄂᆫ 홀어미니 내 이리ᄒᆫ들 뉘 므어시라 ᄒ리 ᄒ여 이리ᄒ니 졀분ᄒ기 측냥업 니 만일 슈작이 다시 잇거든 다시 말ᄒ려 ᄒ니 회셔 말고 이런 휴지는 즉시 쇼화ᄒ소

판독대비

번호	판독자료집	이승희 (2010 : 117~120)
1	디내ᄂ디	디닉ᄂ디
2	셩이이면	셩이 이면
3	가 겨시니	가셔시니
4	샹소와	샹소와

순원왕후어필봉서 언간 12

〈순원봉서-12, 1849년, 순원왕후(재종누나) → 김흥근(재종동생)〉

판독문

> 판부ᄉ
>
> 판셔 긔탁

황궁이 브조ᄒ여[1] 대힝왕이 신민을 ᄇ리시니 이러ᄒᆫ 화변은 왕텹의 소무ᄒ니 망극 원통홈과 그째[2] 경식이야 엇디 다 형언ᄒ며 수계 뎌ᄉ라도 두어 겨시면 이리 지원 극통이 덜ᄒ여 겨실 거시니 날이 갈ᄉ록 심신이 뎡티 못ᄒ며 우리 슌묘 익묘 혈믹이 ᄯᆞᆽ텨 겨시니 션대왕 지ᄌᆞ지인ᄒ신 셩덕으로 뎌 챵텬이[3] ᄎᆞᆷ아 엇디 이러ᄐᆞᆺ[4] 텬니[5] 이실고 도모지 내 죄역 심듕ᄒ여 이 고이ᄒᆫ 날만 살니시고 ᄎᆞᆷ아ᄎᆞᆷ아 당티 못홀 화고로ᄡᅥ ᄂᆞ리시니 내가 엇디ᄒ여 샹년의[6] 죽디 못ᄒ여ᄂᆞᆫ고 목셕 ᄀᆞᆺ튼 명을 ᄭᅳᆫ티 못ᄒ고 명이 븟텨시니 종샤 부탁이 업ᄉ니 갓가운 혈믹으로나 승통코져 신왕을 대통을 니으니 셜움 궁텬ᄒ나 신민의 님ᄌᆞ가 이시니 일변은 경힝ᄒ고 텬셩이 슌실ᄒ시고 극진이 어지러 뵈니 훈도곳 잘ᄒ여시면 현군이 될 ᄃᆞᆺ호ᄃᆡ 내가 무식 혼용ᄒ니 셩취ᄒ기 어렵고[7] 터이 즉금 집안 부ᄌᆞ분인ᄃᆡ 인긔가 그러ᄒ려니 밋는 ᄃᆞᆺ 마ᄂᆞᆫ ᄃᆞᆺᄒ니 듀야 심간의 열화가[8] 오ᄅᆞ니 엇디혼다 말인고 글도 비혼 거시 업ᄉ니 혹문이 이셔야 티졍이 나ᄂᆞᆫ[9] 거시니 뉘가 ᄀᆞᆯ치ᄂᆞᆫ고 화가여셩으로 디내기룰[10] 보고 드론[11] 거시 업ᄉ니 ᄎᆡ망홀 길도 업고 속만 각식 싱각이 ᄭᅳᆯᄒ니 내 근력은 공연이 진탈ᄒ여 견딜 길이 업ᄉ니 이러ᄒᆫ 고이ᄒᆫ 팔ᄌᆞ가 고금 텬하의 업는 ᄃᆞᆺ히 대힝왕 텬ᄌᆞ가 총명 영예ᄒ시고 ᄌᆞ인ᄒ신 앗가온 품셩이 지원지원 망극망극 무이홀 분이로세 갑오 화변은 지금 싱각ᄒ면 그째[12] 엇디ᄒ여 셜워ᄒ엿던고 시븨 오라범긔셔야 뉘가 업수이 보니가 이실가 본고 그러ᄒ니 밋는ᄃᆡ가 잇더니 지금 당ᄒ여는 누룰[13] 힘이 업ᄉ니 묘뎡 일이 므ᄉᆞᆫ[14] ᄭᅩᆯ이 될디 모ᄅᆞ게 ᄒ여시니[15] 내가 업고져만 시븨 어즐 이만 긋티니 짐작[16] 보소 휴지 쇼화ᄒ소

판독대비

번호	판독자료집	이승희 (2010 : 122~126)
1	브조ᄒᆞ여	부조ᄒᆞ여
2	그째	그 ᄣᅢ
3	챵뎐이	챵뎐이
4	이러툿	이러툿
5	뎐니	뎐리
6	샹년의	샹년의
7	어렵고	어렵고 □
8	열화가	열가
9	나는	날
10	디내기롤	디니기를
11	드론	드른
12	그째	그 ᄣᅢ
13	누룰	누를
14	므손	무손
15	모ᄅᆞ게 ᄒᆞ여시니	모ᄅᆞ게ᄒᆞ여시니
16	짐쟉	짐작

순원왕후어필봉서 언간 13

〈순원봉서-13, 1850년, 순원왕후(재종누나) → 김흥근(재종동생)〉

판독문

판셔 기탁

근	판셔 봉장	봉

일긔 증습ᄒᆞ니 엇디 디내ᄂᆞᆫ디[1] 일ᄏᆞᆺ더니 셔감을 대통ᄒᆞᆫ가 시브니 괴롭게 ᄒᆞ엿ᄂᆡ[2] 일긔로 그
러ᄒᆞᆫ디 잡병들이 만타 ᄒᆞ니 두루 방심티 못ᄒᆞ이니 예ᄂᆞᆫ 셰월이 믈[3] ᄀᆞᆺᄐᆞ�야 효뎡뎐 연ᄉᆞ가
디나시니 확연지통이 무이ᄒᆞ니 오래 사랏다가 갓갓 경녁이[4] 지졍의[5] ᄎᆞᆷ디 못ᄒᆞᆯ 일이니 이
몸이 셰상의 셩ᄒᆞᆫ 줄이 쳔만 번 ᄒᆞ이로셰 나ᄂᆞᆫ 큰 병은 업스나 극열 당ᄒᆞ여 곤곤ᄒᆞ기ᄂᆞᆫ 측
냥업니 입시의셔 보니 반갑기 측냥업스나 ᄒᆞᆫᄆᆞ디 말을 못 ᄒᆞ니 셥셥ᄒᆞᆫ데 대뎐의셔 셔톄감
으로 밤의 긴ᄒᆞ시더니 샌 후ᄂᆞᆫ 신열도[6] 덜ᄒᆞ시니 수이 나으시기 츅슈ᄒᆞ니 이 봉셔 몃 날 별
너 이제야 뎍니

판독대비

번호	판독자료집	이승희 (2010 : 130~133)
1	디내ᄂᆞᆫ디	디닉ᄂᆞᆫ디
2	괴롭게 ᄒᆞ엿ᄂᆡ	괴롭게ᄒᆞ엿ᄂᆡ
3	믈	물
4	경녁이	경녁 이
5	지졍의	지경의
6	신열도	심열도

순원왕후어필봉서 언간 14

〈순원봉서-14, 1842년, 순원왕후(재종누나) → 김흥근(재종동생)〉

판독문

> 봉서

> 봉　판서 긔람　　　　　　　　　　봉

드르니[1] 샹경타[2] ᄒ니 든든ᄒ나 둘포 니졈으로 민망이 디내고[3] 지금 소셩티 못ᄒᆫ가 시븐디
수일 풍한은 더ᄒ여시니 엇디 오고 근녁 긔거가 엇더ᄒᆫ디 념녀 ᄇ리디 못ᄒ니 봉덕 무탈이
ᄒ고 승ᄌᄒ여 오니 인졍이 깃브다 홀 거시오 샹니 수삼 지의 형뎨 희우로 보면 됴흔 일일
디 오라바님 병환이 ᄀ비얍디 아니시다 ᄒ니 드런 디ᄂᆫ 오래려니와 죽히 놀납고 민박홀가
오라바님 병환은 아모려도 당신 탓 아니라 못 홀 거시니 엇디 애둛고 야쇽디가[4] 아닐가 본
가 방달 간 츌입도 못 ᄒ시며 면녜의 가시기 의ᄉ 밧기오 즉금인들 의원도 널니 보실 길 업
시 이십 니 밧긔 겨시니 아모리 싱각ᄒ여도 이샹ᄒᆫ 일이시니 샹임[5] 면부ᄒ시다 ᄒ니 안한이
됴셥이나 ᄒ며 나으시기 ᄇ라니 판관과 아희들 애쁠 일 답답 민망ᄒ니 ᄌ니 오기ᄅ 날마다
조엿더니 오니 그ᄂᆫ 싀훤ᄒ나 다시 의려 번난ᄒ니 모르게 ᄒ엿니[6] 뵈오니 엇더ᄒ시고 ᄌ니
도[7] 일일 삼십 니식 왓다 ᄒ니 근녁이 여러 십 니 올 길 업셔 그러ᄒ여실 거시니 엇더ᄒᆫ고
궁거워 뎍으니 수이수이 쾌복ᄒ기 밋니

판독대비

번호	판독자료집	이승희 (2010 : 135~138)
1	드르니	드로니
2	샹경타	샹경타
3	디내고	디니고
4	야쇽디가	야속디가
5	샹임	샹임
6	모르게 ᄒᆞ엿니	모르게ᄒᆞ엿니
7	ᄌᆞ니도	ᄌᆞ니ᄂᆞᆫ

순원왕후어필봉서 언간 15

〈순원봉서-15, 1848년, 순원왕후(재종누나) → 김흥근(재종동생)〉

판독문

> 봉셔 광양

> 봉 긔경 긔탁 봉

직작월 발뎡 시 노염이 더옥 극심ᄒ니 근 쳔 니 원도의 엇디 작ᄒ힣ᄒ고 병듕이나 일념이 노
히디 아니터니 무ᄉ이 득달ᄒ여 큰 탈은 업시 디낸다[1] ᄒ니 블ᄒ힣 듕[2] 다ᄒ힣이나 게 슈토가
노샹 됴티 못ᄒ다 ᄒ니 본시 뎡고지증이 잇다 ᄒ던디 엇덜고 넘이로세 당셜ᄒ니 쥬년을 너
머 근밀의 ᄌ로 튜주ᄒ니 아모리 근신ᄒ여 디내더라 ᄒ여도 미양 스려 업술 적이 이셔실고
의외 홀연 디ᄉ가[3] 나다 말이 들니니 밋쳐 소ᄉ는 듯디[4] 못ᄒ고 놀나오미 측냥티 못ᄒ더니
ᄎᄎ 드ᄅ며 응당 ᄒ염즉ᄒ 일노 비로셔시니 놀납디 아닌 배 아니로디 숨을 내쉬엿니 관환
의 잇ᄂ니 시비 간 이[5] 길이 쉬오니 쇽담의 코 아니 흘니고 유복ᄒ면 됴타 말 ᄀ투여 이런
익이 업시 디내면[6] 샹하의 허믈이[7] 업순 일이니 과연 됴ᄒ디 운익이오 관구ᄒ 일노 면티 못
ᄒ량이면 ᄌ니 이 길이 ᄌ니 일신의는 정대ᄒ며 항언 딕간이니 빗날 분이 아니라 일문의 광
치가 공연이 므슨[8] 일에 이러ᄒ가 본고 남ᄌ의 ᄉ업이 이에셔 쾌대ᄒ 거시 업술 듯ᄒ니 ᄒ
번 투비 관겨ᄒ 거시 업ᄂ니 이젼 그리 ᄃ닐 ᄯ ᄆ슨 일에 걸닐가 넘녀ᄒ던 ᄆᄋᆷ으로는 요
ᄉ이는 도로혀 폐간이 퍼이니 내 이 말을 박절 무졍이 알넌디 모ᄅ디[9] 혈심 통곡으로[10] ᄒ
ᄂ 거시니 그리 알고 노호와 마소 ᄌ니 역ᄉ로 싱각ᄒ여도 공명의 못 ᄒ여 본 거시 거의 업
고 ᄯ는 세샹 사ᄅᆷ이 만만이 아든 아니코 무지ᄒ 빅셩ᄀ디라도 훼언이 업셔시며 형은 대관
을 디내시고 ᄌ딜이 다 등과ᄒ며 심지어 의식의 어려오미 잇ᄂ가 인ᄉ가 이러틋 극진ᄒ니
엇디 ᄒ ᄶ 계틱ᄒ미[11] 업술가 본가 어제날의 놉흔 쵸헌을 ᄐ며 튜죵이 운집ᄒ며 가로가 훤
괄ᄒ여 영요ᄒ미[12] 극ᄒ나 벼슬이 놉흘ᄉ록 칙망 ᄒ고 오늘은 낙쳑ᄒ여 쇠잔ᄒ 듯ᄒ디 듕
ᄒ 짐을 벗고 심긔 안한ᄒ여 좌와긔동이[13] 거리낄 거시 업고 눈의 거치는 것과 귀에 거ᄉ리

눈 말이 듣디 아니ᄒᆞ니 신션이 아닌가 이런 일도 디내고[14] 뎌런 일도 디내여[15] 보니 조화
의 헌ᄉᆞᄒᆞ믈 아라 이뎌가 다 ᄭᅮᆷ이니 도모지 ᄆᆞ음의[16] 두디 마소 날마다 텬안을 우러러 디낸
일 ᄉᆡᆼ각ᄒᆞ여 튱이ᄒᆞᄂᆞ 뜻이 ᄒᆞᆫ갈ᄀᆞᆺ티 ᄒᆞ며 엄견을 므릅디 아닌 ᄢᅢ와 ᄀᆞᆺ티 ᄒᆞ여 심계 평탄이
디내면[17] 부국ᄒᆞᆫ 죄 업ᄉᆞ니 신명이 도을[18] 거시오 우리 샹감긔셔 셩심이 도ᄅᆞ혀시면[19] 양츈
이 도라와 여젼ᄒᆞᆯ 거시니 잇ᄂᆞᆫ 동안 병이나 나디 말고 평온이 디내소[20] 그ᄉᆞ이 평문 드런
디[21] ᄯᅩ 날포 되니 침담지졀이 엇더ᄒᆞᆫ디[22] 츄긔 졈긴ᄒᆞ니[23] 굼거오며 브리디 못ᄒᆞ니 ᄯᅵ교
간다 ᄒᆞ니 먼 길 ᄌᆞᆷ치 넘녀되나 일변 든든ᄒᆞ디 주셔 오니 거류 냥졍이 그음업ᄉᆞᆯ 거시니 민
망히 나ᄂᆞᆫ 알키 골몰ᄒᆞ여 ᄯᅥ날 ᄢᅢ 봉셔 ᄒᆞᆫ 줄도 못 ᄒᆞ엿니 요ᄉᆞ이ᄂᆞᆫ 나이 디내니 ᄯᅵ교 간다
ᄒᆞ기 덕으니 내내 무고 만듕ᄒᆞ기 밋니 ᄉᆞ찰궁위ᄒᆞ엿다 ᄒᆞ니 ᄌᆞ니 샹히 편지 ᄒᆞᆫ 댱이나[24] ᄒᆞ
엿던가 서로 므ᄉᆞᆫ 셔찰 왕복이나 ᄒᆞᆫ 줄노 억탁으로 말ᄒᆞ여도 하 긔괴 괘심ᄒᆞ니 제가 쁜디
뉘가 쁜디 망측 인ᄉᆞ로셰 이 말을 아니려다가 ᄲᅥ니 이 봉셔 쇼화ᄒᆞ소[25] 무신 팔월 념칠일

판독대비

번호	판독자료집	이승희 (2010 : 140~147)
1	디낸다	디닌다
2	블힝 듕	불힝듕
3	디스가	디 스가
4	듯디	득디
5	시비 간 이	시비간이
6	디내면	디니면
7	허믈이	허물이
8	므슨	므스
9	모르디	모로디
10	튱곡으로	튱국으로
11	계틱ᄒ미	계틱호미
12	영요ᄒ미	영요호미
13	좌와긔동이	좌와거동이
14	디내고	디니고
15	디내여	디니여
16	ᄆ음의	ᄆ음의
17	디내면	디니면
18	도을	도울
19	도르혀시면	도로혀시면
20	디내소	디니소
21	드런 디	드럿니
22	엇더ᄒ디	엇디ᄒ디
23	튜긔 졈긴ᄒ니	튜기 졈 긴ᄒ니
24	훈 댱이나	ᄒ량이나
25	쇼화ᄒ소	소화ᄒ소

순원왕후어필봉서 언간 16

〈순원봉서-16, 1848~1849년, 순원왕후(재당고모) → 김병덕(재종질)〉

판독문

> 슈동 정승 딕

> 디교 즉뎐

너는 가셔 수삭이나 잇는가 ᄒᆞ엿더니 장긔와 슈토 됴티 못ᄒᆞ여 넘되여 올녀보낸가 시브니 쩌나는 졍니 보는 듯 일콧는다 네 어른은 큰 탈은 업는가 시브니 만힝만힝ᄒᆞ나[1] 회셔롤 보니 든든ᄒᆞᆫ 듕 일변 쳐창ᄒᆞᆫ 심회 아모라타[2] 업다 머므는 집은 엇더ᄒᆞ고 므어스로 날을 보내며[3] 슈토 그리 고이ᄒᆞ니 본병이나 긴히 나디 아니ᄒᆞ엿더냐 내가 힘쁠 만ᄒᆞᆫ 때면 네 슉딜의 말을 기드리디 아닐 거시니 무스무려ᄒᆞᆫ가 아든 마라 노독이나 업시 잘 디내는가[4] 알고져 뎍는다

판독대비

번호	판독자료집	이승희 (2010 : 154)
1	만힝만힝ᄒᆞ나	만힝ᄒᆞ나
2	아모라타	아므라타
3	보내며	보니며
4	디내는가	디니는가

순원왕후어필봉서 언간 17

〈순원봉서-17, 1846년, 순원왕후(재종누나) → 김흥근(재종동생)〉

판독문

> 뎐동 입납

> 판셔 입납

마염이 심ᄒ니 년ᄒ여 빗치는 듯 엇디 디내는디 브리디 못ᄒ며 내 이째[1] 심ᄉ는 새로이 원통 망이ᄒᄆᆫ 일ᄏ디 말고 희포 각식으로 운운턴 쳔능이 되시고 지해는 젼 듯고 저히던 싱각과 ᄉ이 아조 업는 혐이니 망극 듕이나 만힝ᄒ기 므ᄉᆫ 됴흔 일이나 잇는 듯히 이 일의 그ᄉ이 은근이 애쓰고 ᄉ려가 만턴 말이야 엇디 다 ᄒ고 남은 날이 젹으니 ᄉ오 일 쳥명ᄒ여 태평이 필ᄉᄒ기 브라니 이번 대뎐 효셩이 응당 그러ᄒ시려니와 미ᄉ의 안ᄒ로셔도 ᄒ시는 일이 진효진셩ᄒ시니 흠탄ᄒ고 귓즙고 ᄯᅩ 깃븐 듕도 일변 션대왕 초샹을[2] 싱각ᄒ니 심ᄉ 버히는 듯 형언티 못ᄒᄂᆡ 슈여ᄒ시는 일노 졍쳥ᄀᆞ디 되다 ᄒ니 그 비답의는 엇디ᄒ시던디 예셔 냥 즈뎐 용녀ᄒ고[3] 말나시기 아니노라 ᄒ시면 슌편ᄒ실디 부터 가셔셔 봉셔 보고 말녀노라 ᄒ신다 ᄒ니 엇디ᄒ신 셩의신디 아디 못ᄒ게 ᄒ엿ᄂᆡ[4] 그 일이 졍쳥ᄀᆞ디 되여실 제는 우리가 모ᄅᆞ디 아녀실디 능소의 가신 후 봉셔로 마ᄅᆞ쇼셔 ᄒ여 아니시는 일이 내 소견의는 셩의가 더 될디 모ᄅᆞ게 ᄒ엿ᄂᆡ[5] 그러ᄒᄃᆡ 그리 작뎡ᄒ여 겨시면 봉셔는 엇디ᄒ고 뉘게로 뎐ᄒ며 대뎐의 드리라 ᄒ고 예셔 뎐키는 승뎐빗츠로 뎐홀 듯ᄒ니 뉘게로 뎐ᄒ라 ᄒ고 말이로세 판셔 봉셔 왓기 보니 즈가긔로 내가 봉셔ᄒ여 졔 대신의게 봉셔 ᄉ의를 뎐ᄒ라 ᄒ여 겨시다 ᄒ니 그 말ᄉᆷ은 ᄯᅩ 엇디ᄒ신 말ᄉᆷ인고 다 즈시 알게 ᄒ소 어제 와 겨실 제 슈여 말 ᄒ고 예셔 아조 작뎡ᄒ여 아니시기로 ᄒ쇼셔 ᄒ니 못 ᄒ다 ᄒ시기 그리면 엇디ᄒ오리잇가 ᄒ즉 뎐동 판셔긔 다 ᄒ여시니 므러 ᄒ라시니 슈작이 이러ᄒ시던가 닉일 가신 후 이리 왕복홀 길 업스니 즈셔히 뎍소

판독대비

번호	판독자료집	이승희 (2010 : 158~163)
1	이째	이 쎄
2	초샹을	초샹을
3	용녀ᄒ고	용려ᄒ고
4	못ᄒ게 ᄒ엿ᄂ	못ᄒ게ᄒ엿ᄂ
5	모ᄅ게 ᄒ엿ᄂ	모로게ᄒ엿ᄂ

순원왕후어필봉서 언간 18

〈순원봉서-18, 1856년, 순원왕후(재종누나) → 김흥근(재종동생)〉

판독문

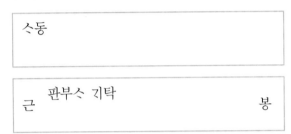

스동

근 판부스 긔탁 봉

원노 힝역을 평안이 ᄒᆞ여 겨시니 다힝ᄒᆞ디 회환 시ᄂᆞᆫ 신셕이 과량ᄒᆞ여시니 환뎨 후 노독 업시 톄력 강건ᄒᆞ신디 브리ᄋᆞᆸ디 못ᄒᆞ오며 형뎨 둘포 샹니지회로¹ 만나 흐뭇 든든ᄒᆞᆷ심 오죽ᄒᆞ여 겨시오리잇가 ᄯᅩ 쥬갑 경일의 가ᄂᆡ지인이 반이나 모히여 환힝 비무ᄒᆞ여실 거시니 내 ᄆᆞ음도 든든 흔귀ᄒᆞ여 일크라ᄉᆞ오며 딕각 언늬의 녕변 긔력 평안ᄒᆞ고 금년 식ᄉᆞ도 풍념ᄒᆞ여 아딕 걱정 업더라 ᄒᆞ니 다힝다힝 깃브오이다 일젼 일강의² 드러와 겨실 ᄯᅢ 보니 신관이 향 니보다 니도이 씨긋ᄒᆞ여 뵈시니 졍승들은 아모디 출입도 못ᄒᆞ니 긔울타가 이번 힝ᄎᆞ가 일낭긔쳥훈³ ᄯᅢ 도로 강산 풍경을 완답ᄒᆞ시며 놀며 가시니 심계 활연ᄒᆞ며 거목의⁴ 쇄락ᄒᆞ여 나으신 듯⁵ 깃브오이다 니힝 입경ᄒᆞ다 ᄒᆞ니 든든ᄒᆞ오이다 예ᄂᆞᆫ 일양 디내나⁶ 삼남 년ᄉᆞ 글너진⁷ 둥 녕남이 말 못 되다 ᄒᆞ니 민망 답답ᄒᆞ오이다

판독대비

번호	판독자료집	이승희 (2010 : 167~170)
1	샹니지회로	샹니지회로
2	일강의	일간의
3	일낭긔쳥훈	일냥긔쳥훈
4	거목의	거묵의
5	듯	듯
6	디내나	디너나
7	글너진	글러진

순원왕후어필봉서 언간 19

〈순원봉서-19, 1846년, 순원왕후(재종누나) ➡ 김흥근(재종동생)〉

판독문

봉셔

니판 즉납

봉셔ᄒ와 ᄉ연은 보아시니 이대로 ᄒ려니와 공판의게 봉셔ᄒ여 대신의게 들니는 거손 심히 셩실티 아니ᄒᆡ 당신긔 ᄒ여시니 게 드ᄅ시니만 못홀 ᄃᆺᄒᆡ 이리ᄒ시기 샹의로[1] 나신가 즈니도 그리ᄒ시면 됴켓다 ᄒ엿는가 그 됴건 득당홀 줄 모ᄅ게 ᄒ엿니[2] 승지가 봉셔 가지고 가시면 결노[3] 아래로셔 알 일이 아닌가 뎡슌 왕후 고ᄉ는 왕손 보라 가시는ᄃᆡ 그리ᄒ시다 ᄒᄃᆡ 굿ᄐᆡ여 그런 일은 다 본바다 ᄒ실가 곳텨 ᄲᅥ 제 보내려[4] ᄒ니[5] 이리 쓰더니 대비뎐의셔 봉셔 왓는ᄃᆡ 녕부ᄉ 말이 대뎐 슈여 일노 대신이 졍쳥ᄒᄃᆡ 근허ᄒ시니 이 만뎡 신뇨의 쵸박ᄒᆫ 밧 이ᄯᆡ[6] 극열의 최마로 죵일 슈여ᄒ시는 거시 엇디 셩톄의 휴손티 아니ᄒ실가 보오니잇가 시방 ᄉ셰는 급박ᄒ와 만일 동됴 구뎐 하교로 빈텽 대신의게 졔틱디 아니ᄒ시면 효ᄉ의 나ᄋᆸ신[7] 뎐의를 도로혈 길이 업스니 쳐분ᄒᆸ시면[8] 만힝이라 ᄒ기 알외노라 ᄒ여 겨시기 내가 대뎐의 봉셔ᄒ여 마르시고 우리가 말나 ᄒ며[9] 못 ᄒ노라 ᄒ시고 허ᄒ쇼셔 ᄒ고 대비뎐의는 샹감[10] 허락 바다 빈텽의 낼 말을 녕부ᄉ긔 아조 ᄲᅥ 보니라 회답ᄒ엿더니 ᄲᅥ 왓기 내여시니[11] 보아실 ᄃᆺᄒᆡ 이리ᄒ시는 거시 슌편ᄒᄃᆡ 누일 아니 드ᄅ신 일을 우리가 어ᄃᆡ 가고 좀좀코 잇다가 가신 후 거동소로 비온 듯 보내는[12] 일이 아니 괴이홀가 본가 샹감긔[13] 봉셔ᄒ고 공판의게 봉셔ᄒ여 대신네게 포유ᄒ라신 말 필경 대비뎐 모ᄅ실[14] 일 업기[15] ᄍᆞ로 ᄲᅥ 대비뎐만 보쇼셔 ᄒ고 보내엿니[16] 범ᄉ가 다 슌실ᄒᆫ 거시 올흐니 괴이 못ᄒ시기로 뎡ᄒᆫ 밧 뎌리들 홀 제 드ᄅ시ᄃᆡ 그리ᄒ실 이 아니로셰 나는 본ᄃᆡ 질번기병이니[17] 이러ᄒᆫ가 시븨

판독대비

번호	판독자료집	이승희 (2010 : 172~176)
1	샹의로	상의로
2	모르게 ᄒᆞ엿니	모르게ᄒᆞ엿너
3	졀노	졀노
4	보내려	보너려
5	ᄒᆞ니	ᄒᆞ디
6	이째	이 쩌
7	나옵신	나옵신
8	쳐분ᄒᆞᆸ시면	쳐분ᄒᆞᆸ시면
9	ᄒᆞ며	ᄒᆞ여
10	샹감	상감
11	내여시니	너여시니
12	보내논	보너논
13	샹감긔	상감긔
14	모르실	모로실
15	업기	업시
16	보내엿니	보너엿너
17	질번기병이니	질겁기 병이니

순원왕후어필봉서 언간 20

〈순원봉서-20, 1855년, 순원왕후(재종누나) → 김흥근(재종동생)〉

판독문

이문안

근	판부ᄉ 입납	봉

한온이 브뎍호디 이ᄉ이 톄졀이 만듕ᄒ신디 브리옵디 못ᄒ오며 근간은 하혈이 쾌ᄎᆞᄒᄉᆞ오
니잇가 넘녀 노히디 아니ᄒ오며 녕변긔셔는 초싱 샹경ᄒ신가[1] 보오니 든든ᄒ시랴 깃브고
노력의 평안이 오며 일양 디내시ᄂᆞ디[2] 일ᄏᆞᄌᆞ오며 셩쳔 아듕 평안호 안부 드르신가 ᄒ오며
대니셔는 안녕들 ᄒ시니 츅슈ᄒ오며 나도 일양 디니오며 딕각 어ᄂᆞ 날 온다 ᄒ옵ᄂᆞ니잇가
옥동 판셔의 일은 지금 허언인 듯 허우룩 비감ᄒ고 디교ᄂᆞ[3] 엇더훈디 모ᄅᆞ디 질실 튱후키ᄂᆞ
극진ᄒ던 터이니 앗갑고 심히 서운ᄒ옵더이다 조하만의 문집 일노 션비들이 만히 샹소ᄒ여
시니[4] 비답이 대신 소견은 엇더ᄒ옵더니잇가 다시ᄂᆞ 말이 업슬ᄂᆞᆫ가 넘이오며 녕변이 대국
소문이나 더러 드르시고 게 인심은 엇더ᄒ더라 ᄒ옵더잇가 하 오래 봉셔도 못 ᄒ여 섭섭ᄒ
기 좀 뎍숩ᄂᆞ이다[5]

판독대비

번호	판독자료집	이승희 (2010 : 180~182)
1	샹경ᄒ신가	샹경ᄒ신가
2	디내시ᄂᆞ디	디니시ᄂᆞ디
3	디교ᄂᆞ	지교ᄂᆞ
4	샹소ᄒ여시니	샹소ᄒ여시니
5	뎍숩ᄂᆞ이다	뎍숩노이다

순원왕후어필봉서 언간 21

〈순원봉서-21, 1855년, 순원왕후(재당고모) → 김병덕(재종질)〉

판독문

뎐동

봉	디교 긔람	봉

너희 부공은 의외에 엄견을 므르와[1] 원니혼 졍니 오죽호랴 내 모음도[2] 악연 혜혜호여 지금
엇더타 못 혼다 발힝홀 제 노염이 극심호니 념 노히디 못호더니 평안이 득달호다 호니 블힝
듕 다힝이나 슈토 됴티 못다 호고 본질 이시니 죽히 심우되랴 브리디 못 혼다 쥬샹긔셔
텬즈가 극히 어지시니 하 오래 두든 아니실 듯호니 공순이 기드리면 됴흔 째가 이시리라 그
스이 쏘 쇼식 드론가[3] 혼다 너는 엇디 디내느니[4] 블샹[5] 닛디 못 줌 덕는다

판독대비

번호	판독자료집	이승희 (2010 : 186)
1	므르와	므로와
2	모음도	모음도
3	드론가	드른가
4	디내느니	디닉느니
5	블샹	불샹

순원왕후어필봉서 언간 22

〈순원봉서-22, 1841년, 순원왕후(재당고모) → 김병덕(재종질)〉

판독문

> 병덕이

천만 몽미 밧 등졔롤 만나니 덕을 말이 업다 시일이 블뉴ᄒ여[1] 오늘 셩복ᄀ디 되시니 비운
통박ᄒ기 새로오랴 챵확ᄒ기[2] 아모라타 업스며 너희 부친은 돌포 니졉으로 쾌소티 못ᄒᆫ디
공회지통을 만나 비이 과졀ᄒ여 디내눈 일 죽히 민답ᄒ랴 브리디 못ᄒ다

판독대비

번호	판독자료집	이승희 (2010 : 190)
1	블뉴ᄒ여	불뉴ᄒ여
2	챵확ᄒ기	챵확ᄒ기

순원왕후어필봉서 언간 23

〈순원봉서-23, 1853년, 순원왕후(재종누나) → 김흥근(재종동생)〉

판독문

> 뎐동

> 근 대신 긔탁   봉

신셰의 긔운 평안ᄒ신 일 알고져 ᄒ오며 새히의는 가국이 태평ᄒ고 신민이 안락ᄒ여 일호
반졈 흠이 업셔 디낼 거시니 깃브오이다 대신긔셔도 강건 녁장ᄒ여 슈고무강ᄒ시읍 올히
녕변 갑년이니 희귀ᄒ시랴 든든ᄒ오나 요원이 디낼 일이 셥셥ᄒ오이다 과셰 평안이 ᄒ여
겨시다 ᄒ옵더니잇가 예는 샹후 태평ᄒ시니 츅슈오며 나는 큰 병은 업스나 졈졈 쇠로ᄒ여
늙으니 모양을 ᄒ 가지도 빠지디 아닌ᄂ 줄이 스스로도 알니니 춤아 긔괴 가쇼롭ᄉ오이다
쇠ᄒ 소치로 겁은 졈졈 느러 가고 소견은 졈졈 컴컴ᄒ여 각식 만흔 소셜 듯ᄂ 디로 은근이
애가 쓰이니 쏙ᄒ오이다 대신도 ᄌ로 보디 못ᄒ고 감ᄉ도 보디 못ᄒ니 막막ᄒ오이다 히 밧
고여 이십 일이 되여시나 봉셔도 못 ᄒ여습 견비통이 긴ᄒ여 심히 괴롭ᄉ오이다

판독대비

번호	판독자료집	이승희 (2010 : 194~196)

순원왕후어필봉서 언간 24

〈순원봉서-24, 1855년, 순원왕후(재종누나) → 김흥근(재종동생)〉

판독문

<table>
<tr><td colspan="3">봉셔</td></tr>
</table>

<table>
<tr><td>근</td><td>판부ㅅ 입납</td><td>봉</td></tr>
</table>

환셰 평안이 ᄒ시고 신졍 긔운 평온ᄒ신디 알고져 ᄒ오며 신셰 가국 평안ᄒ여 년풍 민안ᄒ
고 금년은 방경이 이셔 국됴 억만년 반태지경을 옹츅ᄒ오며 샹후 안강ᄒ시고 나도 일양 디
내옵ᄂ이다 뎌째 드르니 승지 감긔 잇다 ᄒ더니 이ᄉ이는 쾌차ᄒ니잇가 집 대신이 혜경궁
마마 삼촌 린한의 말ᄉ 홀 거시니 심샹이[1] 듯디 마르시고 희포 골슈의 박힌 죄명을 신셜ᄒ
여 주면 지원극통을 유명지간의 즐거워홀 거시오 마마겨오샤도 열예 쾌할ᄒ실 거시나[2] 우
리 집들의셔 이런 싱각 아니면 뉘가 손 븟치랴 홀가 보오니잇가 진실노 죄가 이시면 엇디
용이히 이 싱각이 잇ᄉ오리잇가마는 이는 인졍 텬니 밧기오 졍묘겨오셔도 듕간은 만히 회
오ᄒ시는 셩념도 겨오시디 뼉 ᄒ디 아니신 말ᄉ이올너이다[3] 튜샹이[4] 되시니 내 ᄆ옴이 심
히 죄를 지은 듯 감회 비원ᄒ옵더이

판독대비

<table>
<tr><th>번호</th><th>판독자료집</th><th>이승희
(2010 : 198~201)</th></tr>
<tr><td>1</td><td>심샹이</td><td>심샹이</td></tr>
<tr><td>2</td><td>거시나</td><td>거시오</td></tr>
<tr><td>3</td><td>말ᄉ이올너이다</td><td>말ᄉ이올러이다</td></tr>
<tr><td>4</td><td>튜샹이</td><td>튜샹이</td></tr>
</table>

순원왕후어필봉서 언간 25

〈순원봉서-25, 1850년, 순원왕후(재종누나) → 김흥근(재종동생)〉

판독문

> 판셔 입납

드르니 어제 드러와 둔녀나 가다[1] ᄒ니 ᄯ또 어ᄂ 째나 드러와 이시랴 ᄒᆞᄂᆫ가 내 ᄌᆞ니를 집의 잇고져[2] ᄒ미 비단 ᄉᆞ졍분 아니라 강연 츌입이나 ᄌᆞ로 ᄒᆞ여 혹문의 유익고져 ᄒ고 ᄌᆞ니 ᄆᆞ음인들 남이에셔 졍셩이 압셔지 뒤질 니ᄂᆫ 업슬 거시니 이를 ᄇᆞ라고 ᄯ또ᄂᆫ 내 막막ᄒ미 낫고져 흄도 국ᄉᆞ를 위ᄒᆞ미러니 봉셔 ᄉᆞ연을 보니 내 ᄉᆡᆼ각과ᄂᆞᆫ 다른 거시 이왕 내 ᄒᆞᆫ 말은 그째 ᄉᆞ셰가 필경 엇디 될디 탁냥티 못ᄒᆞ여시니 당쟈 그째 ᄆᆞ음이 분명 됴티 아니키ᄂᆞᆫ 인졍의 당연ᄒ니 므슨 말도 ᄌᆞ니를 위면홀가[3] 보며 ᄯ또 실노 위ᄒᆞᄂᆫ ᄆᆞ음으로 다시 관환의 분주ᄒᆞ기를 권홀 ᄯᆞᆺ이 업셔시나 이제 와 일이 망극히 환역ᄒᆞ여 바로 긔벽을 ᄒᆞ여시니 뎌 만고풍상을[4] 디내여 거의 촌동이나 다룸업슨 상감을 즉금 아덕 칙망홀 길이 업셔 국지안위가 날을 칙망홀 일이 아닌가 갑오년이 셜온[5] 줄 아랏더니 예 비ᄒ면 호ᄉᆞ니 그 형셰가 이러ᄒ고 위험ᄒᆞᆫ 째 이째 ᄀᆞ툰 째 업셔시니 이러ᄒᆞᆫ디[6] 이런 용녈 혼잔ᄒᆞᆫ 내게 당ᄒᆞ기 하ᄂᆞᆯ ᄯᆞᆺ을 알 길이 업스디 아모리도 홀 수 업셔 담착ᄒ고 나시니 일분이라도 일에 낫고져 홀 졔 눌과 더브러 홀가 본고 ᄌᆞ니 혹식 지조 업셔 내 말이 칭당티 아니타 ᄒᆞ여시나 칭당티 아닐디라도 내여셔ᄂᆞᆫ 낫고 판셔의 혼자 소견보다ᄂᆞᆫ 나을 거시니 그런 ᄉᆡᆼ각 ᄯᆞᆺ은 다시 내디 마소 아덕 일이 업슨[7] 듯ᄒ나 미양 일 업슬 줄 엇디 긔약ᄒ며 아모리 되던디 관망ᄒ고 놈과 ᄀᆞ티 안져시랴 쥬면이면 그ᄂᆞᆫ 대단이 그른 사ᄅᆞᆷ이니 즉금 모양이 것츤 아덕 변변ᄒᆞ나 속은 썩은 나모가 되여시니 시시로 각식 ᄉᆞ려가 요요ᄒᆞ여 망망대회의 ᄒᆞᆫ 조각 널에 안즌 듯 위티ᄒ니 이 말이 과ᄒᆞᆫ 말인가 아닌가 내 속의 잇ᄂᆞᆫ 말은 다 ᄒᆞ여시니 ᄉᆡᆼ각ᄒᆞ여 보고 종형뎨 동심ᄒᆞ여 대쇼ᄉᆞ의 의논ᄒᆞ여 미ᄉᆞ를 공뎡이[8] ᄒ고 일이 업게 ᄒᆞ소 대뎐이 순실ᄒᆞ시니 그릇 돕ᄂᆞ니 업스면 넘녀 업시 챡ᄒᆞ실[9] 거시니 이나 ᄇᆞ라ᄂᆞᆫ 바와 ᄀᆞ투야 타일 조종의 뵈올 ᄂᆞᆺ치 잇기를 츅슈ᄒᆞ니 ᄉᆞ연 ᄀᆞ득ᄒ나 다 못 뎍으니 ᄌᆞ셔 ᄉᆡᆼ각ᄒᆞ소

판독대비

번호	판독자료집	이승희 (2010 : 205~209)
1	둔녀나 가다	둔녀가다
2	잇고져	이시고져
3	위면홀가	위연홀가
4	만고풍상을	만고풍상을
5	셜온	셜운
6	이러ᄒᆞᆫ디	이러ᄒᆞᆫ디
7	업순	업술
8	공명이	공평이
9	챡ᄒᆞᆯ실	챡ᄒᆞᆯ실

순원왕후어필봉서 언간 26

〈순원봉서-26, 1850년, 순원왕후(재종누나) → 김흥근(재종동생)〉

판독문

> 슈동 판셔

거일 답찰 보고 든든 반가오나 근일 풍셰 츈한이 무이동일이니 긔도 안듕ᄒ며 침담지졀이
엇더ᄒ디 쇠병이[1] 만흔가 시브니 년셰로도 쇠증이 바히 업든 아닐 거시니 향념 브리디 못ᄒ
니 나는 요ᄉ이야 희소가 져기 낫게 디내니 별지[*] 보소

판독대비

번호	판독자료집	이승희 (2010 : 213)
1	쇠병이	쇠명이

....

* 이승희(2010 : 24)에 따르면 25번 편지가 별지로 추정된다고 하였음.

순원왕후어필봉서 언간 27

〈순원봉서-27, 1847년, 순원왕후(재종누나) → 김흥근(재종동생)〉

판독문

> 봉셔

뎌적 모이 블평ᄒᆞᆫ 나으나 댱 쳥명티 못ᄒᆞ여 디내ᄂᆞᆫ가 시브니 쇠년이 되여시니 그러도 ᄒᆞ고 모음[1] 평안ᄒᆞᆫ 거시 사롬의게 읏듬인디 공스로 뜻과 ᄀᆞᆺ디 못ᄒᆞ니 그러ᄒᆞᆫ가 시브니 그리ᄒᆞ고 엇디홀가 본가 아모리 민망ᄒᆞ여도 셰월이나 가기 기드릴 밧 업ᄂᆞ니 ᄌᆞ니 엇디ᄒᆞ면 됴흘 일을 날드려 ᄀᆞᆯ치라 말을 보니 도로혀 웃고 됴코 득당지스가 이시면 내 얼연이 말홀가 소견도 업술 분 아니라 하놀이니 여롬의 한지 이셔 비 오고져 ᄒᆞ고 슈지 이셔 히 나고져 ᄒᆞ여도 하눌의 ᄒᆞ고져 ᄒᆞ시ᄂᆞᆫ 디로 ᄒᆞ고 인녁으로[2] ᄒᆞ디 못ᄒᆞᆷ과 똑ᄀᆞᆺ튼니 민망ᄒᆞ여도 견딜 거시오 또 거스리ᄂᆞᆫ 말은 이ᄶᆡ ᄒᆞ여 몸의 유익디 아니면 블고ᄒᆞ고[3] 우희도 블긴ᄒᆞ고[4] 가온디로 ᄶᅵ리ᄂᆞᆫ 거시 분명 될 거시니 우희 덕 되디 아닌 말ᄉᆞᆷ은 대쇼 간 말고 횡혀도 쓰이ᄂᆞᆫ 쟈의 져근 허믈이라도[5] ᄒᆞ디 마소 그ᄂᆞᆫ 급ᄒᆞᆫ 해가 이시리[6] 됴ᄒᆞᆫ 말ᄉᆞᆷ을 니아기처로 풍유ᄒᆞ여[7] 드ᄅᆞ시게 ᄒᆞ면 듯기도 됴하ᄒᆞ실 거시오 말 들기 나으리 텬ᄌᆞ 총명ᄒᆞ시니 더도[8] 됴하ᄒᆞ시ᄂᆞᆫ ᄲᅢ기 다 됴화 드르시ᄂᆞᆫ 듯ᄒᆞ나 게도 또 분간이 겨시고 인품 션악이[9] 몱아ᄒᆞ며[10] 다 올흔 줄노 아니 아르셔 내 뜻 밧노라 져리ᄒᆞᆫ다 이 모음은 분명 겨시리 이ᄂᆞᆫ 보 두고 그러ᄒᆞ시니 허믈[11] 뵈옵디 말고 조심ᄒᆞ여 디내소 그 사롬 기리ᄂᆞᆫ 말도 ᄒᆞ여 듯게 ᄒᆞ시ᄂᆞᆫ 것도 브졀업스니 이 샹하의 쳡으로 아ᄅᆞ시리[12] 유시로브터 눈치와 샹담으로 넘거집 슈가[13] 신통ᄒᆞ시나 니판ᄒᆞ여 말ᄉᆞᆷ을 ᄲᅥᄲᅥ 못 ᄒᆞ시ᄂᆞ니 잘만 도와 드려시면 일디 명군 말은 드ᄅᆞ실 거시나 어려 겨실 적브터 니수의[14] 붉으시믄 타시 션됴 시의 업디 못ᄒᆞ리 그러나 이 압 또 엇디 변ᄒᆞ실디 알쇼 즈고 녜왕이 쇠긔 업스니 드므니 이도 죠곰 겨시니 가령 됴신의 집이라도 므어시 유여ᄒᆞ고 엇더ᄒᆞ다 ᄒᆞ면 귀죤부가 쳔승이로디 아쳐ᄒᆞ시ᄂᆞᆫ 무디가 겨시니 다만 요ᄉᆞ이 입시ᄒᆞᄂᆞ니 잘ᄒᆞ여다가[15] 먹어도 말ᄉᆞᆷ이 잘흔다 ᄒᆞ시디 당신긔셔 ᄒᆞ여 먹이ᄂᆞᆫ 것보다 나은가 이 모음은 겨시리 ᄌᆞ니 쥬년을 뵈와 오니 거의 다 아라시리 아딕은 됴뎡의 므ᄉᆞᆫ 일 이실가 빅셩이 평안티 못홀가 이런 ᄆᆞ음은 아니 겨시고 외믈의[16] 쓰이 겨시니 아모리 답답ᄒᆞ여 말고져 ᄒᆞ나 엇디 텬심이 도로혀기 젼은 홀일업ᄂᆡ 뎨일 민망ᄒᆞᆫ 일이 ᄂᆡ외 엄격게 ᄒᆞ며 당신 진어ᄒᆞ시ᄂᆞᆫ[17] 것 다쇼간 알 길이 업고 홀연이 과음ᄒᆞ신다 말이 외간ᄀᆞ디 쟈쟈ᄒᆞ여 안흐로 드러오니 못 잡습ᄂᆞᆫ 술을 엇디 일됴의 그리 과히 진어ᄒᆞ실가 본고 실샹 그러면 걱졍이오 쳬ᄒᆞᆫ다 미양 ᄒᆞ시니 긔 념녀로세 금슬노 닐너도 아딕은 감감ᄒᆞ니 이슌 이제야 넘어 겨시니 아기가 밧븐 거시 아니로ᄃᆡ 그져 사ᄅᆞᆷ과 다ᄅᆞ시니 기ᄃᆞ리ᄂᆞᆫ ᄆᆞ음이 밧븐 듯ᄒᆞ니 어셔 졍궁의 탄휵을 ᄇᆞ라ᄃᆡ 졈은것들 이시니[18] 엇더홀넌디 그도 ᄎᆞ역 텬의니 엇디홀고 아모 ᄃᆡ라도 튼튼이 나흐면 대힝이게 ᄒᆞ엿ᄂᆡ[19] ᄎᆞᄎᆞ 쓰노라니 번거ᄒᆞᆫ ᄉᆞ연이 만흐니 젼후 이 휴지 압히셔 살나 ᄇᆞ리소 녕부ᄉᆞᄂᆞᆫ 내 ᄆᆞ음과 ᄌᆞᄂᆡ ᄉᆡᆼ각이 ᄀᆞᆺᄐᆞ니 엇더턴디 살면 대힝이오 업스면 블힝이니[20] 관계가 젹다 못ᄒᆡ 민달용의 말은 못 홀 줄노 발셔 ᄒᆞ여 보내여시나[21] 혹 ᄒᆞ여 보아 관겨티[22] 아닐넌가 그 간졀이 ᄇᆞ라ᄂᆞᆫ 거술 ᄒᆞᆫ 휴지로 보고 ᄃᆡ답을 ᄒᆞᆫ가 ᄒᆞ여 ᄌᆞᄂᆡ 소견 듯쟈 ᄒᆞᆫ 말이러니 ᄉᆞ의가 심히 졀당ᄒᆞ여[23] 속이 싀훤ᄒᆞ여 ᄒᆞᄂᆡ 이만 긋치니 평안이 디내소[24] 나ᄂᆞᆫ 엇디ᄒᆞᆫ ᄆᆞ음인디 인ᄉᆞ블셩인디[25] 노호온 ᄆᆞ음과 남을 블워ᄒᆞᄂᆞᆫ[26] ᄆᆞ음이 아조 업ᄂᆞ니 ᄀᆞᆺᄐᆞ니 아니 고이ᄒᆞᆫ가 그러ᄒᆞ기 업수이ᄂᆞᆫ 아데 경우궁 가례 희년이[27] 이 ᄒᆡ 이월 십이일이신ᄃᆡ 쟉헌녜ᄒᆞ신다 ᄒᆞ고 날ᄃᆞ려도[28] 가랴ᄂᆞ냐 ᄒᆞ시고 가쟈 ᄒᆞ시나 집 우환으로 ᄆᆞ음 요요ᄒᆞ여 대풍의 토ᄉᆞ ᄀᆞᆺᄐᆞ니 나셜 ᄆᆞ음도 업고 방달 간은 ᄃᆞᆫ니나 안고 닐기도 어려오니 뎡티 못ᄒᆞ엿ᄂᆡ

판독대비

번호	판독자료집	이승희 (2010 : 216~227)
1	무움	무움의
2	인녁으로	인력으로
3	블고ㅎ고	불고ㅎ고
4	블긴ㅎ고	불긴ㅎ고
5	허믈이라도	허물이라도
6	이시리	이시니
7	풍유ㅎ여	종유ㅎ여
8	뎌도	뎌는
9	션악이	선악이
10	붉아ㅎ며	붉아ㅎ셔
11	허믈	허물
12	아ㄹ시리	아ㄹ시니
13	넘거집 슈가	넘거 섭슈가
14	니수의	니무의
15	잘ㅎ여다가	잘ㅎ여 나가
16	외믈의	이물의
17	진어ㅎ시는	전어ㅎ시는
18	졈은것들 이시니	졈은것들이시니
19	대힝이게 ㅎ엿닉	대힝이게ㅎ엿닉
20	블힝이니	불힝이니
21	보내여시나	보닉여시나
22	관겨티	관겨디
23	졀당ㅎ여	졀상ㅎ여
24	디내소	디닉소
25	인亽블셩인디	인亽불셩인디
26	블워ㅎ는	불워ㅎ는
27	회년이	회년이
28	날ㄷ려도	날ㄷ려는

순원왕후어필봉서 언간 28

〈순원봉서-28, 1854년, 순원왕후(재종누나) → 김흥근(재종동생)〉

판독문

> 니문니

> 근　판부스 입납　　　　　　봉

수일간 량의 우긴ᄒ니 긔운 엇더ᄒ신디 브리디 못ᄒ오며 도령 집 상변은 쳔만 의외오니 경참 비셕ᄒ심 오죽ᄒ시랴 참달ᄒᆫ 밧 뎍을 말슴이 업ᄉ오이다 작셩 ᄆ이 임견 무던ᄒ던가 보오니 더옥[1] 앗갑고 대신 년셰 늙슌이 거의신디 도령이 편노 시하의 ᄂ ᄋᆞ[한글 일부]이 공허ᄒ니 이 압 현필 췌터라 ᄒ고 도시 금은 망연 민망홀 돗[2] 답답ᄒ오이다

판독대비

번호	·	판독자료집	이승희 (2010 : 234)
1		더옥	더욱
2		민망홀 돗	민망ᄒ옵돗

순원왕후어필봉서 언간 29

〈순원봉서-29, 1848년, 순원왕후(재당고모) → 김병주(재종질)〉

판독문

> 뎐동 판셔

> 봉　범초 즉납　　　　　　　　봉

금년 여룸 ㄱᄐ튼 무젼 혹염이 업셔시니 엇디들 디내엿ᄂ니 근일은 쳥냥ᄒ니 여러 집 무고ᄒ
고 네 소솔도 잘 디내ᄂ디 브리디 못혼다 네 삼촌 딕거는 지금 의외 ᄭ쑴 ㄱᄐ튼니[1] 홀 말이 업
다 ᄌ고로 공명ᄒᄂ니[2] 시비 간 이런 일이 죵죵이오 만일 슈익ᄒ여 면티 못ᄒ량이면 올혼
일노 이리되ᄂ 거시 신인의 븟그러오미[3] 업슬 거시오 셰샹의셔 죄가 가타 ᄒᄂ 디 비티 못
홀 거시니 네희가 내 말을 박졀이 알 돗ᄒ디 미양 근밀의 츌입이[4] ᄌ즈니 므슨 탈이나 업슬
가 관심ᄒ이던 ᄆ옴으로ᄂ 블힝티[5] 아니미 아니로딕 빗치 잇고 미양 오래 두실 일은 아니
겨실 듯ᄒ여 처음 놀납고 어히업던 ᄆ옴이 진정ᄒ이나 게 슈토 됴티 못다 ᄒ니 넘녀된다
동싱 ᄌ질 졍니야 그 측냥이 이실가 보냐 무판이 무모혼 졍니 너모 슬허홀 듯 블샹블샹[6] ᄂᆺ
디 못혼다 평안이 갓다 말은 드러시니 그ᄉ이 ᄯ쏘 쇼식 드럿ᄂ냐 평안이 디내기나 밋ᄂᆫ다 허
슈[7] 혜혜ᄒ여 아모라타 업더라 나ᄂ 지금 글시 쓰려 ᄒ면 안시 현황 고이ᄒ여 일졀 편지도
못 ᄒ엿더니 오늘이야 딕ᄂᆫ다 각 집 봉셔 뎐ᄒ여라

판독대비

번호	판독자료집	이승희 (2010 : 237~240)
1	굿트니	굿트니
2	공명ᄒᄂ니	공경ᄒᄂ니
3	붓그러오미	붓그러오미
4	츌입이	츌입이
5	블힝티	불힝티
6	블샹블샹	불샹불샹
7	허수	허슈

순원왕후어필봉서 언간 30

〈순원봉서-30, 1842년, 순원왕후(재종누나) → 김흥근(재종동생)〉

판독문

봉셔

봉	판셔 기람		봉

일한이 엄혹ᄒ니 이ᄉ이ᄂᆞᆫ 신질이 엇더ᄒ고 ᄌᆞ셔든 못ᄒ디 ᄒᆞᆫ가지오 ᄌᆞ로 톄ᄒᆞ여 민망ᄒᆞᆫ가[1] 시브니 그만ᄒᆞ여도 나을디 돌포 미류ᄒ니 답답 넘녀 노히디 아니ᄒ니 일월이 무졍ᄒ여 어ᄂᆞ덧 오라바님 발인이 되셔 지쇽 업손 힝ᄎ시니 새로이 확연 통박ᄒ기와 그러ᄐᆞᆺ 디내니 가도 못ᄒ고 심ᄉ 오죽ᄒᆞᆯ가 내 ᄆᆞᆷ 비창 한심ᄒ기 아모라타 업고 날은 이리 혹녈ᄒ디 여러 날 빙뎡 힝샹이 동동ᄒᆞ고 샹인들과 판관은 엇디들 가ᄂᆞᆫ디 블샹[2] 비려 무궁히 큰집의셔도[3] 삼샹을 얼프시 뭇차 아조 깁고 먼 일이 되시니 통확ᄒ기 측냥업고 셰샹ᄉ 다 일야 꿈이니 제겐들 언마 올 일 아니니 도모지 싱각디 마쟈 ᄒᆞ여도 그ᄂᆞᆫ 잠간이오 쵹ᄉ의 샹비티 아닌 일이 업스니 고이ᄒᆞ여 ᄒᆞ니 알픈디 회셔 말고 병이나 쾌히 낫기 ᄇᆞ라니

판독대비

번호	판독자료집	이승희 (2010 : 243~245)
1	민망ᄒᆞᆫ가	민만ᄒᆞᆫ가
2	블샹	블상
3	큰집의셔도	큰집의셔ᄂᆞᆫ

순원왕후어필봉서 언간 31

〈순원봉서-31, 1853년, 순원왕후(재종누나) → 김흥근(재종동생)〉

판독문

양호

근	판부수 입납	봉

동일이 과란훈 째 만흐니 긔운 평안흐신디 드르니 뎌째는 감긔와 인후로 블안이[1] 디내신다
흐더니 일전 의호의 드러와 거시더라 흐니 실셥이나 아니 흐신디 브리디 못흐오며 향녀는
유의흐시던 일노 리왕 쳔 니나 작힝흐시다 흐니 슈고훈 표나 이셔 여의 구득흐고 허힝이나
아니흐여습ᄂᆞ니잇가 일콧ᄉᆞ오며 녕변 도임 후 년흐여[2] 평안훈가 넘이러니[3] 졍언 샹경 편
드르니 무스흐디 졈졈 근력이 독노흐니 ᄌᆞ더라 흐니 근간 환갑이 쇼년들 ᄀᆞ튼디 어이 그러
흐고 브리디 못흐오며 근일 내 결단훈[4] 일이 소위 셰도라 칭훈[5] 일이디 가부도[6] 뭇디 아니
흐고 셔역도[7] 어렵고 번다흐여 말도 못 흐여스오며 츈하 간[8] 소문이 졈졈 됴티 아니훈디 무
비회리[9] 관쟉붓치[10] 괴괴훈 험담이 무소브지흐니 일일마다 다 잘훈다[11] 흐든 못흐여실디라
도 다 여러 어룬의게[12] 의논흐여[13] 흐여실디 그ᄉᆞ이 모스흐고 공도는 젹고 ᄉᆞ졍이 만하 그
러흐엿ᄂᆞ디 그는 모로디 엇더흐던디 년쳔흐여 더 업수이 아라 그런 듯도 흐고 ᄯᅩ는 가례ᄀᆞ
디 흐여 쥬년이 넘어시니 그 긔긔괴괴훈 시비롤 몽피흐고[14] 이실 묘리 업기 결단흐여 보아
드리라 흐여시디 일변으로는 일심이 동동흐오이다 노셩흐니들이니 응당 조심흐여 ᄒᆞᆯ 둣흐
나 ᄉᆞ려가 만하 이러흐외다 감ᄉᆞ 일도 나는 말고져 훈 일이 엇디엇디흐여 그리되여시니 젼
감ᄉᆞ가 지켜도 나을디 이째 폐도극쳐흐여[15] 인심은 볼 거시 업다 흐ᄂᆞᆫ디 가셔 엇디 디낼고
민망 관녀 무궁흐오며 잘이나 디내기 조이오며 샹감긔셔는 근간은 글을 무ᄋᆞᆷ 드려 닑으시
고 문니도[16] 나으시다 흐니 흑문이나 잘흐며[17] 만긔 총관이 광명흐며[18] 이러타 져러타 시비
업고 태평 반셕 ᄀᆞᆺ기 듀야 옹츅흐오며 이 편지 몃 날 벌너 평부 듯고 셥셥훈 거시나 펴고져
덕습ᄂᆞ이다[19] 이런 휴지는 업시 흐시옵쇼셔 나는 큰 병은 업스나 댱 ᄉᆞ려가 만하 쏙흐외다

판독대비

번호	판독자료집	이승희 (2010 : 248~252)
1	블안이	불안이
2	녕변 도임 후 년ᄒᆞ여	녕변도 임호 년ᄒᆞ여
3	넘이러니	넘이더니
4	결단ᄒᆞᆫ	결단홀
5	칭ᄒᆞᆫ	칭홀
6	가부도	가부ᄂᆞᆫ
7	셔역도	셔연도
8	츈하 간	□하 간
9	무비희리	무비회뢰
10	관작붓치	관작붓치
11	잘ᄒᆞ다	잘ᄒᆞᆫ다
12	어룬의게	어른의게
13	의논ᄒᆞ여	의즈ᄒᆞ여
14	몽피ᄒᆞ고	몽리ᄒᆞ고
15	폐도극쳐ᄒᆞ여	폐오국쳐 ᄒᆞ여
16	문니도	문니ᄂᆞᆫ
17	잘ᄒᆞ며	잘ᄒᆞ셔
18	광명ᄒᆞ며	광명ᄒᆞ셔
19	덕습ᄂᆞ이다	덕습노이다

순원왕후어필봉서 언간 32

〈순원봉서-32, 1850년, 순원왕후(재종누나) → 김흥근(재종동생)〉

판독문

뎐동

근	판셔 기탁		봉

일간 견비통 엇더ᄒᆞ가 ᄆᆞ이 괴로올[1] 거시니 브리디 못ᄒᆞ니 덥게나 ᄒᆞ여 보소 일젼 회답은 다 ᄌᆞ셔히 보앗ᄂᆡ 이 초를 잡아시니 판셔긔도 보내려니와[2] ᄆᆞ슨 잘못 쓴 말이나 엇더ᄒᆞᆫ 말 잇거든 협셔ᄒᆞ여 곳텨 주소 ᄌᆞ니도 ᄌᆞ셔히 보소 이거시 내 속의 잇ᄂᆞᆫ 말을 쏙 ᄒᆞ여시니 졍니가 이러ᄒᆞ여야 올티[3] 아니ᄒᆞ겟ᄂᆞ 그째[4] 비ᄒᆞ여는 원통 극골ᄒᆞ기 엇디 이째[5] ᄀᆞᆺ틀가 본가 판셔는 이리 뎐교 ᄂᆞ리고 대신 입시 나죵 홀 줄노 것집어 싱각ᄒᆞ엿는가 보더 듕ᄉᆞᄐᆡ오 소견이 젼후가 판이ᄒᆞ니 아모리 아ᄂᆞᆫ 일이라도 니디ᄒᆞ여[6] 보고 ᄒᆞᄂᆞᆫ 거시 올키 그리홀 줄노 ᄒᆞ엿ᄂᆡ 두 말 등 보소

판독대비

번호	판독자료집	이승희 (2010 : 256~258)
1	괴로올	괴로울
2	보내려니와	보ᄂᆞ려니와
3	올티	올타
4	그째	그 쎄
5	이째	이 쎄
6	니디ᄒᆞ여	내 디ᄒᆞ여

여흥민씨 민영소가 명성황후 언간 115 국립고궁박물관 3-1

〈명성황후-115, 1882~1895년, 명성황후(고모) → 민영소(조카)〉

판독문

글시 보고 든든ᄒ며 원 쳔젼은[1] ᄒ야 보게시나 함양은 보아야게다 금도ᄂᆫ 홋 뎡ᄉ의 ᄒ게다

판독대비

번호	판독자료집	이기대 (2007 : 292)	국립고궁박물관 (2010 : 66)
1	원 쳔젼은	원쳔젼은	원쳔젼은

여흥민씨 민영소가 명성황후 언간 116 국립고궁박물관 1-17

〈명성황후-116, 1882~1895년, 명성황후(고모) → 민영소(조카)〉

판독문

글시 보고 야간 잘 잔 일 든든ᄒ며 예는 샹후 문안 만안ᄒ오시고 동궁 졔졀 티평티평ᄒ시니
츅슈츅슈ᄒ며 예는 ᄒ가지다 오늘 일긔는 미오 온화ᄒ다 오늘 위픽 졔쥬ᄀ지 되시니 영 챵
ᄒ다[1]

판독대비

번호	판독자료집	이기대 (2007 : 294)	국립고궁박물관 (2010 : 28)
1	영 챵ᄒ다	영 챵ᄒ다	영 챵ᄒ다

여흥민씨 민영소가 명성황후 언간 117

〈명성황후-117, 1882~1895년, 명성황후(고모) → 민영소(조카)〉

판독문

글시 보고 야간 무탈훈 일 든든ᄒ고 예는 샹후 문안 만안ᄒ오시고 동궁 졔졀 티평티평ᄒ시
니 츅슈츅슈ᄒ며 나는 훈가지다 비는 쏘 마의 잇스니 괴롭다 녜판은[1] 산지를 낭픠ᄒ고[2] 왓
기 문의로 완졍ᄒ랴 ᄒ고 죄인을 스득ᄒ니 져의 ᄉᄉ 혐의의[3] 이런 작변을 이리ᄒ니 졀분졀
분ᄒ다 긔여이 작쳐를 ᄒ야야 셜한을 ᄒ게다 ᄒ녀니 염가 슈쇄 일노[4] 다시 아라보아 긔별ᄒ니
븍빅의게[5] 보ᄂ녀라

판독대비

번호	판독자료집	이기대 (2007 : 296)
1	녜판은	녜판은
2	낭픠ᄒ고	낭패ᄒ고
3	혐의의	혐의 외
4	슈쇄 일노	슈셔일노
5	븍빅의게	북빅의게

여흥민씨 민영소가 명성황후 언간 118 국립고궁박물관 2-1

〈명성황후-118, 1882~1895년, 명성황후(고모) → 민영소(조카)〉

판독문

글시 보고 든든ᄒ나 긔 동졍이 슈샹ᄒ니[1] 답답ᄒ다

판독대비

번호	판독자료집	이기대 (2007 : 299)	국립고궁박물관 (2010 : 40)
1	슈샹ᄒ니	수샹ᄒ니	수샹ᄒ니

여흥민씨 민영소가 명성황후 언간 119 국립고궁박물관 2-8

〈명성황후-119, 1882~1895년, 명성황후(고모) → 민영소(조카)〉

판독문

글시 보고 야간 잘 잔 일 든든ᄒ며 예ᄂᆫ 샹후[1] 문안 죵시 평복지 못ᄒ시니 동동ᄒ고 동궁
졔졀[2] 틱평틱평ᄒ시니 츅슈츅슈ᄒ며 나ᄂᆫ ᄒᆞᆫ가지나[3] 감긔와 잠 못 자기 ᄒᆞᆫ가지니 괴롭다
너ᄂᆫ 오ᄂᆞᆯ은 명을 무러 집으로 갈 일 든든ᄒ며 예소ᄂᆫ 의례이 홀 일이나 셩의 불가이 아시
니 남이 엇지ᄒ나 ᄎᆞᄎᆞ 보고 ᄒ지 예소 몬져 홀 거슨 업다 오ᄂᆞᆯ 일긔 한닝ᄒ다

판독대비

번호	판독자료집	이기대 (2007 : 300)	국립고궁박물관 (2010 : 47)
1	샹후	샹후	샹후
2	졔졀	졔졀	졔졀
3	ᄒᆞᆫ가지나	ᄒᆞᆫ가지다	ᄒᆞᆫ가지다

여흥민씨 민영소가 명성황후 언간 120

〈명성황후-120, 1882~1895년, 명성황후(고모) → 민영소(조카)〉

판독문

글시 보고 션교관은 츈방 등의셔나 소론이나 홀 듯ᄒ다[1] 뎡부 초긔 말은 알외여 보게다 소
힝들은 괘심ᄒ나[2] 네가 득담ᄒᄂᆫ 일이 부졀업다

판독대비

번호	판독자료집	이기대 (2007 : 302)
1	츈방 등의셔나 소론이나 홀 듯ᄒ다	츈방 등의셔 나슨 돈이 나홀 듯ᄒ다
2	괘심ᄒ나	려심ᄒ나

여흥민씨 민영소가 명성황후 언간 121

〈명성황후-121, 1882~1895년, 명성황후(고모) → 민영소(조카)〉

판독문

글시 보고 야간 잘 잔 일 든든ᄒ며 예는 샹후 문안 죵시 평복지 못ᄒ오시니 동동ᄒ고 동궁
계졀 틱평틱평ᄒ시니 축슈축슈ᄒ며[1] 예는 ᄒ가지다 오늘 일긔도 한넝ᄒ다 너의 ᄌ친긔셔는
그러톳 편치 아니ᄒ시니 답답ᄒ다 향항 젼보는[2] 옥ᄉ는[3] 죵용 구쳐ᄒ는 일 너 드른 디로 왕
복ᄒ야라 빅통 셜합은 못 되면 큰 낭픠게시니 뉵노로라도 긔여이 올니라 ᄯ 긔별ᄒ야라

판독대비

번호	판독자료집	이기대 (2007 : 304)
1	축슈축슈ᄒ며	축슈ᄒ며
2	젼보는	젼보는
3	옥ᄉ는	유ᄉ는

여흥민씨 민영소가 명성황후 언간 122

〈명성황후-122, 1882~1895년, 명성황후(고모) → 민영소(조카)〉

판독문

글시 보고 야간 잘 잔 일 든든ᄒ며 예는 샹후 문안 한가지오시니 동동ᄒ고 동궁 졔졀 티평
티평ᄒ시니 츅슈츅슈ᄒ며 예는 ᄒᄀᆞ지나 쵹감이[1] 되여 괴롭다 오늘 일긔 한닝ᄒ다 츅ᄉᄂᆞᆫ
지명일 나간다 ᄒᆞᆫ다

판독대비

번호	판독자료집	이기대 (2007 : 306)
1	쵹감이	독감이

여흥민씨 민영소가 명성황후 언간 123 국립고궁박물관 3-3

〈명성황후-123, 1888~1894년, 명성황후(고모) → 민영소(조카)〉

판독문

글시 보고 야간 무탈훈 일 든든ᄒ며 예는 샹후 졔졀 훈가지오시니 동동ᄒ고 동궁 졔졀 티평
티평ᄒ시니 츅슈츅슈ᄒ며 나는 훈가지다 오늘 일긔는 닝닝ᄒ다 이 방문디로 ᄒ면 음즁의[1]
신효타 ᄒ니 이디로 약ᄒ야라 통위영[2] 셔리 일은 알외여 보게다

판독대비

번호	판독자료집	이기대 (2007 : 308)	국립고궁박물관 (2010 : 68)
1	음증의	음증의	음증의
2	통위영	통위녕	통위녕

여흥민씨 민영소가 명성황후 언간 124

〈명성황후-124, 1882~1895년, 명성황후(고모) → 민영소(조카)〉

판독문

글시 보고 야간 무탈ᄒ 일 든든ᄒ며 예는 상후 문안 만안ᄒ오시고 동궁 졔졀 티평티평ᄒ시
니 츅슈츅슈ᄒ며 나는 혼가지다 오늘 일긔도 극열이다 셰티는 그런 것 ᄒ다 잘못ᄒ면 호조
의 말 드를가 넘녀오 ᄯᅩ는 올은 호조의셔 누구롤 보닌다 ᄒ드라

판독대비

번호	판독자료집	이기대 (2007 : 310)

여흥민씨 민영소가 명성황후 언간 125

〈명성황후-125, 1882~1895년, 명성황후(고모) → 민영소(조카)〉

판독문

글시 보고 든든ᄒ나 셩치 못ᄒ니 답답ᄒ나 디단치나 아니ᄒ냐 예ᄂ 상후 문안 만안ᄒ오시
고 동궁 졔졀 태평태평ᄒ시니 츅슈츅슈ᄒ며 나ᄂ 그스이 좀 낫드니 오뇩 일지나[1] 도로 셩치
아니ᄒ니 괴롭다 일긔ᄂ 오늘도 미우 온화ᄒ다

판독대비

번호	판독자료집	이기대 (2007 : 312)
1	오뇩 일지나	오뇩일 지나

여흥민씨 민영소가 명성황후 언간 126

〈명성황후-126, 1882~1895년, 명성황후(고모) → 민영소(조카)〉

판독문

글시 보고 무탈ᄒ니 든든ᄒ다 예난 샹후 문안 태평ᄒ오시고 동궁 졔졀 태평ᄒ오신니 츅슈 츅슈ᄒ며 나는 죵시 낫지 아니ᄒ니 괴롭다 훈샹 일은 긔디 두고 닉지 아니ᄒ다 강게셔 온 거산 즈시 보아쓰나 너모 과다ᄒ니 불안ᄒ고[1] 요ᄉ이 젼졍이[2] 미우 웅식ᄒ드니 거용ᄒ다[3] 나는 닉일 피졉으로 만경젼으로 가랴 ᄒ나 일긔 일일 악ᄒ니 답답ᄒ다

판독대비

번호	판독자료집	이기대 (2007 : 314)
1	불안ᄒ고	불안ᄒ고
2	젼졍이	젼졍의
3	거용ᄒ다	긔용ᄒ다

여흥민씨 민영소가 명성황후 언간 127 국립고궁박물관 상궁 3-6

〈명성황후-127, 1882~1895년, 명성황후(고모) → 민영소(조카)〉

판독문

글시 보고 든든ᄒ고 야간 잘 자고 무탈ᄒ 일 다힝ᄒ고 예ᄂᆫ 샹후 문안 만안ᄒ오시고 동궁
졔졀 태평ᄒ시니 츅슈ᄒ고 나ᄂᆫ 쳬ᄒ여 신긔 미우 거복ᄒ여 괴로이 지낸다[1] 오늘 비ᄂᆫ[2] 오
시나 츌환궁 태평이 ᄒ와 겨오시니 츅슈ᄒ고 오늘 소비가 일족 나려 드러올 줄 아라더니 못
드러오니 섭섭ᄒ다[3] 안죵덕이ᄂᆫ 쳔젼ᄒ깃다

판독대비

번호	판독자료집	이기대 (2007 : 316)	국립고궁박물관 (2010 : 132)
1	지낸다	지닌다	지닌다
2	비ᄂᆫ	비는	비는
3	섭섭ᄒ다	섭섭ᄒ다	섭섭ᄒ다

여흥민씨 민영소가 명성황후 언간 128

〈명성황후-128, 1882~1895년, 명성황후(고모) → 민영소(조카)〉

판독문

글시 보고 든든ᄒ고 신샹 무탈이 디내ᄂᆞᆫ 일 든든 깃브다 여긔셔ᄂᆞᆫ 샹후 문안 만안ᄒ오시고
동궁 졔졀 태평ᄒ시니 츅슈ᄒ고 나ᄂᆞᆫ 그동안 담체로 졍신업시 디내다가 어졔오놀이야 조금
나흐나 시훤치 아니ᄒ니 괴롭다 셩기운이ᄂᆞᆫ 불셔 은 이쳔 냥을 어더 주어 겨오신디 아딕 모
르고 그리ᄒᄂᆞᆫ가 보다

판독대비

번호	판독자료집	이기대 (2007 : 318)

여흥민씨 민영소가 명성황후 언간 129

〈명성황후–129, 1882~1895년, 명성황후(고모) → 민영소(조카)〉

판독문

글시 보고 든든ᄒ며 야간 신상 블평ᄒᆞᆫ가[1] 보니 궁금ᄒ기 층냥업ᄉ며 예ᄂᆞᆫ 상후 문안 만안ᄒ
ᄋᆞ오시고 동궁 제졀 태평ᄒᆞ오시니[2] 츅슈츅슈ᄒ며[3] 예ᄂᆞᆫ 쟉일 빗치고 몸이 두로 아푸다 드
려보닌 단ᄌᆞᄂᆞᆫ ᄌᆞ셔히 보아스며 밤의 잘 자기 조인다

판독대비

번호	판독자료집	이기대 (2007 : 320)
1	블평ᄒᆞᆫ가	불평ᄒᆞᆫ가
2	태평ᄒᆞ오시니	틱평 ᄒᆞ오시니
3	츅슈츅슈ᄒ며	츅슈츅슈ᄒᆞᆫ며

여흥민씨 민영소가 명성황후 언간 130

〈명성황후-130, 1882~1895년, 명성황후(고모) → 민영소(조카)〉

판독문

글시 보고 든든ᄒ다 일긔 갈ᄉ록 치운디 신샹 무탈이 디내는[1] 일 깃브다 여긔셔는 샹후 문
안 만안ᄒᆞ오시고 동궁 졔졀 태평ᄒ시니[2] 츅슈ᄒ고 나는 그동안 담체을 ᄒ여 졍신 모르고
디내다가 오늘이야 졍신이 조금 나시나 미음도 슌하가 못 되고 ᄌ로 체ᄒ니 괴롭기 측냥업
다 긔별ᄒᆞᆫ 말은 그디로 ᄒ려 ᄒ다

판독대비

번호	판독자료집	이기대 (2007 : 322)
1	디내는	디내는
2	태평ᄒ시니	태령ᄒ시니

여흥민씨 민영소가 명성황후 언간 131 국립고궁박물관 상궁 3-1

〈명성황후-131, 1882~1895년, 명성황후(고모) → 민영소(조카)〉

판독문

이번 뎡원 셔리 귀향 간 디의 안의셔 쓰게시니 디 너지 말고 아직 두라고 도령의게 긔별ㅎ
여라

판독대비

번호	판독자료집	이기대 (2007 : 324)	국립고궁박물관 (2010 : 127)

여흥민씨 민영소가 명성황후 언간 132

⟨명성황후-132, 1882~1895년, 명성황후(고모) → 민영소(조카)⟩

판독문

글시 보고 든든ᄒ다 여긔ᄂᆞᆫ 졍원 당호의셔 실화가 되여 너모 놀나더니 즉시 잡히여 그만ᄒ
니 만ᄒ힝이다

판독대비

번호	판독자료집	이기대 (2007 : 326)

여흥민씨 민영소가 명성황후 언간 133 국립고궁박물관 상궁 3-2

〈명성황후-133, 1882~1895년, 명성황후(고모) → 민영소(조카)〉

판독문

봉셔 보고 잘 디니니 든든ᄒ며 예ᄂ 상후 문안 안녕ᄒ오시고 동궁 졔졀 태평태평ᄒ시니¹ 축
슈축슈ᄒ며 나ᄂ 죵시 시훤치 아니ᄒ니 답답ᄒ다 됴동희ᄂ 그러치 못ᄒ 사긔가 잇ᄂ 거슬²
엇디하게ᄂ냐 이쳐령이ᄂ 혜랑은 벌셔 낫다 ᄒ니 못 ᄒ여 준다

판독대비

번호	판독자료집	이기대 (2007 : 328)	국립고궁박물관 (2010 : 128)
1	태평태평ᄒ시니	틱평틱평ᄒ시니	틱평틱평ᄒ시니
2	거슬	것슬	것슬

여흥민씨 민영소가 명성황후 언간 134 국립고궁박물관 상궁 3-3

〈명성황후-134, 1882~1895년, 명성황후(고모) → 민영소(조카)〉

판독문

봉셔 보고 잘[1] 디니니 든든ᄒ며 예는 샹후 문안 만안ᄒ오시고 동궁 졔졀 태평태평ᄒ시니 츅
슈츅슈ᄒ며 나는 담쳬긔로[2] 종시 씨곳디 못ᄒ니 괴롭다 변셕운이는 알외여 보아야 알게시
나 듀ᄉ가 너모 만아 더러 주린다[3] ᄒ오시니가 아마 못 될 듯ᄒ다

판독대비

번호	판독자료집	이기대 (2007 : 330)	국립고궁박물관 (2010 : 129)
1	잘	쟐	쟐
2	나는 담쳬긔로	나ᄂ독 쳬긔로	나ᄂ독 쳬긔로
3	주린다	주라다	주라다

■ 대상 언간

명성황후(明成皇后, 1851~1895)를 모시던 궁녀가 개인적 상황을 명성황후의 조카 민영소
(閔泳韶, 1852~1917)에게 알리기 위해 쓴 한글편지로서, 이기대(2007)에 원본 사진과 함께
판독문이 수록된 36건을 가리킨다. 이 편지들은 명성황후가 민영소에게 내린 편지들(판독자
료집에서는 '여흥민씨 민영소가 명성황후 언간'으로 명명)과 함께 민영소 후손가에 전해 오
다가 2010년 국립고궁박물관에서 구입하여 소장하고 있다.

■ 언간 명칭 : 여흥민씨 민영소가 명성황후 궁녀 언간

이기대(2007)에서는 이들 편지를 수록하면서 '궁녀의 편지글' 혹은 '궁녀 편지'로 지칭하
고, 편지 번호와 함께 쓰일 때에는 단순히 '봉서'라는 이름을 명칭으로 삼았다. 그러나 이 편
지들은 명성황후가 민영소에게 보낸 한글편지와 더불어 민영소 후손가에 전하는 편지들이므
로, 이 판독자료집에서는 언간의 명칭을 '여흥민씨 민영소가 명성황후 궁녀 언간'으로 조정
하고, 출전 제시의 편의상 약칭이 필요할 경우에는 '명성궁녀'를 사용하였다.

■ 언간 수량 : 36건

이기대(2007)에 수록된 명성황후 궁녀들의 한글편지는 총 36건이다. 국립고궁박물관(2010)
에서는 이기대(2007)에 수록된 36건을 포함하여 총 41건*의 궁녀 한글편지를 '상궁 한글편
지'라는 이름 아래 원본 사진과 함께 수록하였는데, 이 판독자료집에서는 이기대(2007)에 수
록된 36건만을 수록 대상으로 하고 편지 번호는 기본적으로 이기대(2007)에서 부여된 번호
를 따랐다. 36건이 국립고궁박물관(2010)에 재수록되면서 번호가 새로 부여된 경우에는 그
번호를 작은 글씨로 병기하여 참조할 수 있도록 하였다.

....

* 국립고궁박물관(2010)에서는 '상궁 한글편지'라는 이름 아래 총 43건의 편지 번호를 부여하였다. 그런데 이 중 4건
  (3-1, 3-2, 3-3, 3-6)은 궁녀가 대필한 명성황후의 한글편지이고, 1-7은 1-6의 협지(夾紙)로서 이기대(2007)에서 1
  건('봉서 4번')으로 처리한 것이며, 3-11은 3-10의 협지로서 한문으로 적힌 녹지(錄紙)이다. 이기대(2007)에 없는
  편지가 1건(1-11) 더 있으므로 궁녀의 한글편지만으로는 내용상 37건이 수록된 셈이다.

■ 원문 판독

36건은 이기대(2007)에 판독문이 모두 실렸고, 국립고궁박물관(2010)에 판독 사항의 변화가 거의 없이 그대로 다시 실렸다. 이 판독자료집에서는 이기대(2007)와 국립고궁박물관(2010)에서 이루어진 판독 사항을 대비하여 표로 제시하고 판독 결과를 대조하는 데 도움이 될 수 있도록 하였다.

■ 발신자와 수신자

36건 모두 민영소가 보낸 편지들에 대한 답서(答書)이므로 수신자는 민영소가 된다. 발신자는 정확히 알 수 없지만, 편지 내용과 표현으로 미루어 "명성황후의 측근으로 중궁전(中宮殿)의 살림살이를 전담하였던 상궁(尙宮)으로 추측된다."(이기대, 2007 : 337) 이 판독자료집에서는 발신자와 수신자에 대해 기본적으로 이기대(2007)에서 밝혀진 내용을 따랐다.

■ 작성 시기

편지가 작성된 시기는 분명하지 않다. 다만 편지 내용을 통해 추정할 때, "이들 편지들은 민영익이 1883년 미국에 다녀온 전후부터 황후가 일본인들에게 시해된 1895년 8월 20일(陰) 이전까지의 약 10여 년 사이인 것으로 추정된다."(이기대, 2007 : 337) 이 판독자료집에서는 작성 시기에 대해 기본적으로 이기대(2007)에서 밝혀진 내용을 따랐다.

■ 자료 가치

근대국어 시기의 마지막 단계인 19세기 후반 궁중에서 사용된 언어와 편지글 특유의 문체를 보이는 국어사 자료이자, 명성황후를 중심으로 한 왕실의 상황과 민씨 일가의 관계를 알려주는 역사 자료로서 중요한 가치가 있다.

■ 자료 해제

자료의 서지 사항에 대한 자세한 내용은 이기대(2007 : 335~341)를 참고할 수 있다.

■ 원본 사항

- 원본 소장 : 국립고궁박물관(유물번호 : 고궁 1230~고궁 2171)
- 필름 : 국립고궁박물관 소장
- 크기 : 24.1×26.9cm(03번), 25.7×69.0cm(31번) 등

■ 판독 사항

이기대(2007), 『명성황후 편지글』, 다운샘. ※ 36건 판독

국립고궁박물관(2010), 『명성황후의 한글편지와 조선왕실의 시전지』, 예맥. ※ 37건 판독

■ 영인 사항

이기대(2007), 『명성황후 편지글』, 다운샘. ※ 36건 영인

국립고궁박물관(2010), 『명성황후의 한글편지와 조선왕실의 시전지』, 예맥. ※ 37건 영인

■ 참고 논저

국립고궁박물관(2010), 「상궁 한글편지」, 『명성황후의 한글편지와 조선왕실의 시전지』, 예맥, 93~138쪽.

박병천(2007), 『조선시대 한글 서간체 연구』, 다운샘.

박정숙(2010), 「명성황후 한글편지의 서체미 고찰」, 『명성황후의 한글편지와 조선 왕실의 시전지』, 국립고궁박물관, 예맥, 190~207쪽.

이기대(2007), 「궁녀의 편지글」, 『명성황후 편지글』, 다운샘, 333~419쪽.

황문환(2010), 「조선시대 언간 자료의 현황과 특성」, 『국어사 연구』 10호, 국어사학회, 73~131쪽.

여흥민씨 민영소가 명성황후 궁녀 언간 01 국립고궁박물관 1-8

〈명성궁녀-01, 1883~1895년, 미상 ➡ 민영소〉

판독문

봉셔 밧즈와 보옵고[1] 긔후 태평ᄒ오신 문 아옵고[2] 든든 축슈ᄒ옵고 날포[3] 봉셔 못 뵈와 궁
궁ᄒ옵더니 봉셔 보오니 든든 반갑습고 여긔셔는 냥뎐 문안 안녕ᄒ오시오니 축슈ᄒ옵고 어
마님 졔졀 만안ᄒ오신닛가 츙경이 무탈ᄒ온닛가 그스이 탄일과[4] 경츅일의도 못 드러오시니
섭섭 층냥업스와 지닌스외다 시달은 드러오실 듯ᄒ오니 시달이 어셔 가기을 주야 조이옵ᄂ
이다[5]

판독대비

번호	판독자료집	이기대 (2007 : 344)	국립고궁박물관 (2010 : 100)
1	보옵고	보옵고	보옵고
2	문 아옵고	문안ᄋ옵고	문안ᄋ옵고
3	날포	날로	날로
4	탄일과	원일과	원일과
5	주야 조이옵ᄂ이다	쥬야도 머음ᄂ이다	쥬야도 머음ᄂ이다

여흥민씨 민영소가 명성황후 궁녀 언간 02 국립고궁박물관 1-4

〈명성궁녀-02, 1883~1895년, 미상 → 민영소〉

판독문

봉셔 밧즈와 보옵옵고[1] 긔후 태평ㅎ오신 문안 아옵고 든든 츅슈ㅎ오며 어마님 졔졀 만강ㅎ
오신닛가 쟉야는 드러오와 겨신 거술 잠이 깁스와 못 뵈와 셥셥히 지니스외다 여긔셔는 냥
뎐 문안 안녕ㅎ오시오니이다 여긔셔도[2] 잘 잇습고 츙경이 무탈ㅎ온닛가

판독대비

번호	판독자료집	이기대 (2007 : 346)	국립고궁박물관 (2010 : 97)
1	보옵옵고	보옵고	보옵고
2	여긔셔도	여긔셔는	여긔셔는

〈명성궁녀-03, 1883~1895년, 미상 → 민영소〉

판독문

봉셔 밧즈와 보옵고[1] 긔후 태평ㅎ오신 문안 아옵고 든든 축슈ㅎ옵고 추셜노 블인ㅎ오신[2] 일 듯스오니 답답ㅎ옵고 여긔셔는 냥뎐 문안 안녕ㅎ오시니 축슈ㅎ옵고 마마 계졀 한가지로 지니오시옵ᄂ이다 여긔셔는 잘 잇습ᄂ이다

판독대비

번호	판독자료집	이기대 (2007 : 348)	국립고궁박물관 (2010 : 96)
1	보옵고	보옵고	보옵고
2	블인ㅎ오신	블인ㅎ오신	블인ㅎ오신

여흥민씨 민영소가 명성황후 궁녀 언간 04 국립고궁박물관 1-6, 1-7

〈명성궁녀-04, 1883~1895년, 미상 → 민영소〉

판독문

봉셔 밧즈와 보옵고[1] 긔후 태평ᄒ오신 일 아옵고 든든 츅슈ᄒ옵고 작일은 빗치오시고 밤 태평이 쥬무오신잇가 여긔셔는 냥뎐 문안 안녕ᄒ오시오니 츅슈ᄒ옵고 여긔셔도 한가지옵ᄂ이다 층경 무탈ᄒ온닛가[2] 향즈 말슴ᄒ옵든 칼 말슴ᄒ와 겨신잇잇가[3] 어마님 안녕ᄒ오시고 쟉일은[4] 놀나오샤 오죽 경동되와 겨실잇가 추후[5] 아옵고 일쿳ᄉ와습ᄂ이다

판독대비

번호	판독자료집	이기대 (2007 : 350)	국립고궁박물관 (2010 : 99)
1	보옵고	보옵고	보옵고
2	무탈ᄒ온닛가	무탈ᄒ오닛가	무탈ᄒ오닛가
3	겨신잇잇가	겨신닛잇가	겨신닛잇가
4	쟉일은	작일은	작일은
5	추후	츄후	츄후

여흥민씨 민영소가 명성황후 궁녀 언간 05 국립고궁박물관 1-5

〈명성궁녀-05, 1883~1895년, 미상 → 민영소〉

판독문

봉셔 밧즈와 보옵고[1] 긔후 태평ᄒ오신 일 아옵고 든든 츅슈ᄒ와 ᄒ옵고 블평지졀이[2] 긴ᄒ오
신가 보오니 외오 답답ᄒ옵기 측냥업ᄉ오며 여긔셔는 냥뎐 문안 안녕ᄒ오시오니 츅슈ᄒ와
ᄒ옵고 츔경이도 무탈ᄒ온닛가 여긔셔는 셜후로 괴로이 지뉘옵ᄂ이다

판독대비

번호	판독자료집	이기대 (2007 : 352)	국립고궁박물관 (2010 : 98)
1	보옵고	보옵고	보옵고
2	블평지졀이	불평지졀이	불평지졀이

여흥민씨 민영소가 명성황후 궁녀 언간 06 국립고궁박물관 3–12

〈명성궁녀-06, 1883~1895년, 미상 → 민영소〉

판독문

봉셔 밧즈와 보옵고[1] 긔후 태평ㅎ오신 일 아옵고 든든 츅슈ㅎ와 ㅎ오며 비혈노 딕단ㅎ오신
일 괴롭ㅅ오시려 일ㅋㅅ오며 여긔셔는 냥뎐 문안 안녕ㅎ오시오니 츅슈ㅎ와 ㅎ옵고 여긔셔
는 희소로 밤의 순뎐 자지 못ㅎ와 괴롭습ᄂ이다 악가 녹지는 보아 겨실 듯ㅎ외다

판독대비

번호	판독자료집	이기대 (2007 : 354)	국립고궁박물관 (2010 : 137)
1	보옵고	보옵고	보옵고

여흥민씨 민영소가 명성황후 궁녀 언간 07 국립고궁박물관 1-12

〈명성궁녀-07, 1883~1895년, 미상 → 민영소〉

판독문

쟉일 봉셔 밧ㅈ와 보옵고[1] 긔후 태평ㅎ오신 일 츅슈ㅎ옵고 일긔 극심이 덥ㅅ온디 힝녁의 오
즉 곤비ㅎ오실잇가 여긔셔는 냥뎐 문안 안녕ㅎ오시오니 츅슈ㅎ옵고 듁동 오라바님 블의의[2]
발힝ㅎ오니 답답ㅎ온 듕[3] 셥셥 층냥업ㅅ옵고 쟉일 총총ㅎ와 이졔 ㅎ옵ᄂ이다

판독대비

번호	판독자료집	이기대 (2007 : 356)	국립고궁박물관 (2010 : 107)
1	보옵고	보옵고	보옵고
2	블의의	블의외	블의외
3	듕	즁	즁

여흥민씨 민영소가 명성황후 궁녀 언간 08 국립고궁박물관 1-2

〈명성궁녀-08, 1883~1895년, 미상 → 민영소〉

판독문

봉셔 밧즈와 보옵고[1] 긔후 태평ᄒ오신 문안 아옵고 든든ᄒ오며 어마님 졔졀 만안ᄒ오신잇
가 여긔셔는 냥년 문안 안녕ᄒ오신니 하졍의 축슈ᄒ옵고 츙졍이 무탈ᄒ온닛가

판독대비

번호	판독자료집	이기대 (2007 : 358)	국립고궁박물관 (2010 : 95)
1	보옵고	보옵고	보옵고

여흥민씨 민영소가 명성황후 궁녀 언간 09 _{국립고궁박물관 1-13}

〈명성궁녀-09, 1883~1895년, 미상 → 민영소〉

판독문

봉셔 밧즈와 보옵고[1] 긔후 태평ᄒ오신 문안 아옵고 든든 츅슈ᄒ와 ᄒ옵고 어마님 침슈 졔졀
만안ᄒ오신닛가 여긔셔는 냥뎐 문안 안녕ᄒ오시오니 츅슈ᄒ옵고 듁동 오라바님[2] 소식 듯ᄉ
오니 지졀 못지 안ᄉ오신 일 흔츅ᄒ온 듕 환국ᄒ오시온 말ᄉᆷ 듯ᄉ오니 미리 든든 측냥업ᄉ
오며 튱경이 날포[3] 셩치 못ᄒ오니 외오 궁금 답답 층냥업ᄉ외다 당장 보지 못ᄒ오니 궁금ᄒ
외다

판독대비

번호	판독자료집	이기대 (2007 : 360)	국립고궁박물관 (2010 : 108)
1	보옵고	보옵고	보옵고
2	듁동 오라바님	듁동오라버님	듁동 오라버님
3	날포	날로	날로

여흥민씨 민영소가 명성황후 궁녀 언간 10 _{국립고궁박물관 2-6}

〈명성궁녀-10, 1883~1895년, 미상 → 민영소〉

판독문

봉셔 밧ᄌ와 보옵고[1] 긔후 태평ᄒ오신 일 아옵고 든든 축슈ᄒ와 ᄒ옵고 어마님겨오샤 침수 제졀 만안ᄒ오신지 궁금ᄒ옵고 여긔셔는 냥뎐 문안 안녕ᄒ오시오니 축슈ᄒ오며 듁동 오라 바님 소식 듯ᄉ오시니 평안ᄒ오시다오니 축슈ᄒ옵고 튱경이 무탈ᄒ오닛가 탕졔는 아직 맛ᄉ오나 엇더ᄒ올지 모루기ᄉ오이다

판독대비

번호	판독자료집	이기대 (2007 : 362)	국립고궁박물관 (2010 : 118)
1	보옵고	보옵고	보옵고

여흥민씨 민영소가 명성황후 궁녀 언간 11 국립고궁박물관 1-1

〈명성궁녀-11, 1883~1895년, 미상 → 민영소〉

판독문

봉셔 밧ᄌ와 보옵고[1] 긔후 태평ᄒ오신 문안 아옵고 든든 츅슈ᄒ와 ᄒ옵고 어마님 환후 씨긋
지 못ᄒ온신 일 동동ᄒ옵고 여긔셔는 냥뎐 문안 안녕ᄒ오시오니 츅슈ᄒ옵고 튱경이[2] 무탈
ᄒ온닛가

판독대비

번호	판독자료집	이기대 (2007 : 364)	국립고궁박물관 (2010 : 94)
1	보옵고	보옵고	보옵고
2	튱경이	–	츙경이

여흥민씨 민영소가 명성황후 궁녀 언간 12 국립고궁박물관 1-10

〈명성궁녀-12*, 1883~1895년, 미상 → 민영소〉

판독문

봉셔 밧즈와 보옵고[1] 긔후 태평흐오신 문안 아옵고 든든 축슈흐오며 여긔셔는 냥뎐 문안 안
녕흐오시옵고 마마 환후 조곰 낫스와 가오시니 축슈축슈흐옵고 다름 아니오라 탄일노 흐와
심녀되옵고 날은 점점 임박흐옵고 입이 쓰와 말이 안 나옵고 만스의 답답흐온 등[2] 츠지 초조
축급흐옵는 모양은 츠마 볼 슈 업스온 등 장춧 그날 엇디 낫츨 들는지 미리 답답흐옵고 오뉵
년 흐옵든 터이오라 서운 셥셥흐와 지널 닐 약약 엇더타 홀 슈 업습고 엇지흐옵다 이리 무셰
흐게 된 일 이돌습고 의논흐와도 고독히 된 일 겸발흐와[3] 이달고 답답흐오이다 의논도 홀
딕[4] 업습고 일일노 그쑨 아니오라 겸발흐눈 닐 만흐나 어니 누가 이지둥지흐는 니 업습고 말
흔마덕 의논홀 딕 업스올 닐과 이런 일을 당흐와도 삭막흐고 무셰흐니[5] 냥친 일즉 기셰흐시
와 그리흐온가 보오니 어니 누가 이런 스졍 아오릿가[6] 심난 쓸쓸흐오이다 남의 업시 동긔도
변변이 만티[7] 안습고 듁동 오라바님[8] 만스[9] 부운이시니 오라바님 밧 누구가 잇습ᄂᆞ잇가

판독대비

번호	판독자료집	이기대 (2007 : 366, 368)	국립고궁박물관 (2010 : 102~103)
1	보옵고	보옵고	보옵고
2	등	중	중
3	겸발흐와	격발흐와	-
4	홀 딕	홀딕	홀딕
5	무셰흐니	무례흐니	무례흐니
6	아오릿가	ᄋ 오릿가	ᄋ 오릿가
7	만티	만딕	만딕
8	듁동 오라바님	듁동오ᄅ바님	듁동오ᄅ바님
9	만스	만사	만사

* 앞뒷면으로 이어진 편지이다. 이기대(2007)에서는 앞면을 12-1, 뒷면을 12-2로 나누어 소개하였으나 여기서는 한
편지임을 고려하여 판독문을 나누지 않고 통합하여 제시하였다.

여흥민씨 민영소가 명성황후 궁녀 언간 13 국립고궁박물관 2-2

〈명성궁녀-13, 1883~1895년, 미상 → 민영소〉

판독문

봉셔 밧즈와 보옵고[1] 긔후 태평ᄒ오신 문안 아옵고 든든 츅슈ᄒ와 ᄒ옵고 여긔셔는 냥뎐 문
안 안녕ᄒ오시오니 츅슈ᄒ옵고 여긔셔는 한가지로 지니오며[2] 일쵸[3] 일 궤만 드려보닉시되
막초로[4] 보닉옵소셔

판독대비

번호	판독자료집	이기대 (2007 : 370)	국립고궁박물관 (2010 : 114)
1	보옵고	보옵고	보옵고
2	지니오며	지니오매	지니오매
3	일쵸	일듄	일듄
4	막초로	맛 든 긎	맛 든 긎

여흥민씨 민영소가 명성황후 궁녀 언간 14 국립고궁박물관 2-13

〈명성궁녀-14, 1883~1895년, 미상 → 민영소〉

판독문

봉셔 밧즈와 보옵고[1] 긔후 태평ᄒ오시온 일 아옵고 듣든 축슈ᄒ오며 어마님겨오ᄉ 졔졀이 미령ᄒ오시다오니 동동ᄒ옵고 여긔는 냥뎐 문안 안녕ᄒ오시오나 마마 감환으로 졍셩의 복모[2] 브리옵디 못ᄒ옵고 셔양ᄉ 삼 필 셔양목 일 통만 드려보니 쥬시고 니 즈쟝부티[3] 무식ᄒ 것과 쩌러진 거 고친 갑 쥬기ᄉ오니 여러 돌이 되와ᄉ오니 오늘노 젼 빅 냥만 넌지시 비즈ᄒ여 드려보니 쥬옵소셔 고간의셔 진분홍 가로 고혼 취월 가로ᄒ고 보라로 다홍 가로 좀 셔너 병[4] 싁싁 쥬옵소셔[5]

판독대비

번호	판독자료집	이기대 (2007 : 372)	국립고궁박물관 (2010 : 126)
1	보옵고	보옵고	보옵고
2	복모	븍모	븍모
3	니 즈쟝부티	니즈쟝 부터	니즈쟝 부터
4	병	명	명
5	쥬옵소셔	쥬옵소셔	쥬옵소셔

여흥민씨 민영소가 명성황후 궁녀 언간 15 국립고궁박물관 2-3

〈명성궁녀-15, 1883~1895년, 미상 → 민영소〉

판독문

봉셔 밧즈와 보옵고[1] 긔후 태평ᄒ오신 문안 아옵고 든든 츅슈ᄒ오며 여긔셔도[2] 냥뎐 문안
안녕ᄒ오시오니 츅슈ᄒ오며 젼은 아직 두시면 셩일 지니고 긔별ᄒ오리다 향즈의 고간의 주
와쓰니가 이번은 달니 넌지시 쓰기ᄉ옵ᄂ이다[3] 셩일 되와도 모혀 못 지니는 일 셥셥 층냥업
ᄉ외다

판독대비

번호	판독자료집	이기대 (2007 : 374)	국립고궁박물관 (2010 : 115)
1	보옵고	보옵고	보옵고
2	여긔셔도	여긔셔는	여긔셔는
3	쓰기ᄉ옵ᄂ이다	쓰기 ᄉ옵ᄂ이다	쓰기 ᄉ옵ᄂ이다

여흥민씨 민영소가 명성황후 궁녀 언간 16 _{국립고궁박물관 2-7}

〈명성궁녀-16, 1883~1895년, 미상 → 민영소〉

판독문

슈추 봉셔 밧ᄌ와 든든이 지니숩고 야간 긔후 태평ᄒ오시온잇가 어마님겨오ᄉ 셜후로 미령
이 지니오신다오니 외오 동동 브리옵디 못ᄒ옵고 여긔셔는 냥뎐 문안 안녕ᄒ오시오니 츅슈
ᄒ옵고 고간의 희삼 홍압 좀 더 드려보니시고 쟝지 유지 모ᄌ르오니 더 쥬시고 돈도 좀 슈
히 쥬옵소셔 추 살님 ᄒ와 가오니가 감질날 젹 만ᄉ오이다

판독대비

번호	판독자료집	이기대 (2007 : 376)	국립고궁박물관 (2010 : 119)

여흥민씨 민영소가 명성황후 궁녀 언간 17

〈명성궁녀-17, 1883~1895년, 미상 → 민영소〉

판독문

봉셔 밧ᄌ와 보옵고[1] 긔후 태평ᄒ오신 일 아옵고 든든 츅슈ᄒ오며 어마님겨오ᄉ[2] 졔졀이 쳬슈와 셜후로 미령ᄒ옵시다오니 외오 졍셩의 동동 브리옵디[3] 못ᄒ옵고 여긔셔는 냥뎐 문안 안녕ᄒ오시오니 츅슈ᄒ오며 고간의 돈이 업ᄉ와 ᄒ오니 단오의 딕의ᄒᄂᆞ더[4] 지쵹ᄒ오니다 오빅여슌삼 냥 위션 달나 ᄒ옵ᄂᆞ이다 모긔가 심ᄒ여 못 견디기ᄉ오니 모긔쟝 좀 드려보니 쥬오시고 이왕 말ᄉᆷᄒ옵든 과가 심인이 잇쩌 잇ᄉ더니 오늘 과가 난다오니[5] 이왕 거연ᄒ신 터이오니 셩명 니보니옵ᄂᆞ이다[6] ᄉ 인의[7] 셩명이외다[8]

판독대비

번호	판독자료집	이기대 (2007 : 378)	국립고궁박물관 (2010 : 134)
1	보옵고	보옵고	보옵고
2	어마님겨오ᄉ	어마님 겨오사	어마님 겨오사
3	브리옵디	브리옵디	브리옵디
4	단오의 딕의ᄒᄂᆞ더	단오 의딕의 ᄒᄂᆞ더	단오의 딕의 ᄒᄂᆞ더
5	난다오니	난다 오니	난다 오니
6	니보니옵ᄂᆞ이다	니 보니옵ᄂᆞ이다	니 보니옵ᄂᆞ이다
7	ᄉ 인의	ᄉ인의	ᄉ인의
8	셩명이외다	셩명이우다	셩명이우다

여흥민씨 민영소가 명성황후 궁녀 언간 18 국립고궁박물관 2-8

〈명성궁녀-18, 1883~1895년, 미상 → 민영소〉

판독문

봉셔 밧ㅈ와 보옵고[1] 긔후 태평ㅎ오신 문안 아옵고 든든 츅슈ㅎ와 ㅎ옵고 셔셜노 블인ㅎ오
신 일 답답 측냥업ㅅ오며 여긔셔는 냥뎐 문안 안녕ㅎ오시오니 츅슈ㅎ옵고 긔별ㅎ오신[2] ㅅ
연은 뵈와ㅅ오며 출쳐[3] 아니 겨오신디 근녁 드시긔 ㅎ오니 다 답답ㅎ옵고 여긔셔는 눈이 더
단디단ㅎ와 쓸 길 업습고 밀쩍 ㅈ튼 약 좀 지금지금[4] ㅎ여 주옵소셔

판독대비

번호	판독자료집	이기대 (2007 : 380)	국립고궁박물관 (2010 : 120)
1	보옵고	보옵고	보옵고
2	긔별ㅎ오신	긔셜ㅎ오신	긔셜ㅎ오신
3	출쳐	출쳐	출쳐
4	지금지금	지근지근	지근지근

여흥민씨 민영소가 명성황후 궁녀 언간 19 국립고궁박물관 2-9

〈명성궁녀-19, 1883~1895년, 미상 → 민영소〉

판독문

봉셔 밧ᄌ와 보옵고[1] 긔후 태평ᄒ오신 일 아옵고 든든 츅슈ᄒ오며 어마님 졔졀이 좀 엇더ᄒ
오신지 외쳐 졍셩의 브리옵지 못ᄒ옵고 여긔셔는[2] 냥뎐 문안 안녕ᄒ오시오니 츅슈ᄒ오며
젼은 긴급이 쓸 디[3] 잇숩다고 육빅 냥만 아모 돈이라도 드려보닉시옵소셔 션ᄌ 미션 별션으
로 좀[4] 쥬옵소셔

판독대비

번호	판독자료집	이기대 (2007 : 382)	국립고궁박물관 (2010 : 121)
1	보옵고	보읍고	보읍고
2	여긔셔는	여긔셔는	여긔셔는
3	쓸 디	쓸디	쓸디
4	좀	좀	좀

여흥민씨 민영소가 명성황후 궁녀 언간 20 국립고궁박물관 2-4

〈명성궁녀-20, 1883~1895년, 미상 → 민영소〉

판독문

봉셔 밧즈와 보옵고[1] 긔후 태평ᄒ오시온 문안 아옵고 든든 츅슈ᄒ와 ᄒ옵고 블인지졀 긴ᄒ
오신가 보오니 답답ᄒ오며 여긔셔는 냥뎐 문안 안녕ᄒ오시오니 츅슈ᄒ옵고 츙경이 무탈ᄒ
온닛가 신싱아도 잘 즈온 일 긔특ᄒ옵고 여긔 씌인 디로 명일 신조로 사 주옵소셔

판독대비

번호	판독자료집	이기대 (2007 : 384)	국립고궁박물관 (2010 : 116)
1	보옵고	보옵고	보옵고

여흥민씨 민영소가 명성황후 궁녀 언간 21 ^{국립고궁박물관 2-12}

〈명성궁녀-21, 1883~1895년, 미상 → 민영소〉

판독문

봉셔[1] 밧즈와 보옵고[2] 긔후 태평ᄒ오신 일 아옵고 든든ᄒ오며 죵야 블인ᄒ오신 일 외오 답
답ᄒ오며 어마님 졔졀 안녕ᄒ오시오닛가 여긔셔는 냥뎐 문안 안녕ᄒ오시오니 축슈ᄒ와 ᄒ
옵고 츙경이 무탈ᄒ온닛가 여긔셔는 한가지옵고 빈혀 보아 겨신잇가 화복의 ᄶ질 거시옵ᄂ
이다

판독대비

번호	판독자료집	이기대 (2007 : 386)	국립고궁박물관 (2010 : 125)
1	봉셔	–	셔
2	보옵고	보옵고	보옵고

여흥민씨 민영소가 명성황후 궁녀 언간 22 국립고궁박물관 2-5

〈명성궁녀-22, 1883~1895년, 미상 → 민영소〉

판독문

봉셔 밧즈와 보옵고[1] 긔후 태평ᄒ오신 일 아옵고 든든 츅슈ᄒ오며 어마님 졔졀 쾌츠ᄒ오시
온이잇가 여긔셔는 냥뎐 문안 안녕ᄒ오시오니 츅슈ᄒ옵고[2] 비는[3] 죵시 싀훤티 못ᄒ오시오
니 답답ᄒ오이다 여긔셔는 셔즁으로 괴롭스오이다 다름 아니오라 스향이옵든지 흔츙향이옵
든지 향 좀 어더 쥬오시고 비취옥 빈혀 구키 어려시거든 빅옥 민화잠이라도 소소로 구ᄒ와
쥬시고 산호 구이기 광구ᄒ와[4] 속히 어더 쥬시기 ᄇ라옵ᄂᆞ이다 탕졔는 그만 졍지ᄒ옵소셔

판독대비

번호	판독자료집	이기대 (2007 : 388)	국립고궁박물관 (2010 : 117)
1	보옵고	보옵고	보옵고
2	츅슈ᄒ옵고	츅슈ᄒ오고	츅슈ᄒ오고
3	비는	그 비는	그 비는
4	구이기 광구ᄒ와	구이기랑 구ᄒ와	구이기랑 구ᄒ와

여흥민씨 민영소가 명성황후 궁녀 언간 23 국립고궁박물관 2-1

〈명성궁녀-23, 1883~1895년, 미상 → 민영소〉

판독문

봉셔 밧즈와 보옵고[1] 긔후 태평ᄒ오신 문안 아옵고져 ᄒ오며 어마님 졔졀 좀 엇더ᄒ오신닛
가 여긔셔는 냥뎐 문안 안녕ᄒ오시오니 츅슈ᄒ옵고 향은 보아습ᄂ이다 유모 어셔어셔 드려
보닉시옵소셔 스롬이 업스오니 오늘 시방시방 드려보닉 쥬옵소셔

판독대비

번호	판독자료집	이기대 (2007 : 390)	국립고궁박물관 (2010 : 113)
1	보옵고	보옵고	보옵고

여흥민씨 민영소가 명성황후 궁녀 언간 24 국립고궁박물관 3-13

〈명성궁녀-24, 1883~1895년, 미상 → 민영소〉

판독문

봉셔 밧즈와 보옵고[1] 긔후 태평ᄒᆞ오신 문안 아옵고 든든 츅슈ᄒᆞ와 ᄒᆞ오며 어마님 졔졀 안녕
ᄒᆞ오신잇가 여긔셔도[2] 냥뎐 문안 안녕ᄒᆞ오시오니 츅슈ᄒᆞ오며 튱경이도[3] 무탈ᄒᆞ온닛가 된
ᄉᆞᄂᆞᆫ[4] 자셔이 보아ᄉᆞ오며 쟉일 과거 말ᄉᆞᆷᄒᆞ고 ᄉᆞ조[5] 쓴 녹지 둘 나간 것 부뎌 ᄒᆞ여 쥬시고
안 되면[6] 셩명이라도 드려보니시옵소셔

판독대비

번호	판독자료집	이기대 (2007 : 392)	국립고궁박물관 (2010 : 138)
1	보옵고	보옵고	보옵고
2	여긔셔도	여긔셔는	여긔셔는
3	튱경이도	퉁경이도	퉁경이도
4	된 ᄉᆞᄂᆞᆫ	린ᄉᆞᄂᆞᆫ	린ᄉᆞᄂᆞᆫ
5	ᄉᆞ조	ᄉᆞ도	ᄉᆞ도
6	안 되면	안뒤면	안뒤면

여흥민씨 민영소가 명성황후 궁녀 언간 25 국립고궁박물관 3-10, 11

〈명성궁녀-25, 1883~1895년, 미상 → 민영소〉

판독문

봉셔 밧주와 보옵고[1] 긔후 태평ᄒ오신 문안 아옵고져 ᄒ오며 여긔셔는 냥뎐 문안 안녕ᄒ오
시오니 츅슈ᄒ와[2] ᄒ옵고 작일 입송ᄒ오신 거슨 주시 보옵고 이 녹지 주셔이 보오시고 이디
로 ᄒ여 쥬옵소셔 향일 말슴ᄒ옵든 의장 참의 송은챵이 일은 잇지 마옵소셔 변장 최지텬 일
도 쏘ᄒ 엇디 되와습ᄂ이가

판독대비

번호	판독자료집	이기대 (2007 : 394)	국립고궁박물관 (2010 : 136)
1	보옵고	보옵고	보옵고
2	츅슈ᄒ와	–	츅수ᄒ와

여흥민씨 민영소가 명성황후 궁녀 언간 26 국립고궁박물관 3-9

〈명성궁녀-26, 1883~1895년, 미상 → 민영소〉

판독문

봉셔 밧즈와 보옵고[1] 긔후 태평ㅎ오신 문안 아아옵고 든든 츅슈ㅎ오며 여긔셔도[2] 냥뎐 문안
안녕ㅎ오시오니 츅슈ㅎ오며 일젼 드려보니신 거순 즈시 보아스오며 이 녹지는 향즈 일후
ㅎ여 쥬마 ㅎ시든 과거오니 니일 금셩 젼 과거의 ㅎ여 쥬시기[3] 브라옵느이다

판독대비

번호	판독자료집	이기대 (2007 : 396)	국립고궁박물관 (2010 : 135)
1	보옵고	보옵고	보옵고
2	여긔셔도	여긔셔는	여긔셔는
3	쥬시기	주시기	주시기

여흥민씨 민영소가 명성황후 궁녀 언간 27 ^{국립고궁박물관 3-7}

〈명성궁녀-27, 1883~1895년, 미상 → 민영소〉

판독문

봉셔 밧ᄌ와 보옵고 긔후 태평ᄒ오신 문안 아옵고 츅슈ᄒ옵고 여긔셔ᄂᆞᆫ 냥뎐 문안 안녕ᄒ
오시오니 츅슈ᄒ옵고 태평이 발힝ᄒ오사 수이 입셩ᄒ시기 밋습고 무가[1] ᄉ조 닉보여숩더니
보아 겨실 듯ᄒ옵고 부명 젹어도 관겨치 안타기 부명 젹어ᅀᆞ옵ᄂᆞ이다

판독대비

번호	판독자료집	이기대 (2007 : 398)	국립고궁박물관 (2010 : 133)
1	무가	각 가	각 가

여흥민씨 민영소가 명성황후 궁녀 언간 28 국립고궁박물관 3-5

〈명성궁녀-28, 1883~1895년, 미상 → 민영소〉

판독문

봉셔 밧즈와 보옵고[1] 긔후 태평ㅎ오신 문안 아옵고 든든 츅슈ㅎ오며 현긔로 블평ㅎ오신 일 외오 일쿳스오며 여긔셔는 냥뎐 문안 안녕ㅎ오신니[2] 츅슈ㅎ오며 츔경이 좀 엇더ㅎ온닛가 향즈 말슴ㅎ옵든 관즈 좀 니시고 긴히 셔간ㅎ오스 경상 감스의긔 말슴ㅎ여 겨신잇가 수이 좀 ㅎ여 주옵소셔

판독대비

번호	판독자료집	이기대 (2007 : 400)	국립고궁박물관 (2010 : 131)
1	보옵고	보옵고	보옵고
2	안녕ㅎ오신니	안녕하오신니	안녕하오신니

여흥민씨 민영소가 명성황후 궁녀 언간 29 국립고궁박물관 3-4

〈명성궁녀-29, 1883~1895년, 미상 → 민영소〉

판독문

봉셔 밧즈와 보옵고[1] 긔후 태평ᄒ오신 문안 아옵고 든든 츅슈ᄒ와 ᄒ오며 어마님[2] 침슈 졔
졀 만안ᄒ오신닛가 여긔셔는 냥뎐[3] 문안 안녕ᄒ오시오니 츅슈츅슈ᄒ와 ᄒ옵고 쟉일 말슴ᄒ
온 과거은 ᄒ나토 범연티 안ᄉ와[4] 낙즈 업셔야 싱광이오니 ᄒ나 실긔 마시옵[5] 방 나는디 썬
지면 당초의 긔별도 아니신 줄노 아옵ᄂ이다

판독대비

번호	판독자료집	이기대 (2007 : 402)	국립고궁박물관 (2010 : 130)
1	보옵고	보옵고	보옵고
2	어마님	어ᄆ님	어ᄆ님
3	냥뎐	냥젼	냥젼
4	안ᄉ와	안사와	안사와
5	마시옵	마시 옵	마시 옵

여흥민씨 민영소가 명성황후 궁녀 언간 30 국립고궁박물관 1-16

〈명성궁녀-30, 1883~1895년, 미상 → 민영소〉

판독문

봉셔 밧즈와 보옵고[1] 긔후 태평ㅎㅇ오신[2] 문안 아옵고 든든 츅슈ㅎ와 ㅎ옵고 어마님 침슈
졔졀 안녕ㅎㅇ오신잇가 오늘 쳔빅 셰 싱신 되오시니 외쳐셔 든든 츅슈ㅎ와 ㅎ옵고 여긔셔는
냥뎐 문안 안녕ㅎㅇ오신이 츅슈ㅎ와 ㅎ옵고 작일 산디은 아바님 뫼실 산디온닛가 친히 보시
니 합당티 못ㅎ오시다오니 낭픠옵고[3] 봉셔는 남은 지조와 ㅅ연이 그만이오니 모훈을 현져
이이 ㅎ시니[4] 주못 수괴ㅎ온 둥 즈당감수오며[5] 인ㅅ은 노둔ㅎ온디 부졀업슨 희만 가오니
붓그리오믈 층냥업ㅅ옵ㄴ이다 튱경이 무탈ㅎ온닛가

판독대비

번호	판독자료집	이기대 (2007 : 404)	국립고궁박물관 (2010 : 111)
1	보옵고	보옵고	보옵고
2	태평ㅎㅇ오신	태평ㅎ오신	태평ㅎ오신
3	낭픠옵고	낭픠 읍읍	낭픠 읍읍
4	현져이이 ㅎ시니	현져이 인ㅎ시니	현져이 인ㅎ시니
5	즈당감수오며	즈당 김수오며	즈당 김수오며

여흥민씨 민영소가 명성황후 궁녀 언간 31

〈명성궁녀-31, 1883~1895년, 미상 → 민영소〉

판독문

봉셔 밧즈와 보옵고[1] 긔후 태평ㅎ오신 일 아옵고 든든 축슈ㅎ오며 쟉일은 의외 밧 싱각디
못ㅎ와숩더니 마춤 겨오스 만나 뵈오니 반갑숩고 든든 엇더타 이로 형언키 어렵스오나 말
슴도 못옵고[2] 츈몽곳티 뵈오니 봉셔로 ㅎ는 것과는 팔결이와 너모 반갑스오나[3] 송셕원을
보오니 셕스를 싱각ㅎ오니 감회ㅎ옵기 비홀 바을 모루오며 초목과[4] 빅스의 구ㅎ디 도라가
신 쳬용 못 뵈옵고 아룸 안 겨오시고 황연이 빈집이니 싱각스록 감회ㅎ옵고 반갑스온 듕 덧
업시 훌쳐[5] 드러오오니 우금 눈의 션ㅎ오이다 이졔 어나 쩌나 뵈올지 이졔 쥬년이 나마사오
니 그스이 인시룰 모로기스오이다[6] 어마님과 틍경 못 보고 오니 셥셥 졀통졀통ㅎ오이다 잠
간이나 뵈니 도라가신 아바님 뵈나나 답지 안스오이다 여긔셔는 동가 환궁 태평이 ㅎ오시
고 침슈 안녕ㅎ오시외다 의막만 보고 집은 볼고마는 오라바님 못 뵈옵는가 ㅎ와드니 쳔만
의 뵈오니 이로 형언키 어렵스오이다 당쥬지 좀[7] 주옵소셔

판독대비

번호	판독자료집	이기대 (2007 : 406)	국립고궁박물관 (2010 : 123)
1	보옵고	보옵고	보옵고
2	못옵고	못ㅎ고	못ㅎ고
3	반갑스오나	반굡스오나	반굡스오나
4	초목과	초 앗과	초 앗과
5	훌쳐	훌 쳐	훌 쳐
6	모로기스오이다	모르기스오이다	모르기스오이다
7	당쥬지 좀	당쥬 저즘	당쥬 저즘

여흥민씨 민영소가 명성황후 궁녀 언간 32 국립고궁박물관 1-14

〈명성궁녀-32, 1883~1895년, 미상 → 민영소〉

판독문

봉셔 밧즈와 보옵고[1] 긔후 태평ᄒ오신 일 아옵고 든든 츅슈ᄒ오며 여긔셔는 냥뎐 문안 안녕
ᄒ오시오니 츅슈ᄒ오며 역젹 원슈 놈은 ᄒ나라도 잡스와 우흐로 분ᄒ오심과 아리로[2] 우리
원슈롤 일분이라로도 갑스올 터이오나[3] 스흉을 마자 잡습기 ᄇ라옵고 그놈이 지금것 잇던
쥴이 분ᄒ오이다 듁동 오라바님 졍녕이 환국ᄒ오시오니 미리 든든 층냥업습고 오늘 젼역
강갑의 납치ᄒ오니 든든ᄒ온 둉 감회ᄒ옵기[4] 비홀 디[5] 업스오이다

판독대비

번호	판독자료집	이기대 (2007 : 408)	국립고궁박물관 (2010 : 109)
1	보옵고	보옵고	보옵고
2	아리로	아려로	아려로
3	갑스올 터이오나	갑스올터이오니	갑스올터이오니
4	감회ᄒ옵기	감회ᄒ옵긔	감회ᄒ옵긔
5	비홀 디	비홀디	비홀디

여흥민씨 민영소가 명성황후 궁녀 언간 33 국립고궁박물관 1-15

〈명성궁녀-33, 1883~1895년, 미상 → 민영소〉

판독문

봉셔 밧ᄌ와 보옵고[1] 긔후 태평ᄒ오신 일 아옵고[2] 든든 츅슈ᄒ오며 어마님 안녕ᄒ오시오닛
가[3] 여긔셔는 냥뎐 문안 안녕ᄒ오시오니 츅슈ᄒ오며 강갑의 뎌ᄉᄂ 순셩ᄒ옵고 잘 잣다 ᄒ
오시오니 든든ᄒ온 듕 감회 층냥 비홀 ᄃ[4] 업ᄉ오며 듁동 오라바님[5] 젹실이 오ᄂᆯ 나오신다
오니 든 반갑ᄉ외다

판독대비

번호	판독자료집	이기대 (2007 : 410)	국립고궁박물관 (2010 : 110)
1	보옵고	보옵고	보옵고
2	아옵고	아옵고	아옵고
3	안녕ᄒ오시오닛가	안녕하오시오닛가	안녕하오시오닛가
4	비홀 ᄃ	비홀더	비홀더
5	듁동 오라바님	죽동오라바님	죽동오라바님

여흥민씨 민영소가 명성황후 궁녀 언간 34 국립고궁박물관 2-10

〈명성궁녀-34, 1883~1895년, 미상 → 민영소〉

판독문

봉셔 밧ᄌ와 보옵고[1] 긔후 태평ᄒ오시오니 축슈ᄒ옵고 어마님 미령 졔졀노 괴로이 지ᄂ오
시ᄂ 일 동동ᄒ오이다[2] 여긔셔ᄂ[3] 냥년 문안 안녕ᄒ오시오니 축슈ᄒ옵고 강갑이ᄂ 방방의
드러와 보오니 든든 깃분 즁 시로이 심회를 지향 업습고[4] 촉쳐의 아바님 싱각 안 나오릿가[5]
그러나 오즉 심녀와 허비ᄒ와 겨시려 일ᄏ습고 어ᄂ덧 자라와 지금을 보오니 신통신통ᄒ오
이다 긴히 쓰기ᄉ니 젼 이빅 냥만 명일 식젼의 보ᄂ옵소셔

판독대비

번호	판독자료집	이기대 (2007 : 412)	국립고궁박물관 (2010 : 122)
1	보옵고	보옵고	보옵고
2	동동ᄒ오이다	동동ᄒ오이나	동동ᄒ오이나
3	여긔셔ᄂ	여기셔ᄂ	여기셔ᄂ
4	업습고	업삽고	업삽고
5	안 나오릿가	안나오됫가	안나오됫가

여흥민씨 민영소가 명성황후 궁녀 언간 35 국립고궁박물관 1-9

〈명성궁녀-35, 1883~1895년, 미상 → 민영소〉

판독문

봉셔 봇쟈와 보옵고 긔후 틱평ㅎ오시니 든든 츅슈ㅎ오며 여긔는 냥뎐 문안 안녕ㅎ오시니
츅슈ㅎ오며 아바님겨오샤 졔졀 만강ㅎ오시고 숑셔 권셔 ᄂ려오셔는 보오며 어마님겨오셔는
미령 졔졀 동졍이 계시니 츅슈ㅎ옵고 형님 병 동졍 잇스오니 다힝ㅎ오이다 그ᄉᄉ이 회셔
ㅎ오련만 죠심되여 못 ㅎ와ᄉᄂ이다

판독대비

번호	판독자료집	이기대 (2007 : 414)	국립고궁박물관 (2010 : 101)

여흥민씨 민영소가 명성황후 궁녀 언간 36 국립고궁박물관 1-17

〈명성궁녀-36, 1883~1895년, 미상 → 민영소〉

판독문

봉셔 보옵고[1] 든든ᄒ오나 종시 ᄭᅵ긋지 못ᄒ신 일 답답ᄒ오이다 예ᄂᆫ 대소됴[2] 졔졀 만안ᄒ오
시니 경츅이오며 슈진궁 ᄉ난 당ᄒ의 김 샹궁이 녹지의 젹기을 뉴진ᄒᆫ 최듀항이가[3] 당쵼듸
변가가 노 ᄎ지을 ᄭᅵ고 졔가 ᄲᅢ셔 가랴 ᄒ니 뉴 최 이 인을 ᄎ례가 갈 ᄎ례니 가긔 ᄒ라 ᄒ
기의 무지ᄒᆫ 궁임 블너 말ᄒ기 실키로 ᄎ지의긔 말ᄒ기을[4] 뉴가 최가가 갈 ᄎ례인듸 변가가
역니로 가긔다 ᄒ다니 뉴가 최가 변가 홀 것읍시 공졍이 ᄒ라 ᄒ엿더니 ᄎ지 말이 녹지듸로
뉴가 최가가 가긔 ᄒ엿ᄶᅡ ᄒᆫ 거신듸 언졔는 졔가 가긔ᄶᅡ 녹지의 젹어 쳥ᄒ고 언졔난 +

판독대비

번호	판독자료집	이기대 (2007 : 416)	국립고궁박물관 (2010 : 112)
1	보옵고	보옵고	보옵고
2	대소됴	져소로	져소로
3	최듀항이가	최쥬항이가	최쥬항이가
4	ᄎ지의긔 말ᄒ기을	ᄎ지의 긔발ᄒ기을	ᄎ지의 긔발ᄒ기을

■ 대상 언간

순명효황후(純明孝皇后, 1872~1904)가 위관(韋觀) 김상덕(金商悳, 1852~1924)에게 보낸 한글편지 중 魚江石(2007)에 소개된 10건을 이른다. 이들 편지는 다른 유물들과 함께 경주김씨(慶州金氏) 학주(鶴洲) 김홍욱(金弘郁, 1602~1654)의 후예인 김면주(金勉柱, 1740~1807)의 후손가(後孫家)에서 소장하고 있던 것이다. 소장 유물 일체를 1990년 한국정신문화연구원(현 한국학중앙연구원)에서 수집, 조사하면서 마이크로필름을 제작하고 『古文書集成』 제8권으로 영인하여 출간하였다. 소장 유물은 김상덕의 증손(曾孫) 김환기(金煥冀)가 보관하여 오다가 2006년 한국학중앙연구원에 기증하여 현재는 한국학중앙연구원 장서각에서 편지 원본과 마이크로필름을 모두 소장하고 있다.

■ 언간 명칭 : 순명효황후 언간

대상 언간을 처음 소개한 魚江石(2007)에서는 '순명효황후 관련 한글 간찰'이라는 명칭을 사용하였다. 이때 '관련'이라는 표현을 넣은 까닭은 김상덕이 순명효황후에게 보내기 위해 쓴 편지의 초고 1건을 함께 다루었기 때문으로 보인다. 이후 한국학중앙연구원 편(2009a)에서는 魚江石(2007)에 소개된 11건을 포함하여 총 20건의 한글편지를 '보령 경주김씨 한글 간찰'이라는 명칭 아래 역주하여 소개하였다. 이 판독자료집에서는 魚江石(2007)에 소개된 11건 중 김상덕의 편지 초고를 제외한 10건에 대하여 '순명효황후 언간'으로 명칭을 조정하는 한편, 출전 제시의 편의상 약칭이 필요할 경우에는 '순명효황후'를 사용하였다.

■ 언간 수량 : 10건

魚江石(2007)에서는 모두 10건을 순명효황후 편지로 소개하였으나 한국학중앙연구원 편(2009a)에서는 10건 외에 또 다른 1건을* 소개하면서 발신자가 명확하지 않은 편지로 분류하였다. 그런데 이 편지가 필체와 내용으로 보아 순명효황후의 편지가 분명할 뿐 아니라 다른 10건에 비해 보낸 시기가 가장 앞선 편지라는 사실이 최근 밝혀졌다. 결국 지금까지 알

---

* 한국학중앙연구원 편(2009a : 432~435)에 19번 편지로 소개된 편지를 가리킨다.

려진 순명효황후 한글편지는 총 11건에 이른다고 해야 할 것이나 이 판독자료집에서는 魚江石(2007)에 준하여 소개 당시 순명효황후의 것으로 판단한 10건만을 수록 대상으로 하였다. 편지 번호는 한국학중앙연구원 편(2009a)에 수록된 순서를 따르되 01~10의 번호를 새로 부여하였다. 魚江石(2007)에서 부여된 번호는 각주에 소개하여 서로 참조할 수 있도록 하였다.

■ 원문 판독

魚江石(2007)에서는 순명효황후의 한글편지 10건 중 5건에 대해서만 판독문을 처음으로 소개하였다. 이후 한국학중앙연구원 편(2009a)에서는 기존의 10건 외에 1건을 추가하여 총 11건의 순명효황후 한글편지를 다루면서 판독문 외에 주석과 현대어역 및 해설을 덧붙여 소개하였다. 이 판독자료집에서는 기존 판독 가운데 한국학중앙연구원 편(2009a)에서 이루어진 판독 사항과 대비하여 차이가 있는 부분을 표로 제시하고 판독 결과를 대조하는 데 도움이 될 수 있도록 하였다.

■ 발신자와 수신자

발신자와 수신자는 각각 순종(純宗, 1874~1926)의 첫 번째 비(妃)인 순명효황후(純明孝皇后, 1872~1904) 민씨(閔氏)와 위관(韋觀) 김상덕(金商悳, 1852~1924)이다*. 순명효황후는 남편인 순종에게서 김상덕에 대한 이야기를 자주 들어 김상덕을 스승처럼 여겼던 듯하다. 순명효황후는 명성황후의 며느리로서 명성황후가 시해당하는 현장에 있었으므로 명성황후가 시해당한 일이나 그 뒤 일본에 부당한 간섭을 받는 시대 상황에 대하여 비분강개함이 많았다. 순명효황후는 이러한 처지에서 스승처럼 여긴 김상덕과 편지를 주고받음으로써 심회를 풀고 위로를 얻었던 것으로 여겨진다.

■ 작성 시기

순명효황후는 순종(純宗)의 첫 번째 비(妃)인데, 1882년 세자빈에 책봉되어 순종이 황위에 오르기 전인 1904년에 사망하였다. 편지의 내용과 발수신자의 정보를 참고할 때 대략적인 작성 시기는 1894~1904년 사이로 추정된다. 이 판독자료집에서는 작성 시기에 대해 魚江石

---

* 魚江石(2007 : 181)에 따르면 "위관과 순명왕후는 아마도 위관이 세자시강원 필선으로 있으면서 세자의 강학을 담당하던 시기에 사부(師傅)로서의 인연을 맺은 듯하다."라고 하였다.

(2007 : 166~167)에서 밝혀진 내용을 그대로 따랐다.

■ 자료 가치

19세기에서 20세기로 넘어가는 시기에 궁중의 최상위 계층의 언어와 문체를 알 수 있는 자료로 이용될 수 있고, 서체적으로도 뛰어난 조형미를 보여 준다는 점에서 매우 귀중한 자료이다.

■ 자료 해제

자료의 서지 사항에 대한 자세한 내용은 魚江石(2007 : 165~171)과 한국학중앙연구원 편(2009a : 32~35)을 참고할 수 있다.

■ 원본 사항

- 원본 소장 : 한국학중앙연구원 장서각
- 마이크로필름 : 한국학중앙연구원 소장
- 크기 : 23.4×12.6cm(08번) 등

■ 판독 사항

魚江石(2007),「藏書閣 所藏 '純明孝皇后 관련 한글 簡札'의 內容과 價値」,『藏書閣』17, 한국학중앙연구원, 163~183쪽. ※ 5건 판독

한국학중앙연구원 편(2009a),『조선 후기 한글 간찰(언간)의 역주 연구』8, 태학사. ※ '보령 경주김씨 한글 간찰'이라는 명칭 아래 20건 판독(이 중 순명효황후 편지는 11건, 단 1건은 발신자 미상으로 처리)

■ 영인 사항

한국정신문화연구원(1990),『古文書集成』8, 한국정신문화연구원. ※ 대상 편지를 포함하여 11건 영인

魚江石(2007),「藏書閣 所藏 '純明孝皇后 관련 한글 簡札'의 內容과 價値」,『藏書閣』17, 한국

학중앙연구원, 163~183쪽. ※ 대상 편지를 포함하여 11건 영인

한국학중앙연구원 편(2009b), 『조선 후기 한글 간찰(언간) 영인본』 4, 태학사. ※'보령 경주김씨 한글 간찰'이라는 명칭 아래 20건 영인(이 중 순명효황후 편지는 11건, 단 1건은 발수신자 미제시)

■ 참고 논저

魚江石(2007), 「藏書閣 所藏 '純明孝皇后 관련 한글 簡札'의 內容과 價値」, 『藏書閣』 17, 한국학중앙연구원, 163~183쪽.

박정숙(2012), 「조선시대 마지막 정비(正妃) 순명효황후의 생애와 글씨세계」, 『月刊 書藝』 통권 371호, 120~125쪽.

한국정신문화연구원(1990), 『古文書集成』 8, 한국정신문화연구원.

한국학중앙연구원 편(2009a), 『조선 후기 한글 간찰(언간)의 역주 연구』 8, 태학사.

한국학중앙연구원 편(2009b), 『조선 후기 한글 간찰(언간) 영인본』 4, 태학사.

황문환(2010), 「조선시대 언간 자료의 현황과 특성」, 『국어사 연구』 10호, 국어사학회, 73~131쪽.

황문환(2012), 「조선시대 왕실의 한글편지」, 『조선 왕실의 문예』, 장서각 ACADEMY 왕실문화강좌, 한국학중앙연구원 장서각, 73~85쪽.

〈순명효황후-01, 1897년경, 순명효황후 → 김상덕〉

판독문

오릭간만의[1] 봉셔 보옵고[2] 기간 지닉신 말슴은 무슨 말슴을 ᄒᆞ오릿가 겸ᄒᆞ와 누삭 미령 졔 졀이 디단ᄒᆞ시든 일 지닌 일이오나 놀납ᄉᆞ오며 궁향[3]의 됴셥ᄒᆞ시는 범뵉이나[4] 편ᄒᆞ신지 궁 금ᄒᆞ오며 예는 대소됴 졔졀 만안ᄒᆞ오시옵고[5] 폐ᄒᆞ 탄신일이 머지아니ᄒᆞ오시오니 경츅 만만 이온 듕 셤마마 셩음이 졈졈 머러지옵고[6] ᄯᅩ 년시 면흉이 못 되와 민졍이 분요ᄒᆞᆫ[7] 일 슉식 의 못 닛치옵ᄂᆞ이다[8] 나는 잘 잇ᄉᆞ오나 심신이 강기ᄒᆞᆫ 일이 만ᄉᆞ오니 협견을 아실 듯ᄒᆞ오이 다 역 칠실의[9] 탄이나 지지 안ᄉᆞ오이다 칠월 십삼일

판독대비

번호	판독자료집	한국학중앙연구원 편 (2009a : 386)
1	오릭간만의	오려간만의
2	보옵고	보옵고
3	궁향	궁항
4	범뵉이나	밈뵉이나
5	만안ᄒᆞ오시옵고	만안ᄒᆞ옵시고
6	머러지옵고	머러지옵고
7	분요ᄒᆞᆫ	불온ᄒᆞᆫ
8	닛치옵ᄂᆞ이다	닛치옵ᄂᆞ이다
9	역 칠실의	역칠실의

....

[*] 魚江石(2007)에서는 4번 편지로 소개되었다.

순명효황후 언간 02[*]

〈순명효황후-02, 1897년경, 순명효황후 → 김상덕〉

판독문

봉셔 보옵고[1] 느리 블평[2] 듕 지니시는가 보오니 향니[3] 침폐ᄒ신[4] 연고이온 듯 장시 일캇습고 예는 대니 문안 만안ᄒ오시니 경축[5] 만만이오며 나는 체증으로 여름을 지니오니 답답ᄒ오며 향일은[6] 우연이 시험ᄒ 글시옵고[7] 디스룹지 아닌 거신디 도로여 블안ᄒ오이다[8] 금년은 년스나[9] 풍셩ᄒ여 민졍이나 위로되기 ᄇ라옵ᄂ이다[10] 셩념의 태평이 지니시기 ᄇ라옵ᄂ이다[11] 나라의 경축이 금년 갓스온 쩨 드무오니 ᄒ졍이 웃더타 ᄒ올 길 읍스오나 일변[12] 츄모지통이[13] 미스지젼의 잇스올 길 읍스오이다 칠월 초칠일

판독대비

번호	판독자료집	한국학중앙연구원 편 (2009a : 389)
1	보옵고	보옵고
2	블평	불평
3	향니	항시
4	침폐ᄒ신	침례ᄒ신
5	경축	경축
6	향일은	향일
7	글시옵고	글시옵고
8	블안ᄒ오이다	불안ᄒ오이다
9	년스나	연스나
10	ᄇ라옵ᄂ이다	ᄇ라옵나이다
11	ᄇ라옵ᄂ이다	ᄇ라옵나이다
12	일변	일켠
13	츄모지통이	측난지통이

....
[*] 魚江石(2007)에서는 3번 편지로 소개되었다.

순명효황후 언간 03[*]

〈순명효황후-03, 1904년, 순명효황후 → 김상덕〉

판독문

> 川弓 後洞上書
> 金直閣宅 入納

거월의 봉셔 보옵고[1] 긔후 안강ᄒ오신 소식 듯ᄉ오니 오리 궁금ᄒ옵든 마음이 든든ᄒ오이다 예ᄂ 황샹 폐ᄒ 셩후 만안ᄒ오시옵고[2] 츈궁[3] 졔졀 만안ᄒ오시니 이 밧 경츅이[4] 읍ᄉ오며 나ᄂ 몸이 별양 읍ᄉ오나 몸이 지통의 잠겨시니 이락 간 죄인이라 쳔지만믈의[5] 가이 조흔 거시 읍ᄂ 듯 무뎡ᄒ 셰월은 ᄌ로 맛ᄂ이니 싱ᄉ의 붓그럽ᄉ오이다 향니 고됴로 지니시ᄂ 일 단단ᄒ오이다 삼월 초오일

판독대비

번호	판독자료집	한국학중앙연구원 편 (2009a : 391~392)
1	보옵고	보옵고
2	만안ᄒ오시옵고	만안ᄒ오시옵고
3	츈궁	춘궁
4	경츅이	경츅이
5	쳔지만믈의	쳔지 만물의

....
* 魚江石(2007)에서는 9번 편지로 소개되었다.

순명효황후 언간 04[*]

〈순명효황후-04, 1902년, 순명효황후 → 김상덕〉

판독문

작년 일츠 봉셔 보온 후 연ᄒ와 긔후 강건ᄒ오시옵고[1] 작년 갓ᄉ온 겸년과 치위의 웃지 지니신지 궁금ᄒ옵드니[2] 과셰 안강이 ᄒ오신 긔별 듯ᄌ오니 만힝이오며[3] 예는 대소됴 문안 만안ᄒ오시옵고[4] 금년 갓ᄉ온 경츅지시을[5] 당ᄒ오니 경츅ᄒ[6] ᄒ졍 측냥옵ᄉ오며[7] 나도 별고 옵ᄉ옵고[8] 신년브터난 가국이 일체 태평ᄒ여 신민이 안도낙업ᄒ기을 ᄇ랄 ᄲ운이외다 졍월 염삼일

판독대비

번호	판독자료집	한국학중앙연구원 편 (2009a : 394)
1	강건ᄒ오시옵고	강건ᄒ오시옵고
2	궁금ᄒ옵드니	궁금ᄒ옵드니
3	만힝이오며	만힝이 오며
4	만안ᄒ오시옵고	만안ᄒ오시옵고
5	경츅지시을	경츅 지시을
6	경츅ᄒ	경츅ᄒ
7	측냥옵ᄉ오며	측양옵ᄉ오며
8	옵ᄉ옵고	옵ᄉ옵고

---

* 魚江石(2007)에서는 5번 편지로 소개되었다.

순명효황후 언간 05[*]

〈순명효황후-05, 1902년경, 순명효황후 → 김상덕〉

판독문

+ 아옵거니와 문안은 엇지 아니 드러오시며 벼슬ᄒ시기 밋ᄂ이다 한심한심ᄒ 말솜 만ᄉ오나 다 못ᄒᄂ이다 어ᄂ[1] 쩌 가시ᄂ잇가[2] 듯ᄂ니 간단 말만 들니니 어ᄂ[3] 쩌나 태평ᄒ 쩌오닛가[4] 가시면 아조 싱각도 아니시고 오셔야 셔찰을 ᄒ시니 심궁의 갓치인 ᄆ음 야쇽ᄒ오이다[5]

판독대비

번호	판독자료집	한국학중앙연구원 편 (2009a : 396)
1	어ᄂ	어나
2	가시ᄂ잇가	가시나잇가
3	어ᄂ	어나
4	쩌오닛가	쯰 오닛가
5	야쇽ᄒ오이다	야쇽ᄒ오니다

* 魚江石(2007)에서는 7번 편지로 소개되었다.

순명효황후 언간 06[*]

〈순명효황후-06, 1902년경, 순명효황후 → 김상덕〉

판독문

> 틴즈비궁 젼하 봉셔
>
> 임인 졍월

회답ㅎ소셔 만 번 밋습ᄂᆞ니 이번 문약이 힝츠의 동힝ᄒᆞ옵소셔[1] 심간을 쏘다 진졍으로 쳥홀
일 잇ᄉᆞ오니 능이 드르시릿가 주ᄉᆞ을 위ᄒᆞᄉᆞ 블셕신명ᄒᆞ소셔[2]

판독대비

번호	판독자료집	한국학중앙연구원 편 (2009a : 397~398)
1	동힝ᄒᆞ옵소셔	동힝ᄒᆞ옵소셔
2	블셕신명ᄒᆞ소셔	불셕신명ᄒᆞ쇼셔

....

* 魚江石(2007)에서는 6번 편지로 소개되었다.

순명효황후 언간 07[*]

〈순명효황후-07, 1904년, 순명효황후 → 김상덕〉

판독문

> 갑진 스월 하셔

냥추 봉셔 보옵고[1] 기간 느리[2] 블평이[3] 지니오시는가 보오니 답답 일캇스오며 예는 대소됴
문안 안녕ㅎ오시니 츅슈ㅎ오며[4] 화지의 기시[5] 창황ㅎ오믄 일을 것 옵스오며 나는 잘 잇스
오이다 스월 십팔일

판독대비

번호	판독자료집	한국학중앙연구원 편 (2009a : 399~400)
1	보옵고	보옵고
2	느리	누리
3	블평이	불평이
4	츅슈ㅎ오며	츅슈하오며
5	화지의 기시	화지의기 시

....
* 魚江石(2007)에서는 10번 편지로 소개되었다.

순명효황후 언간 08[*]

〈순명효황후-08, 1904년, 순명효황후 → 김상덕〉

판독문

> 홍쥬
> 김 직각 보옵쇼셔

거년의 쇼식 듯스온 후 궁금ㅎ와 미양 말숨이옵더니[1] 환셰 태평이 ㅎ오신가 보오니 흔츅허
오며 예셔는 지니온 바는 싱각이 기시의 밋스오면[2] 츳신이 웁고져 ㅎ는 말숨 일필난긔오이
다[3] 이스이는 셩후 만안ㅎ오시옵고[4] 예후도 힝보[5] 죵시 블평ㅎ오시오나[6] 다른 졔졀은 만안
ㅎ오시니 츅슈오며 나는 신병이 셩헌 날 웁스오며 셔시 지리ㅎ와 딕강 뎍습ᄂ이다[7] 정월 이
십삼일

판독대비

번호	판독자료집	한국학중앙연구원 편 (2009a : 401~402)
1	말숨이옵더니	말숨이웁더니
2	기시의 밋스오면	기시□ 잇스오면
3	말숨 일필난긔오이다	말숨□활 난긔오이다
4	만안ㅎ오시옵고	만안ㅎ오시웁고
5	힝보	행보
6	블평ㅎ오시오나	불평ㅎ오시오나
7	뎍습ᄂ이다	뎍삽ᄂ이다

* 魚江石(2007)에서는 8번 편지로 소개되었다.

순명효황후 언간 09[*]

〈순명효황후-09, 1897년, 순명효황후 → 김상덕〉

판독문

일츠 황숑 듕 젹거ᄒ신 후 소식 망연이오니 쥬소 탄셕이온[1] 듕 긔력 평부을 부지오니 명운이 블니ᄒᆞᆺ[2] 초야의 뭇치시믈 한탄이옵더니[3] 긔후 젼셜 탐문ᄒᆞᆫ즉 은ᄉᆞ을 무르샤 향니의 도라가신 일 만만 츅슈오며 일캇ᄌᆞ옵고[4] 지니나 인편 슌치 못ᄒᆞ여 일 댱[5] 셔찰도 붓치지 못ᄒᆞ니 본심과 갓지 못ᄒᆞ오며 여긔셔ᄂᆞᆫ[6] 디소됴 졔졀 강녕ᄒᆞ시고 긔간 환어되시니 만만 경츅이오며 츠인은 근근 부지ᄒᆞ오나 무비 심난ᄒᆞ온 마음쑨이오며 경향이 머온들 엇지 그리 일 봉셔을 아니시니 젼일 밋든 비 안닌가 ᄒᆞᄂᆞ이다 무삼 일노 오신 거슨 나도 반이나 +

판독대비

번호	판독자료집	한국학중앙연구원 편 (2009a : 407~408)
1	쥬소 탄셕이온	쥬소란셕이 온
2	블니ᄒᆞᆺ	블니ᄒᆞ사
3	한탄이옵더니	한탄이옵더니
4	일캇ᄌᆞ옵고	일캇ᄌᆞ옵고
5	일 댱	일 쟝
6	여긔셔ᄂᆞᆫ	여긔셔난

* 魚江石(2007)에서는 10번 편지로, 한국학중앙연구원 편(2009a)에서는 '보령 경주김씨 한글 간찰'의 10번 편지로 소개되었다.

순명효황후 언간 10[*]

〈순명효황후-10, 1894~1895년, 순명효황후 → 김상덕〉

판독문

규리 소찰이 비례온 줄 지긔ᄒ나 지금 당ᄒᆫ 바가 셰부득이오[1] ᄯᅩ 평일 지친의 감치 아니튼
일노 다시 ᄒ나니 임별ᄒ오미 슈즈 덕ᄉ오며 나의 비고ᄒᆫ 일스는 임의 명명이 아시거니와 혈
혈지신이 다시 지통을 품어[2] 셩셰지념이 스연ᄒ고[3] 고초 등 향인ᄒ여 난홀 곳이 업습더니
지금 당ᄒ여 더옥[4] 일신 쥬변이 여림박빙이나 외간 스덕은 더옥[5] 머러 유명이 격ᄒᆫ 듯ᄒᆫ[6]
등 올너와 겨신 후는 슈심을 펴올가[7] ᄒ엿더니 향니로 가신다니 스명이 결연ᄒ오며 고셔을
박남치 못ᄒ여ᄉ나 약간 스긔을 본즉 어진 명신은 벼술을 ᄇ리고 즈최을[8] 감초아 탁난ᄒᆫ 셰
계을 참녜치 안ᄂ다 ᄒ는 난디을 당ᄒ여는 격분 강기ᄒ더니 오ᄂᆞᆯ놀 목젼의 당홀 줄 알기습
ᄂᆞ잇가 왕도을 ᄇ리시고 향니로 가시미 격졀ᄒ온 둥 심의 운건 쳥졍ᄒᆫ 거슬 못 보시고 군상
이 이덕의 괴슈 우등 쳐ᄒ신 터의 ᄯ녀ᄂᆞ시는 졍시 창앙ᄒ시려니와[9] 신즈 직분쑨이려니와 이
곳 난쳐ᄒ고 망극ᄒᆫ 스졍과 니도ᄒ온 둥 지극 슬프기는 혹즈 부견쳔일ᄒ면 녯말ᄒ고 이곳
스심을 펴와 나의긔 안면지인마다 갑기을 계교ᄒ더니[10] 스셰지ᄎᆞᄒ와 보고 듯는 거시 다 심
신이 비월ᄒ고 통곡쳐이오 인인마다 퇴귀을[11] 작졍ᄒ니 한심한심ᄒ고[12] 시졀과 명도을 탄식
이오니 부디부디 하향 무스 ᄒ시고 먼니 겨시나 일년의 ᄒᆫ 번식이나 신을 ᄯ지 마시면 튱의
오 나도 신의니 익이[13] 심양심양ᄒ옵소셔[14] 향니로 가시면 이졔는 녯일이 츈몽이라 다시 호
시졀을 만나보기을 조이오나 가이 엇ᄉ오릿가 젼후스가 ᄒᆫ번 죽어 모르미 원이오나 이도
난쳐ᄒ오며 부디부디 무신 무의나 힝치 마옵소셔[15] 슈디[16] 업시ᄒ옵소셔[17] 금일노붓터 이만
셔신도 못 ᄒᄂ니다 규등심졀의 소작이 타인이 아오면 슈신 힝도의[18] 험이 되올가 ᄒ오니
보시고 드러보니옵소셔

* 魚江石(2007)에서는 1번 편지로, 한국학중앙연구원 편(2009a)에서는 '보령 경주김씨 한글 간찰'의 18번 편지로 소
개되었다.

판독대비

번호	판독자료집	한국학중앙연구원 편 (2009a : 428∼430)
1	바가 셰부득이오	바 가세 부득이오
2	픔어	품어
3	亽연ᄒ고	사연ᄒ고
4	더욱	더욱
5	더옥	더욱
6	듯ᄒ	듯
7	펴울가	펴울가
8	亽쵀을	자쳐을
9	챵앙ᄒ시려니와	챵앙ᄒ시더니와
10	계교ᄒ더니	계곤ᄒ더니
11	퇴귀을	최귀을
12	한심한심ᄒ고	혼심 혼심ᄒᄂ
13	신의니 익이	신의 니익이
14	심양심양ᄒᄋᆸ소셔	심양 심양ᄒᄋᆸ소셔
15	힝치 마ᄋᆸ쇼셔	힝치마ᄋᆸ소셔
16	슈디	슈긔
17	업시ᄒᄋᆸ쇼셔	업시 ᄒᄋᆸ소셔
18	힝도의	힝동의

개별 언간

이곳에 수록된 한글편지들은 그동안 종별(種別)로 함께 묶여 소개된 바 없는 개인 편지들을 모아 놓은 것이다. 기존에 소개된 편지들 중 도록(圖錄) 등에 원본 이미지가 함께 실려 있어서 판독문의 원본 대조가 가능한 것들을 주 대상으로 하였다. 특히 『朝鮮王朝御筆』(예술의전당, 1991)과 『한글서예변천전』(예술의전당 서울서예박물관, 2002) 두 도록은 왕실과 사대부가의 귀중한 한글편지를 컬러 사진으로 싣고 있어 가능한 한 많이 수록 대상으로 삼았다. 수록된 편지의 배열 순서는 작성 시기를 고려하여 이른 시기부터 순차적으로 배열하는 것을 원칙으로 하였다.

■ 대상 언간

송강(松江) 정철(鄭澈, 1536~1593)의 후손가에 전해지는 정철의 어머니 죽산안씨(竹山安氏, 1495~1573)의 한글편지 1건을 말한다. 송강은 1570년(선조3) 4월 아버지 정유침(鄭惟沈, 1493~1570)이 죽자 자신의 형인 정황(鄭滉, 1528~?)과 함께 현재 경기도 고양시 덕양구 신원동에 있는 아버지의 무덤에서 1572년 6월까지 2년 동안 시묘살이를 했는데, 이때 어머니 죽산안씨가 아들들에게 편지를 써서 보냈다. 현재 1571년 6월과 7월에 보낸 편지, 이듬해 정월에 아들 형제에게 보낸 편지, 총 3건이 남아 있는데, 이 판독자료집에서는 이 중 예술의 전당(1991) 도록에 실린 1건만을 대상으로 하였다.

■ 언간 명칭 : 죽산안씨 언간

성균관대학교 대동문화연구원(1964)에서는 '松江母夫人安氏手蹟 한글간찰'이라 하였고 金一根(1986/1991)에서는 '鄭澈 慈堂 安氏 諺簡'이라고 하였다. 이 판독자료집에서는 '죽산안씨 언간'으로 명칭을 삼고, 출전 제시의 편의상 약칭이 필요할 경우에는 '죽산안씨'를 사용하였다.

■ 언간 수량 : 1건

죽산안씨의 한글편지는 모두 3건이 송강 정철 후손가에서 보존되다가 1959년 동아일보에 정철의 한글편지와 함께 김사엽(金思燁) 교수에 의해 처음 소개되었다. 이후 『松江全集』(1964)에도 송강 정철의 언간과 함께 소개되었다. 이 판독자료집에서는 3건 중 예술의 전당(1991) 도록에 컬러 이미지가 실린 1건을 대상으로 하였다.

■ 원문 판독

金思燁(1959)에서 처음 소개되고 판독문이 실렸으나 신문에 실린 글이라 일반 독자들이 읽기 쉽도록 현대어로 바꾼 부분이 있다. 이후 金一根(1986/1991 : 180)에서 총 3건의 죽산안씨 편지를 판독, 수록하였다. 이 판독자료집에서는 기존의 판독 가운데 金一根(1986/1991)에서 이루어진 판독 사항과 대비하여 차이가 있는 부분을 표로 제시하고 판독 결과를 대조해 보는 데 도움이 될 수 있도록 하였다.

■ 발신자와 수신자

발신자는 정철의 어머니인 죽산안씨이고, 수신자는 아들 정철과 정황이다. 발신자는 '모안'이라는 발신자 표시로 편지 끝에 나타나고, 봉투에는 '고양이 아기네 젼 답샹빅'이라고 적혀 있어 이 편지의 수신자가 아들 정철과 정황임을 알 수 있다.

■ 작성 시기

편지에 '신미 뉴월 스므여드랜날'이라고 발신 일자가 적혀 있어 1571년(선조4) 6월 28일에 작성된 편지임을 알 수 있다.

■ 자료 가치

이 편지는 죽은 남편의 묘에서 시묘살이하는 아들들을 걱정하는 어머니의 마음이 여실히 담겨 있는 내용의 편지이다. 16세기 매우 이른 시기의 한글편지이지만 편지의 작성 시기나 발수신 관계가 분명하여 언간 연구에 귀중한 자료가 된다. 또 현재까지 전하는 여성의 한글 편지 중 시기상 극히 앞선 자료이고, 송강 정철의 어머니가 쓴 편지이므로 국문학 연구에 있어서도 중요한 편지이다.

■ 자료 해제

자료의 자세한 서지 사항에 대해서는 金一根(1986/1991 : 49~50)을 참조할 수 있다.

■ 원본 사항

- 원본 소장 : 개인(정철 후손가)
- 크기 : 19.0×18.7cm

■ 판독 사항

金思燁(1959),「松江의 國文遺墨」, 동아일보 1959년 8월 9일자. ※ 대상 편지를 포함한 죽산안씨 언간 3
          건 판독

金一根(1986/1991), 『三訂版 諺簡의 研究』, 건국대학교출판부. ※ 대상 편지를 포함한 죽산안씨 언간 3
          건 판독

■ 영인 사항

성균관대학교 대동문화연구원(1964), 『松江全集』. ※ 대상 편지를 포함한 죽산안씨 언간 3건 영인

金一根(1986/1991), 『三訂版 諺簡의 研究』, 건국대학교출판부.

예술의전당(1991), 『한글서예변천전』, 우신인쇄. ※ 컬러 사진

■ 참고 논저

金思燁(1959),「松江의 國文遺墨」, 동아일보 1959년 8월 9일자.

金一根(1986/1991), 『三訂版 諺簡의 研究』, 건국대학교출판부.

박병천・정복동・황문환(2012), 『조선시대 한글편지 서체자전』, 한국학중앙연구원 어문생활
          사연구소, 다운샘.

성균관대학교 대동문화연구원(1964), 『松江全集』.

예술의전당(1991), 『한글서예변천전』, 우신인쇄.

이상규 엮음(2011), 『한글 고문서 연구』, 도서출판 경진.

황문환(2010),「조선시대 언간 자료의 현황과 특성」, 『국어사 연구』 10호, 국어사학회, 73~
          131쪽.

죽산안씨 언간 1

〈죽산안씨-1, 1571년, 죽산안씨(어머니) → 정철과 정황(아들들)〉

판독문

고양이 아기네 젼 답샹빅	근봉

나는 의심 업시 이대 인노이다 형뎨부니 이대 겨쇼셔 나리 하 험ᄒ니 더욱 분별분별ᄒ옵노이다 이 고여리 조심돌 ᄒ쇼셔 우리 큰집도[1] 대되 무ᄾ히 인ᄂ이다 시위 큰 마리도 두 고대셔 부조로곰 주려 ᄒ신단ᄂ이다[2] 사디 말라코 ᄌ여니 이리 도여ᄂ이다 신미 뉴월 스므여드랜날 모 안

판독대비

번호	판독자료집	金一根 (1986/1991 : 180)
1	큰집도	큰 집도
2	주려 ᄒ신단ᄂ이다	주려 ᄒ신단 ᄂ이다

■ 대상 언간

송강 정철의 후손가에 전해지는 송강(松江) 정철(鄭澈, 1536~1593)의 언간을 말한다. 정철의 한글편지는 총 3건이 전해지는데, 이 판독자료집에서는 이 중 예술의전당(1991) 도록에 실린 1건을 대상으로 하였다.

■ 언간 명칭 : 정철 언간

성균관대학교 대동문화연구원(1964)에서는 '松江手蹟 한글簡札'이라고 하였고 金一根(1986/1991)에서는 '鄭澈 諺簡'이라고 하였다. 이 판독자료집에서는 金一根(1986/1991)에 따라 '정철 언간'으로 명칭을 삼고, 출전 제시의 편의상 약칭이 필요할 경우에는 '정철'을 사용하였다.

■ 언간 수량 : 1건

정철의 한글편지는 총 3건이 전해지는데, 이 판독자료집에서는 예술의전당(1991)에 컬러 이미지가 실린 1건을 대상으로 하였다.

■ 원문 판독

金思燁(1959)에서는 정철의 시조 1수와 함께 한글편지를 1건 판독하였으나 현대어로 바꾸어 수록하였고, 金一根(1986/1991 : 181)에서는 총 3건의 편지를 판독하였다. 이 판독자료집에서는 金一根(1986/1991)에서 이루어진 판독 사항과 대비하여 차이가 있는 부분을 표로 제시하고 판독 결과를 대조해 보는 데 도움이 될 수 있도록 하였다.

■ 발신자와 수신자

편지 끝에 적힌 '季涵'이 송강의 자(字)에 해당하므로 발신자는 정철이 분명하다. 수신자는 자신의 관대(冠帶)를 수신자에게 부탁하는 내용을 고려할 때 정철의 아내 문화유씨(文化柳氏, 1535~1598)로 추정된다.

■ 작성 시기

편지에 '三月 十二日'이라고만 되어 있어서 정확한 작성 시기는 알 수 없다. 그러나 '侍奉'의 안부가 일체 없는 것으로 보아 어머니가 돌아가신 1573년 4월 이후에 쓰인 것으로 볼 수 있다(金一根, 1986/1991 : 50). 이 판독자료집에서는 송강 정철의 몰년(沒年)을 함께 고려하여 1573~1593년 사이에 작성된 편지로 추정하였다.

■ 자료 가치

조선 중기 가사문학의 대가인 송강 정철이 남긴 한글편지이고, 16세기 매우 이른 시기의 한글편지라는 점에서 의의가 있다. 또 서체적으로는 필체가 마치 자유분방한 한자 초서의 느낌을 풍긴다는 특징이 있다.

■ 자료 해제

자료의 자세한 서지 사항에 대해서는 金一根(1986/1991 : 50~51)을 참조할 수 있다.

■ 원본 사항

- 원본 소장 : 개인(정철 후손가)
- 크기 : 24.5×22.5cm

■ 판독 사항

金思燁(1959), 「松江의 國文遺墨」, 동아일보 1959년 8월 8일자. ※ 대상 편지 1건 판독

金一根(1986/1991), 『三訂版 諺簡의 硏究』, 건국대학교출판부. ※ 대상 편지를 포함한 정철 언간 3건 판독

■ 영인 사항

金一根(1986/1991), 『三訂版 諺簡의 硏究』, 건국대학교출판부. ※ 흑백 사진

예술의전당(1991), 『한글서예변천전』, 우신인쇄. ※ 컬러 사진

■ 참고 논저

기혜경(2010), 「松江 鄭澈 한글 遺墨 研究」, 경기대학교 석사학위 논문.

金思燁(1959), 「松江의 國文遺墨」, 동아일보 1959년 8월 8~9일자.

金一根(1986/1991), 『三訂版 諺簡의 研究』, 건국대학교출판부.

박병천(2007), 『조선시대 한글 서간체 연구』, 다운샘.

박병천・정복동・황문환(2012), 『조선시대 한글편지 서체자전』, 한국학중앙연구원 어문생활
　　　　사연구소, 다운샘.

박정숙(2012), 「송강(松江) 정철의 생애와 글씨세계」, 『月刊 書藝』 통권 376호, 142~146쪽.

예술의전당(1991), 『한글서예변천전』, 우신인쇄.

황문환(2010), 「조선시대 언간 자료의 현황과 특성」, 『국어사 연구』 10호, 국어사학회, 73~
　　　　131쪽.

정철 언간 1

〈정철-1, 1573~1593년, 정철(남편) → 문화유씨(아내)〉

판독문

괴일시[1] 다드라 이쇼디 내 제예 닙논 관디 아니 와시니 급급이 보내오 얼혀니 마오 부러 사
롬 브리디 스월 초다엿쇄 전으로 들게 보내오 밧바 이만 三月 十二日 季涵

판독대비

번호	판독자료집	金一根 (1986/1991 : 181)
1	괴일시	괴일이

■ 대상 언간

　1998년 안동시 정상동 택지 조성 공사를 위해 고성이씨 집안의 묘를 이장하던 중 이응태(李應台, 1556~1586)의 묘에서 발굴된 한글편지 1건을 이른다.

■ 언간 명칭 : 이응태묘 출토 언간

　안귀남(1999a)에서는 '고성이씨 이응태묘 출토 편지'라고 하였고, 몇몇 논문들에서는 '이응태 부인 언간'으로 불려지기도 했다. 이 판독자료집에서는 무덤에서 출토된 편지임을 감안하여 '이응태묘 출토 언간'으로 명칭을 삼고, 출전 제시의 편의상 약칭이 필요할 경우에는 '이응태묘'를 사용하였다.

■ 언간 수량 : 1건

　이응태묘에서는 한글편지를 포함하여 한문으로 된 만시(輓詩)와 편지 등 모두 18건의 문건이 출토되었다. 이 판독자료집에서는 18건 중 한글편지 1건만을 대상으로 하였다.

■ 원문 판독

　안귀남(1999a)에서 처음 판독문을 소개하였고, 이후 장영길(1999), 최웅환(1999)에서도 다시 판독이 이루어졌다. 이 판독자료집에서는 기존의 판독 가운데 안귀남(1999a)에서 이루어진 판독 사항과 대비하여 차이가 있는 부분을 표로 제시하고 판독 결과를 대조해 보는 데 도움이 될 수 있도록 하였다.

■ 발신자와 수신자

　수신자는 이응태(李應台, 1556~1586)이고 발신자는 이응태의 아내로 추정된다. 다만 이응태의 아내는 고성이씨(固城李氏) 족보에서 확인되지 않는다.

■ 작성 시기

이 편지의 작성 시기는 편지 말미에 적힌 '병술 뉴월 초ᄒᆞ론날'에서 '병술'이라는 간지(干支)를 감안할 때 1586년에 쓴 것으로 추정된다.

■ 자료 가치

편지의 사연 속에는 먼저 세상을 떠난 남편에 대한 아내의 애절한 사랑과 아이들을 데리고 앞으로 살아갈 일에 대한 걱정 등이 잘 드러나 있다. 부장품(副葬品) 가운데 아내의 머리카락을 함께 넣어 삼은 미투리와 더불어 부부간의 영원한 사랑을 전하는 유물로 국내외에 널리 알려지기도 하였다. 국어사 자료로서는 16세기 안동 지역의 방언적 특징을 부분적으로 보여 주면서, 아내가 남편을 '자내'로 부르고 'ᄒᆞ소체'를 사용하여 부부간에 대등한 경어법을 구사한 점이 주목받고 있다.

■ 자료 해제

자료의 자세한 서지 사항에 대해서는 안귀남(1999a, b)을 참조할 수 있다.

■ 원본 사항

- 원본 소장 : 국립안동대학교 박물관
- 크기 : 34.0×58.5cm

■ 판독 사항

안귀남(1999a), 「고성이씨 이응태 묘 출토 편지」, 『문헌과해석』 6, 태학사, 40~46쪽.

장영길(1999), 「<이응태공 부인의 언간>에 대한 음운사적 고찰」, 『동악어문논집』 35집, 동악어문학회, 51~68쪽.

최응환(1999), 「<이응태 부인 언간> 판독과 형태·통사적 분석」, 『선주논총』 2, 금오공과대학교 선주문화연구소, 59~80쪽.

■ 영인 사항

안귀남(1999a), 「고성이씨 이응태 묘 출토 편지」, 『문헌과해석』 6, 태학사, 40~46쪽.

안동대학교 박물관(2000), 『안동 정상동 일선 문씨와 이응태묘 발굴조사보고서』, 제4회 안동
　　　대학교 박물관 전시회 "450년만의 외출" 도록, 안동대학교 박물관.

■ 참고 논저

박병천·정복동·황문환(2012), 『조선시대 한글편지 서체자전』, 한국학중앙연구원 어문생활
　　　사연구소, 다운샘.

안귀남(1999a), 「고성이씨 이응태 묘 출토 편지」, 『문헌과해석』 6, 태학사, 40~46쪽.

안귀남(1999b), 「이응태 부인 쓴 언간의 국어학적 의의」, 『인문과학연구』 1, 안동대학교 인
　　　문과학연구소, 213~239쪽.

안동대학교 박물관(2000), 『안동 정상동 일선 문씨와 이응태묘 발굴조사보고서』, 제4회 안동
　　　대학교 박물관 전시회 "450년만의 외출" 도록, 안동대학교 박물관.

이상규 엮음(2011), 『한글 고문서 연구』, 도서출판 경진.

이은주(2002), 「이응태 묘 출토 상의류의 분류와 구성법」, 『한복문화』 제5권 3호, 한복문화
　　　학회, 7~20쪽.

장영길(1999), 「'이응태공 부인의 언간'에 대한 음운사적 고찰」, 『동악어문논집』 35집, 동악
　　　어문학회, 51~68쪽.

정복동(2008), 「이응태묘 출토 한글 편지의 서체미 탐구」, 『서예학연구』 13, 한국서예학회,
　　　263~295쪽.

최웅환(1999), 「<이응태 부인 언간> 판독과 형태·통사적 분석」, 『선주논총』 2, 금오공과대
　　　학교 선주문화연구소, 59~80쪽.

황문환(2010), 「조선시대 언간 자료의 현황과 특성」, 『국어사 연구』 10호, 국어사학회, 73~
　　　131쪽.

이응태묘 출토 언간 1

〈이응태묘-1, 1586년, 미상(아내) → 이응태(남편)〉

판독문

> 워니 아바님께 샹빅

자내 샹해 날드려 닐오디[1] 둘히 머리 셰도록 사다가 홈끠 죽쟈 ᄒᆞ시더니 엇디ᄒᆞ야 나ᄅᆞᆯ 두고 자내 몬져 가시ᄂᆞᆫ 날ᄒᆞ고 ᄌᆞ식ᄒᆞ며 뉘 긔걸ᄒᆞ야 엇디ᄒᆞ야 살라 ᄒᆞ야 다 더디고 자내 몬져 가시ᄂᆞᆫ고 자내 날 향ᄒᆡ ᄆᆞᄋᆞᄆᆞᆯ 엇디 가지며 나ᄂᆞᆫ 자내 향ᄒᆡ ᄆᆞᄋᆞᄆᆞᆯ 엇디 가지던고 미양[2] 자내ᄃᆞ려 내 닐오디 ᄒᆞ디[3] 누어셔 이 보소 ᄂᆞᆷ도 우리ᄀᆞ티 서ᄅᆞ 에엿쎄 녀겨 ᄉᆞ랑ᄒᆞ리 ᄂᆞᆷ도 우리 ᄀᆞᄐᆞᆫ가 ᄒᆞ야 자내ᄃᆞ려 니ᄅᆞ더니 엇디 그런 이ᄅᆞᆯ 싱각디 아녀 나ᄅᆞᆯ ᄇᆞ리고 몬져 가시ᄂᆞᆫ고 자내 여희고 아ᄆᆞ려 내 살 셰 업스니 수이 자내 ᄒᆞ디[4] 가고져 ᄒᆞ니 날 ᄃᆞ려가소 자내 향ᄒᆡ ᄆᆞᄋᆞᄆᆞᆯ ᄎᆞ셩 니ᄌᆞᆯ 줄리 업스니 아ᄆᆞ려 셜운 ᄠᅳ디 ᄀᆞ이업스니 이내 안ᄒᆞᆯ[5] 어디다가[6] 두고 ᄌᆞ식 ᄃᆞ리고 자내ᄅᆞᆯ 그려 살려뇨 ᄒᆞ뇌이다[7] 이 내 유무 보시고 내 ᄭᅮ메 ᄌᆞ셰 와 니ᄅᆞ소 내 ᄭᅮ메 이 보신 말 ᄌᆞ셰 듣고져 ᄒᆞ야 이리 서 녇뇌 ᄌᆞ셰 보시고 날ᄃᆞ려 니ᄅᆞ소 자내 내 ᄇᆡᆫ ᄌᆞ식 나거든 보고 사ᄅᆞᆯ 일 ᄒᆞ고 그리 가시디[8] ᄇᆡᆫ ᄌᆞ식 나거든 누ᄅᆞᆯ 아바 ᄒᆞ라 ᄒᆞ시ᄂᆞᆫ고 아ᄆᆞ려 ᄒᆞᆫ들 내 안 ᄀᆞᄐᆞᆯ가 이런 텬디 ᄌᆞ온ᄒᆞᆫ 이리 하ᄂᆞᆯ 아래 ᄯᅩ 이실가 자내ᄂᆞᆫ ᄒᆞᆫ갓 그리 가 겨실 ᄲᅮᆫ거니와 아ᄆᆞ려 ᄒᆞᆫ들 내 안ᄀᆞ티 셜울가 그지그지 ᄀᆞ이업서 다 몯 서 대강만 뎍뇌 이 유무 ᄌᆞ셰 보시고 내 ᄭᅮ메 ᄌᆞ셰 와 뵈고 ᄌᆞ셰 니ᄅᆞ소[9] 나ᄂᆞᆫ ᄭᅮ믈 자내 보려 믿고 인뇌이다 몰태 뵈쇼셔 하 그지 그지업서 이만 뎍뇌이다 병슐 뉴월 초ᄒᆞ룬날 지븨셔

판독대비

번호	판독자료집	안귀남 (1999a : 44~45)
1	닐오더	닐오듸
2	미양	믜양
3	호더	호듸
4	호더	호듸
5	안홀	안흔
6	어더다가	어듸다가
7	ᄒᆞ뇌이다	ᄒᆞ노이다
8	가시더	가시듸
9	니르소	니ᄅᆞ소

■ 대상 언간

학봉(鶴峰) 김성일(金誠一, 1538~1593)이 1592년(선조25)에 안동 본가에서 장모를 모시고 있는 부인에게 쓴 한글편지 1건을 이른다. 원래 학봉 종손가에 전해 오던 것을 1957년 조선 일보에 김사엽(金思燁) 교수가 소개하면서 알려졌다. 현재 경북 안동시 서후면(西後面) 금계 리(金溪里)에 있는 의성김씨 학봉 종택(宗宅) 운장각(雲章閣)에 소장되어 전한다.

■ 언간 명칭 : 김성일 언간

金思燁(1957)에서 처음 소개될 때 '鶴峰 金誠一寄內書'로 명명되었다. 이후 金一根(1986/ 1991)에서는 '金誠一 諺簡'이라 하고, 예술의전당(1991)에서는 서예의 측면에 초점을 맞추어 '김성일(金誠一) 글씨'라고 하였다. 이 판독자료집에서는 金一根(1986/1991)에 따라 '김성일 언간'으로 명칭을 삼고 출전 제시의 편의상 약칭이 필요할 경우에는 '김성일'을 사용하였다.

■ 언간 수량 : 1건

현재 전하는 김성일의 한글편지는 이 1건이 유일하다.

■ 원문 판독

金一根(1986/1991)에서 원문 표기대로 판독되었다. 이 판독자료집에서는 金一根(1986/1991) 에서 이루어진 판독 사항과 대비하여 차이가 있는 부분을 표로 제시하고 판독 결과를 대조 해 보는 데 도움이 될 수 있도록 하였다.

■ 발신자와 수신자

발신자는 편지 끝에 '김'이라고 표시되어 있다. 이때 '김'은 경상우도(慶尙右道) 감사(監司) 로서 임지(任地)인 경남 진주로 이동 중 산음현(山陰縣, 현재의 산청군)에 잠시 머물러 있던 학봉 김성일을 가리킨다. 편지 겉봉에는 '寄內書'와 함께 '右監司宅 안동 납실'이라고 적혀 있는데 이로 보아 수신자는 안동 본가에 있던 아내 안동권씨(安東權氏, 1538~1623)를 가리키는 것이 분명하다.

■ 작성 시기

발신 연도는 나오지 않지만 편지에 '서쫄 스믈나혼날'이라고 적혀 있다. 편지 내용으로 추정해 볼 때 1592년(선조25) 12월 24일에 새해를 앞두고 아내에게 쓴 편지로 볼 수 있다.

■ 자료 가치

현재 전하는 학봉의 유일한 한글편지이다. 편지를 쓴 때는 임진왜란이 일어난 직후로서, 임진왜란 당시의 험난하고 긴박했던 시대 상황을 잘 말해 주고 있어 역사학, 국문학, 국어학 등 여러 분야에 중요한 자료가 되는 편지이다.

■ 자료 해제

자료의 자세한 서지 사항에 대해서는 金一根(1986/1991 : 52~53)을 참조할 수 있다.

■ 원본 사항

- 원본 소장 : 의성김씨 학봉 종택 운장각(雲章閣)
- 크기 : 32×38cm

■ 판독 사항

金一根(1986/1991), 『三訂版 諺簡의 硏究』, 건국대학교출판부.

■ 영인 사항

성균관대학교 대동문화연구원(1972), 『鶴峯全集』. ※ 흑백 사진
金一根(1986/1991), 『三訂版 諺簡의 硏究』, 건국대학교출판부. ※ 흑백 사진
예술의전당(1991), 『한글서예변천전』, 우신인쇄. ※ 컬러 사진
학봉선생기념사업회(1997/2003), 『雲章閣』. ※ 컬러 사진

■ 참고 논저

金思燁(1957), 「鶴峰 金誠一寄內書」, 朝鮮日報 1957년 8월 26~28일자.

金一根(1986/1991), 『三訂版 諺簡의 硏究』, 건국대학교출판부.

박병천·정복동·황문환(2012), 『조선시대 한글편지 서체자전』, 한국학중앙연구원 어문생활
　　　　사연구소, 다운샘.

박정숙(2013), 「학봉 김성일의 생애와 글씨세계」, 『月刊 書藝』 통권 378호, 117~121쪽.

성균관대학교 대동문화연구원(1972), 『鶴峯全集』.

예술의전당(1991), 『한글서예변천전』, 우신인쇄.

이상규 엮음(2011), 『한글 고문서 연구』, 도서출판 경진.

학봉선생기념사업회(1997/2003), 『雲章閣』.

황문환(2010), 「조선시대 언간 자료의 현황과 특성」, 『국어사 연구』 10호, 국어사학회, 73~
　　　　131쪽.

김성일 언간 1

〈김성일-1, 1592년, 김성일(남편) → 안동권씨(아내)〉

판독문

> 寄內書
>   右監司宅 안동 납실

요소이 치위여[1] 대되 엇디 계신고 ᄀ장 스렴ᄒ뇌 나는 산음 고올 와셔 모믄 무스히 잇거니와 봄 내ᄃᄅᆮ면[2] 도즈기 줄월 거시니 아ᄆ려ᄒᆯ 주늘 몰나 ᄒ뇌 ᄯᅩ 직산 잇던 오손 다 와시니 치이 ᄒ고[3] 이는가 분별 마소 댱모 뫼옵고 과셰 됴히 ᄒ소 ᄌ식들게 우무 스디 몯ᄒ여 몯ᄒ뇌 됴히 이시라 ᄒ소 감시나 ᄒ여도 음시글 갓가ᄉ로 먹고 ᄃ니니 아ᄆ것도 보내디 몯ᄒ뇌 사라셔 서ᄂ 다시 보면 그지눌 홀가마ᄂ[4] 괴필 몯홀쇠 그리디 말오 편안히 겨소 그지 업서 이만 서쏠 스믈나ᄒᆫ날 김

판독대비

번호	판독자료집	金一根 (1986/1991 : 182)
1	치위여	치위애
2	봄 내ᄃᄅᆮ면	봄내ᄃᄅᆮ면
3	치이 ᄒ고	치이ᄒ고
4	그지눌 홀가마ᄂ	그지ᄂ ᄂ홀가마ᄂ

• 허목 언간 •
1건

■ 대상 언간

미수(眉叟) 허목(許穆, 1595~1682)이 조카(조카딸)에게 쓴 한글편지 1건을 가리킨다. 金一根(1986/1991)에서 처음 소개되고 예술의전당(1991)에도 실렸다.

■ 언간 명칭 : 허목 언간

金一根(1986/1991 : 96)에서는 '眉叟 許穆의 諺簡'으로 소개되었다. 이 판독자료집에서는 '허목 언간'으로 명칭을 조정하고 출전 제시의 편의상 약칭이 필요할 경우에는 '허목'을 사용하였다.

■ 언간 수량 : 1건

현재 전하는 허목의 한글편지는 이 1건이 유일하다.

■ 원문 판독

金一根(1986/1991 : 246~247)에서 판독하였다. 이 판독자료집에서는 金一根(1986/1991)에서 이루어진 판독 사항과 대비하여 차이가 있는 부분을 표로 제시하고 판독 결과를 대조해 보는 데 도움이 될 수 있도록 하였다.

■ 발신자와 수신자

편지에서 발신자 표시를 '아자비 穆'과 같이 한 것으로 볼 때 이 편지의 발신자는 허목이고, 수신자는 허목의 조카(조카딸)로 추정된다(金一根, 1986/1991 : 178).

■ 작성 시기

편지에 '이월 열이튿날'이라고 적혀 있으나 간지(干支)가 없어 정확한 작성 연도는 알기 어렵다. 이 판독자료집에서는 허목의 생몰 연대인 1595년부터 1682년까지를 이 편지의 작성 시기로 일단 잡아 두었다.

■ 자료 가치

현재 전하는 미수 허목의 유일한 한글편지이다. 조카딸에게 집안의 상사나 혼사에 관련된 소식을 전하면서 달력과 약을 챙겨 두는 자상한 삼촌의 마음을 느낄 수 있게 한다. 서체적으로는 미수 허목의 한문 글씨의 특성을 그대로 엿볼 수 있어 주목된다.

■ 자료 해제

자료의 간략한 서지 사항에 대해서는 金一根(1986/1991 : 178)을 참조할 수 있다.

■ 원본 사항

- 원본 소장 : 개인
- 크기 : 21.2×35.5cm

■ 판독 사항

金一根(1986/1991), 『三訂版 諺簡의 研究』, 건국대학교출판부.

■ 영인 사항

예술의전당(1991), 『한글서예변천전』, 우신인쇄. ※ 컬러 사진

■ 참고 논저

金一根(1986/1991), 『三訂版 諺簡의 研究』, 건국대학교출판부.
박병천·정복동·황문환(2012), 『조선시대 한글편지 서체자전』, 한국학중앙연구원 어문생활 사연구소, 다운샘.
선화자(2006), 「眉叟 許穆의 書藝 研究」, 경기대학교 전통예술대학원 석사학위 논문.
예술의전당(1991), 『한글서예변천전』, 우신인쇄.
황문환(2010), 「조선시대 언간 자료의 현황과 특성」, 『국어사 연구』 10호, 국어사학회, 73~131쪽.

허목 언간 1

〈허목-1, 1595~1682년, 허목(삼촌) → 미상(조카)〉

판독문

엇디 인는다 먼 디 긔별도 요스이는 더옥[1] 듣디 몯ㅎ니 념녜 무궁ㅎ다 챵원 상스는[2] 그러
놀랍고[3] 애들온 일이 ㄱ이업다 게셔 알외는 일 업스니 더옥[4] 애둛다 예도 삼희 어미 죽어
영장도 몯 디내여시니 민망타 우후는 양쥐 뎡비ㅎ여시니 그제 유무ㅎ엿더니 완는가 몰나
ㅎ노라[5] 칙녁과[6] 약을[7] 봉ㅎ여 두어시되 가리롤[8] 몯 만나 그런 답답혼 일이 업다 이월 열이
튼날 아자비 穆

판독대비

번호	판독자료집	金一根 (1986/1991 : 246~247)
1	더옥	더욱
2	상스는	스는
3	놀랍고	놀라고
4	더옥	더욱
5	몰나 ㅎ노라	몰라ㅎ노라
6	칙녁과	칙력과
7	약을	약은
8	가리롤	다리롤

• 선조대왕 언간 •
1건

■ 간략 해제

■ 대상 언간

조선 제14대 왕인 선조대왕(宣祖大王, 1552~1610)의 한글편지 중 서울대 규장각 소장의 서첩(書帖) 『仁穆王后筆蹟』에 실린 1건을 가리킨다.

■ 언간 명칭 : 선조대왕 언간

李秉岐(1948)에서는 '宣祖 御筆'이라고 하였고, 金一根(1986/1991)에서는 '宣祖 諺簡'이라고 하였다. 이 판독자료집에서는 '선조대왕 언간'으로 명칭을 조정하고, 출전 제시의 편의상 약칭이 필요할 경우에는 '선조'를 사용하였다.

■ 언간 수량 : 1건

선조의 한글편지는 총 22건이 현존한다. 그중 5건은 원본을 서울대 규장각과 개인들이 소장하고 있고, 『穆陵宸翰(帖)』소재 4건은 사진으로 보존되어 있으나 나머지 13건은 『近朝內簡選』(1948)에 판독문만 수록되어 소개되었을 뿐 현재 원본의 행방을 알 수 없다(金一根, 1986/1991 : 53). 이 판독자료집에서는 원본 소장처가 확인되고 예술의전당(1991)과 예술의전당 서울서예박물관(2002)과 같은 도록(圖錄)에 소개되어 일반에 가장 널리 알려진 1건을 다루었다.

■ 원문 판독

李秉岐(1948)에서 대상 편지를 포함하여 모두 14건의 선조 어필이 처음 판독되었다. 金一根(1986/1991)에서는 이 편지를 포함하여 총 22건의 선조 한글편지가 모두 판독되어 있다. 예술의전당 서울서예박물관(2002)에서는 대상 편지 1건만 판독되었다. 이 판독자료집에서는 金一根(1986/1991)과 예술의전당 서울서예박물관(2002)에서 이루어진 판독 사항과 대비하여 차이가 있는 부분을 표로 제시하고 판독 결과를 대조하는 데 도움이 되도록 하였다.

■ 발신자와 수신자

발신자는 선조대왕이고, 수신자는 선조의 셋째 옹주인 정숙옹주(貞淑翁主, 1587~1627)이다. 이 편지가 『仁穆王后筆蹟』의 첫 장에 실려 있어서 한때 인목왕후의 필적이라고 오인된 적도 있었으나 필체나 '大哉乾元'이라는 어보(御寶)로 보아 선조의 친필임이 분명하다.

■ 작성 시기

편지 끝에 '萬曆 三十一年 癸卯 復月 十九日 巳時'라고 적혀 있어 1603년(선조 36)에 작성된 편지임을 알 수 있다.

■ 자료 가치

이 편지를 쓴 1603년을 전후해서 열흘 사이에 선조는 정숙옹주에게 천연두에 걸린 동생 정안옹주의 병세를 전하는 편지를 12건이나 썼다. 이 편지는 병에 걸린 동생 정안옹주를 염려하는 정숙옹주의 편지에 대한 아버지 선조의 답장이다. 당시 14세 어린 딸의 병을 염려하는 아버지의 안타까운 마음과 다른 자식들을 안심시키려는 배려가 담겨 있다. 현존하는 왕의 한글편지로는 극히 이른 시기에 속하며, 서체적으로는 명필로 알려진 선조의 한글 서체를 확인할 수 있는 귀중한 자료이다.

■ 자료 해제

자료의 자세한 서지 사항에 대해서는 金一根(1986/1991 : 53~58)을 참조할 수 있다.

■ 원본 사항

- 원본 소장 : 서울대학교 규장각(『仁穆王后筆蹟』: 가람古 754.3-In6i)
- 크기 : 41.4×29.6cm

■ 판독 사항

李秉岐(1948), 『近朝內簡選』, 國際文化館. ※ 대상 편지를 포함하여 총 14건의 선조대왕 언간 판독

金一根(1986/1991),『三訂版 諺簡의 研究』, 건국대학교출판부. ※ 대상 편지를 포함하여 총 22건의 선조
　　　　대왕 언간 판독
예술의전당 서울서예박물관(2002),『朝鮮王朝御筆』, 한국서예사특별전 22. ※ 대상 편지 1건 판독

■ 영인 사항

金一根(1986/1991),『三訂版 諺簡의 研究』, 건국대학교출판부. ※ 흑백 사진

예술의전당(1991),『한글서예변천전』, 우신인쇄. ※ 컬러 사진

예술의전당 서울서예박물관(2002),『朝鮮王朝御筆』, 한국서예사특별전 22. ※ 컬러 사진

■ 참고 논저

金一根(1959),『解說・校註 李朝御筆諺簡集』, 新興出版社.

金一根(1986/1991),『三訂版 諺簡의 研究』, 건국대학교출판부.

박병천(2007),『조선시대 한글 서간체 연구』, 다운샘.

박병천・정복동・황문환(2012),『조선시대 한글편지 서체자전』, 한국학중앙연구원 어문생활
　　　　사연구소, 다운샘.

박정숙(2013),「선조의 생애와 글씨세계」,『月刊 書藝』통권 382호, 116～120쪽.

예술의전당(1991),『한글서예변천전』, 우신인쇄.

예술의전당 서울서예박물관(2002),『朝鮮王朝御筆』, 한국서예사특별전 22.

李秉岐(1948),『近朝內簡選』, 國際文化館.

황문환(2010),「조선시대 언간 자료의 현황과 특성」,『국어사 연구』10호, 국어사학회, 73～
　　　　131쪽.

선조대왕 언간 1

〈선조-1, 1603년, 선조(아버지) → 정숙옹주(딸)〉

판독문

글월 보고 도둔 거슨 그 방이 어둡고【너 역질ᄒᆞ던 방】날도 陰ᄒᆞ니 日光이 도라디거든 내
親히 보고 ᄌᆞ셰 긔별ᄒᆞ마 대강 用藥홀 이리 이셔도 醫官 醫女ᄅᆞᆯ 드려 待令ᄒᆞ려 ᄒᆞ노라 분별
말라¹ ᄌᆞ연² 아니 됴히 ᄒᆞ랴 萬曆 三十一年 癸卯 復月 十九日 巳時

판독대비

번호	판독자료집	金一根 (1986/1991 : 184)	예술의전당 서울서예박물관 (2002 : 200)
1	말라	−	마라
2	ᄌᆞ연	−	자연

■ 대상 언간

고(故) 김일근 교수가 1966년 장유(張維, 1587~1638)의 후손가로부터 『御筆』이라는 필첩(筆帖)을 입수했는데, 이 필첩 속에 전하는 조선 제17대 왕인 효종대왕(孝宗大王, 1619~1659)의 한글편지 1건을 가리킨다. 이 필첩은 김일근 교수가 입수한 이후 『孝宗大王 在瀋陽宸翰帖』으로 다시 표제하였다.

■ 언간 명칭 : 효종대왕 언간

金一根(1969)에서는 '孝宗大王 在瀋陽 諺簡'이라 하였고 金一根(1986/1991)에서는 '孝宗 諺簡'이라고 하였다. 이 판독자료집에서는 '효종대왕 언간'으로 명칭을 조정하고, 출전 제시의 편의상 약칭이 필요할 경우에는 '효종'을 사용하였다.

■ 언간 수량 : 1건

효종의 한글편지는 현재 총 13건이 전해지는데, 국립청주박물관 소장 『숙명신한첩』에 9건, 계명대학교 동산도서관 소장 『숙휘신한첩』에 2건, 개인 소장으로 1건, 고(故) 김일근 교수 소장으로 1건이 전한다(金一根, 1986/1991 : 62). 이 판독자료집에서는 고(故) 김일근 교수 소장 『孝宗大王 在瀋陽宸翰帖』에 실려 전하는 1건을 대상으로 하였다.

■ 원문 판독

金一根(1965)에서 처음 소개된 이후 金一根(1986/1991)과 예술의전당 서울서예박물관(2002)에서 판독이 이루어졌다. 이 판독자료집에서는 기존의 판독문을 재검토하여 차이가 있는 부분을 표로 제시하고 판독 결과를 대조해 보는 데 도움이 될 수 있도록 하였다.

■ 발신자와 수신자

발신자는 효종이고, 수신자는 장모(丈母)인 안동김씨(安東金氏)이다. 안동김씨는 장유(張維, 1587~1638)의 부인으로, 김상용(金尙容, 1561~1637)의 딸이다. 봉투에는 '댱 졍승 딕'으로

되어 있고, 편지 말미에는 '호'라고 효종의 이름을 쓰고 휘지(諱紙)를 이용해 가려 놓았다. 편지의 수신자인 안동김씨는 효종의 비(妃) 인선왕후(仁宣王后, 1618~1674)의 어머니이고, 편지 중에 언급된 청음(淸陰) 김상헌(金尙憲, 1570~1652)의 질녀(姪女)가 된다.

■ 작성 시기

'신ᄉ 정월 초팔일'이라는 발신일 표시로 보아 1641년(인조 19) 1월 8일에 작성된 편지임을 알 수 있다.

■ 자료 가치

효종이 봉림대군(鳳林大君) 시절 심양(瀋陽)에 볼모로 가 있던 1641년(인조 19) 1월 8일에 장모인 안동김씨에게 보낸 편지이다. "청음은 더리 늘그신너가 드러와 곤고ᄒ시니"라고 하여 이른 시기에 주격조사 '가'가 사용된 예를 보여 주는 점에서 국어사적으로 중요한 편지이다.

■ 자료 해제

자료의 자세한 서지 사항에 대해서는 金一根(1969)과 金一根(1986/1991 : 62)을 참조할 수 있다.

■ 원본 사항

- 원본 소장 : 고(故) 김일근 교수(『孝宗大王 在瀋陽宸翰帖』)
- 크기 : 31.5×32.6cm

■ 판독 사항

金一根(1969), 「孝宗大王 在瀋陽諺簡의 問題點－主格助詞 <가>의 最初記錄」, 『文湖』 5, 건국대학교 국어국문학회, 19~27쪽.

金一根(1986/1991), 『三訂版 諺簡의 硏究』, 건국대학교출판부. ※ 대상 편지 포함 총 13건의 효종대왕 언간 판독

예술의전당 서울서예박물관(2002), 『朝鮮王朝御筆』, 한국서예사특별전 22.

■ 영인 사항

金一根(1969), 「孝宗大王 在瀋陽諺簡의 問題點－主格助詞 <가>의 最初記錄」, 『文湖』5, 건국
　　　　대학교 국어국문학회, 19~27쪽. ※ 흑백 사진

金一根(1986/1991), 『三訂版 諺簡의 硏究』, 건국대학교출판부. ※ 흑백 사진

예술의전당(1991), 『한글서예변천전』, 우신인쇄. ※ 대상 편지 포함 4건의 효종대왕 언간 영인(컬러 사진)

예술의전당 서울서예박물관(2002), 『朝鮮王朝御筆』, 한국서예사특별전 22. ※ 컬러 사진

■ 참고 논저

金一根(1965), 「外國에서 씌어진 한글」, 중앙일보 1965년 10월 10일자.

金一根(1969), 「孝宗大王 在瀋陽諺簡의 問題點－主格助詞 <가>의 最初記錄」, 『文湖』5, 건국
　　　　대학교 국어국문학회, 19~27쪽.

金一根(1986/1991), 『三訂版 諺簡의 硏究』, 건국대학교출판부.

박병천(2007), 『조선시대 한글 서간체 연구』, 다운샘.

박병천・정복동・황문환(2012), 『조선시대 한글편지 서체자전』, 한국학중앙연구원 어문생활
　　　　사연구소, 다운샘.

박정숙(2013), 「'조선의 명필가'로 손꼽히는 효종대왕의 생애와 글씨세계」, 『月刊 書藝』통권
　　　　383호, 101~105쪽.

박혁남(2005), 「朝鮮後期 王室 封書의 書風 硏究」, 대전대학교 석사학위 논문.

예술의전당(1991), 『한글서예변천전』, 우신인쇄.

예술의전당 서울서예박물관(2002), 『朝鮮王朝御筆』, 한국서예사특별전 22.

황문환(2010), 「조선시대 언간 자료의 현황과 특성」, 『국어사 연구』10호, 국어사학회, 73~
　　　　131쪽.

효종대왕 언간 1

〈효종-1, 1641년, 효종(사위) → 안동김씨(장모)〉

판독문

> 답 샹장
> 댱 졍승 딕 　　　　〔수결〕

신셰예 긔운이나 평안ᄒᆞᆸ신가 ᄒᆞ오며 수힝ᄎᆞ 드러오올 제 뎍ᄉᆞ오신 편지 보옵고 친히 뵈옵는 ᄃᆞᆺ 아ᄆᆞ라타 업서 ᄒᆞ오며 쳥음은 더리 늘그신니가[1] 드러와 곤고ᄒᆞ시니 그런 일이 업ᄉᆞ오이다 힝ᄎᆞ[2] 밧브고 ᄒᆞ야 잠 뎍ᄉᆞᆸᄂᆞ이다 신ᄉᆞ 졍월 초팔일 호

판독대비

번호	판독자료집	金一根 (1986/1991 : 188~189)	예술의전당 서울서예박물관 (2002 : 203)
1	늘그신니가	늘그신 니가	-
2	힝ᄎᆞ	힝차	힝차

■ 대상 언간

우암(尤庵) 송시열(宋時烈, 1607~1689)이 장손(長孫)인 송은석(宋殷錫, 1645~1692)의 처 밀양박씨(密陽朴氏)에게 쓴 한글편지 1건과 우암이 제자인 정보연(鄭普衍, 1637~1660)의 처 여흥민씨(驪興閔氏)에게 쓴 한글편지 1건을 가리킨다. 전자는 현재 국립청주박물관에 기탁·보관 중이고, 후자는 개인 소장이다.

■ 언간 명칭 : 송시열 언간

金一根(1986/1991)에 따라 이 판독자료집에서는 '송시열 언간'*으로 명칭을 삼고, 출전 제 시의 편의상 약칭이 필요할 경우에는 '송시열'을 사용하였다.

■ 언간 수량 : 2건

우암의 한글편지는 金一根(1986/1991)에서 총 8건이 소개되었으나 이 판독자료집에서는 소장처가 분명하고 연구진에서 원본 이미지를 확보한 2건만을 대상으로 하였다.

■ 원문 판독

金一根(1986/1991)에서 송시열의 한글편지 8건을 모두 판독하였다. 이 판독자료집에서는 金一根(1986/1991)에서 이루어진 판독 사항과 대비하여 차이가 있는 부분을 표로 제시하고 판독 결과를 대조해 보는 데 도움이 될 수 있도록 하였다. 예술의전당 서울서예박물관(2007)에도 1건(2번)이 판독되어 있으나 판독문에 고어가 제대로 인쇄되지 않은 곳이 많아 제외하였다.

■ 발신자와 수신자

1번은 첫머리에 '댱손 은석 처'라고 하고, 끝에 '싀조 書'라고 쓴 것으로 보아 송시열이 손자며느리 밀양박씨에게 쓴 것이다. 2번은 '안티 죄인 송시렬'이라는 발신인 표시와 편지

---

* 1번에 대해서는 金一根(1986/1991 : 321)에서 '宋時烈筆 給與成文'으로 명명되기도 하였다.

내용으로 보아 송시열이 제자인 정보연(鄭普衍)의 미망인 민씨(閔氏)에게 쓴 편지이다(金一根, 1986/1991 : 68~69).

■ 작성 시기

1번이 쓰인 해는 '신히 오월 슌일'이라는 발신일 표시로 보아 1671년에 해당하며, 2번 편지는 '긔미 이월 초오일'이라는 발신일 표시로 볼 때 1679년에 쓴 것이다.

■ 자료 가치

1번은 송시열의 형님이 후사가 없기 때문에 형님 내외의 신주를 손자며느리에게 부탁하는 내용이다. 신주에 대한 제사를 당부하며 제사에 쓰이는 땅과 노비의 상세 내역을 기록하고 있어서 봉사조(奉祀條) 분재기(分財記)와 관련한 자료로 역사학이나 고문서연구에 활용될 수 있다. 2번 편지는 송시열이 제자인 정보연(鄭普衍)의 미망인 민씨에게 산소 문제와 자식 교육 문제 등에 대해 이야기하는 편지로 발수신 관계가 관습상 흔히 볼 수 없는 특이한 예에 속한다. 이들 자료는 국어사적으로 17세기의 언어와 상대경어법을 연구하는 데 도움이 될 뿐 아니라 노비들의 인명(人名)이나 청주 지역의 지명(地名)을 연구하는 데도 활용될 수 있다.

■ 자료 해제

자료의 자세한 서지 사항에 대해서는 金一根(1986/1991 : 68~69, 321)을 참조할 수 있다.

■ 원본 사항

- 원본 소장 : 국립청주박물관(1번, 기탁자료), 개인(2번, 류두선)
- 크기 : 33.0×102.5cm(1번), 29.7×62.3cm(2번)

■ 판독 사항

金一根(1986/1991), 『三訂版 諺簡의 研究』, 건국대학교출판부. ※ 대상 자료를 포함하여 총 8건의 송시열 언간 판독

예술의전당 서울서예박물관(2007), 『2006·2007 同春堂·尤庵선생 탄생 400주년 기념, 宋浚
　　　吉·宋時烈』, 한국서예사특별전 26. ※1건(2번) 판독

■ 영인 사항

金一根(1986/1991), 『三訂版 諺簡의 研究』, 건국대학교출판부. ※1건(1번) 영인
예술의전당(1991), 『한글서예변천전』, 우신인쇄. ※1건(2번) 영인
예술의전당 서울서예박물관(2007), 『2006·2007 同春堂·尤庵선생 탄생 400주년 기념, 宋浚
　　　吉·宋時烈』, 한국서예사특별전 26. ※1건(2번) 영인

■ 참고 논저

국립청주박물관 편(2007), 『우암 송시열』, 국립청주박물관 개관 20주년 우암 탄신 400주년
　　　기념 특별전 도록, 통천문화사.
金一根(1986/1991), 『三訂版 諺簡의 研究』, 건국대학교출판부.
박병천·정복동·황문환(2012), 『조선시대 한글편지 서체자전』, 한국학중앙연구원 어문생활
　　　사연구소, 다운샘.
박정숙(2012), 「조선의 거유(巨儒) 우암 송시열의 생애와 글씨세계」, 『月刊 書藝』 통권 374호,
　　　128~133쪽.
예술의전당 서울서예박물관(2007), 『2006·2007 同春堂·尤庵선생 탄생 400주년 기념, 宋浚
　　　吉·宋時烈』, 한국서예사특별전 26.
예술의전당(1991), 『한글서예변천전』, 우신인쇄.
이상규(2011), 『한글 고문서 연구』, 도서출판 경진.
황문환(2010), 「조선시대 언간 자료의 현황과 특성」, 『국어사 연구』 10호, 국어사학회, 73~
　　　131쪽.

송시열 언간 1

〈송시열-1, 1671년, 송시열(시할아버지) → 밀양박씨(손자며느리)〉

판독문

댱손 은셕 쳐

형님 너외 신쥬ㅣ 례로는 한아바님끠 부위될 거시로ᄃᆡ 종가의 형셰 어렵기로 어마님이 각별이 내게 맛디옵셔 졔ᄉᆞᄒᆞ게 ᄒᆞ옵시더니 이졔 내 나믄 날이 업서 가니 이 졔ᄉᆞᄅᆞᆯ 네 싀부의게 맛딜 둧ᄒᆞᄃᆡ[1] 네 싀부ㅣ 홀아비로 집이 업시 인눈디라 우리 부쳐도 너희게 거ᄂᆞ리이니 ᄒᆞ믈며 이 일을 엇디 네 싀부의게 맛디리 마디몯ᄒᆞ여 너희게 분부ᄒᆞ노니 이 졔시 너희 몸ᄀᆞ지 홀디라 내 죽은 후의 브ᄃᆡ 훈 간 ᄉᆞ당을 내 ᄉᆞ당 올훈 녁희 지어 이 신쥬ᄅᆞᆯ 뫼시면 졍녕이[2] 서ᄅᆞ 의지ᄒᆞ여 외롭디 아니리라 너희 신후에란 신쥬ᄅᆞᆯ 분묘 겨팃 뭇줍고 훈 희 훈 번식 묘졔만 ᄒᆞ여 오라여도 폐티 아닐 줄을 뎐례로 ᄌᆞ손의게 분부ᄒᆞ여라 너희 날 셤기는 효셩으로 보니 내 ᄆᆞ음을[3] 바다 닛디 아닐가 시블시 이리 뎡녕히 니ᄅᆞ노라 이 봉ᄉᆞ묘 노비 뎐디ᄅᆞᆯ 너희 ᄌᆞ손애도 디디로 못ᄌᆞ식이 맛다 실훈 죵 ᄒᆞ나식 묘하의 살려 이 노비 ᄌᆞ손이 다 진훈 후의 말게 ᄒᆞ여라 뎐디 다 분묘 근쳐의 이시니 브ᄃᆡ 푸디 말고 네 싀동셩이나 네 ᄌᆞ손 듕의 아이 가래라도[4] 몰바희 가 살며[5] 묘졔ᄅᆞᆯ ᄒᆞ려 ᄒᆞ면 아직 그 뎐디ᄅᆞᆯ 주려니와 내죵은 브ᄃᆡ 못ᄌᆞ손이 도로 ᄎᆞ디ᄒᆞ리라 내 ᄌᆞ손 되엿ᄂᆞ니 셰셰로 내 이 뜻을 완홀이[6] 마라스라 ᄯᅩ 문셔ᄅᆞᆯ 은셕의게 ᄒᆞ여 주엇거니와 너도 ᄌᆞ시 알과져 ᄒᆞ여 이리 뎍노라 봉ᄉᆞ묘 노비 노 뎨현이 비 칠례 비 덕례 노 귀인이 노 슈남이 비 칠향이 노 노랑이 비 뎨월이 비 동미 비 두순이【뎨현이 ᄆᆞᆯ고 귀인이 도망】이 노비ᄅᆞᆯ 후소싱 아오로 디디 못집이 ᄎᆞ디ᄒᆞ고 지ᄌᆞ지손의 논호디 말게 ᄒᆞ라 봉ᄉᆞ묘 뎐디 쳥듀 남면 논 아홉 말디기 무의 븍면 논 스므너 말디기 관셔ᄒᆞ여 더 쟝만ᄒᆞ려 ᄒᆞ니 일졀 푸디 말게 ᄒᆞ라 신ᄒᆡ 오월 슌일[7] 싀조 書

판독대비

번호	판독자료집	金一根 (1986/1991 : 247~248)
1	둣호더	둣호되
2	졍녕 이	졍녕이
3	무음을	마음을
4	가래라도	가패라도
5	몰바희 가 살며	몰바회가 살며
6	완홀이	완홀히
7	슌일	슌일일

송시열 언간 2

〈송시열-2, 1679년, 송시열(제자의 스승) → 민씨(제자의 아내)〉

판독문

네 쥬ㅈㅣ라 ㅎ옵실[1] 셩현네겨옵셔 서ᄅ 친ㅎ온 부인네끠 권당 아니와도 편지ㅎ옵시던 일이 겨옵시더니 죄인이 그 례ᄅᆯ 의거ㅎ와 ᄒ 적 편지ᄅᆯ 알외옵고져 ᄒ오더 이제 시절의 업ᄉ온 일이오매 즈져ㅎ옵더니 엇그제 ᄒᆫ가지로 죄 닙ᄉ온 사ᄅᆷ의 녜편네 죄인의게 뎌어 뭇ᄌ왓ᄉ거ᄂᆯ 혜오매 이제도 이 일이 해롭디 아니ㅎ옵도다 ㅎ와 쳔만 황공ㅎ옵다가 덕ᄉ와 알외옵ᄂᆞ이다 젼일 혼ᄉᄂᆞ 내 집이 쳔만 그ᄅᆺㅎ온 거슬 내 집 허믈 내옵디 말고져 ㅎ옵셔 흔젹 업게 ㅎ옵시니 후ㅎ옵신 덕이 깁ᄉ오실ᄉᆡ록 내 집 참괴ㅎ옵기ᄂᆞ 더욱 깁ᄉ오며 디하의 가와도 녜 사ᄅᆷ돌ᄋᆞᆯ 어ᄂ 눗ᄎ로 보오려뇨 ㅎ오며 노쳬 잇ᄉ온 제 ᄆᆞ음의 믹일 편티 몯ㅎ와 ㅎ옵다니 죽ᄉ온 후도 일뎡 닛디 몯ㅎ오링이다 뎡쳔이 ᄌᆞ식 낫ᄉ기ᄅᆯ 시작ㅎ엿ᄉ고 내 집도 증손 남녜 여러히오니[2] 젼의 일을 닛ᄌᆞ오시고 년가ᄅᆯ ᄒᆞ려 ㅎ오시면 내 집이 젼의 일을 져그나 깁ᄉ올가 ㅎ옵ᄂᆞ이다 죄인이 됴셕의 죽게 되오매 ᄌᆞ식돌ᄃᆞ려 유언을 ㅎ옵ᄂᆞ이다 쏘 산소 일은 셔울셔 봉ᄒᆡ 극히 머오매 뎡쳔이 졔ᄉ ᄃᆞ니옵다가 굿기옵ᄂᆞᆫ 일이 잇ᄉ올가 ㅎ와 뎨쳔 곧 쓰오면 시시 편당ㅎ오매[3] 그리로 권ㅎ오나 봉ᄒᆡᄅᆯ 어루신네 극히 듕히 녜기옵시던 디오니 이제라도 돈돈이 슈습ㅎ와 ᄌᆞ손이나 쓰옵게 ㅎ옵시고 ᄂᆞᆷ이 사려 ㅎ와도 허티 마옵시면 죄인이 져그나 쇽죄ㅎ올가 ㅎ옵ᄂᆞ이다 쏘 분묘애 녀ᄂ 셕믈은 부허ㅎ옵거니와 표셕 지셕은 브디 업디 몯ㅎ올 거시오니 급급히 ㅎ옵시게 ㅎ옵쇼셔 이 밧근 뎡쳔이ᄅᆯ 시시로 글 닑ᄉ기와[4] 힝실 닷글 일을 니ᄅᆞ옵시고 싀동싱님네 집 말ᄉᆷ을 일졀 몯ㅎ옵게 ㅎ옵쇼셔 노병ㅎ와 계유 쓰오매 셩ᄌᆞᄅᆯ 몯ㅎ오며 말ᄉᆷ이 ᄎᆞ셔 업ᄉ오니 더욱 황공ㅎ오이다 긔미 이월 초오일 안틱 죄인 송시렬

판독대비

번호	판독자료집	金一根 (1986/1991 : 184)
1	ᄒᆞ옵실	ᄒᆞ옵시ᄂᆞᆫ
2	여러히오니	여러히 오니
3	편당ᄒᆞ오매	텬장ᄒᆞ오매
4	닑습기와	닑슙기와

• 월성이씨 언간 •

3건

■ 대상 언간

안동권씨(安東權氏) 동정공파(同正公派) 용계계(龍溪系) 종가(宗家)에 전해 온 필첩(筆帖) 『先
筆遺蹟』에 실린 한글편지 3건을 이른다. 이 필첩은 영조 때 학자 권순경(權舜經, 1676~1744)
이 자신의 조부 권후중(權後重), 부 권시창(權是昌), 외조부 이광철(李光喆), 모 월성이씨(月城
李氏, 1650~1716) 등의 한문 내지 한글 필적을 모아 놓은 것이다. 이 가운데 한글편지는 모
두 3건으로, 3건 모두 어머니 월성이씨가 아들 권순경에게 쓴 것이다. 종가에 전하던 필첩은
현재 대전선사박물관에 기탁·보관되어 있다.

■ 언간 명칭 : 월성이씨 언간

황문환(1997, 1998)에서는 '월성이씨가 아들에게 보내는 한글편지'로 소개하였다. 이 판독
자료집에서는 '월성이씨 언간'으로 명칭을 삼고, 출전 제시의 편의상 약칭이 필요할 경우에
는 '월성이씨'를 사용하였다.

■ 언간 수량 : 3건

『先筆遺蹟』에 실린 한글편지는 총 3건이다. 3건 모두 서두가 '답 아기셔' 또는 '답긔 아기
셔'로 시작하는 것으로 보아 어머니 월성이씨가 아들 권순경의 편지를 받고 답장으로 쓴 것
으로 추정된다.

■ 원문 판독

황문환(1997)에서 1건(1번 편지)을, 황문환(1998)에서 2건(2번, 3번 편지)을 판독하였다. 이
판독자료집에서는 황문환(1997, 1998)에서 이루어진 판독 사항과 대비하여 차이가 있는 부분
을 표로 제시하고 판독 결과를 대조해 보는 데 도움이 될 수 있도록 하였다.

■ 발신자와 수신자

3건 모두 서두가 '답 아기셔', '답긔 아기셔'로 시작하며, 1번 편지에 '모'라고 발신자를

밝혔다. 편지 내용까지 함께 고려하면, 3건 모두 발신자는 어머니 월성이씨(月城李氏, 1650~1716)이고, 수신자는 아들 권순경(權舜經, 1676~1744)으로 추정할 수 있다.

■ 작성 시기

3건 중 2건에는 각각 '을묘 스월 십구일', '을묘 오월 초ᄒ.론날'이라는 발신일이 적혀 있는데, 필첩에 부서(附書)된 내용으로 볼 때 을묘는 1716년에 해당하는 을미년을 잘못 적은 것으로 이해될 수 있다(황문환, 1997 : 63~64). 나머지 한 건은 아무런 일자 표시가 없으나 편지 내용을 통해 볼 때 같은 해(1716년)이지만 다른 2건보다 늦게 쓰인 것으로 볼 수 있다.

■ 자료 가치

이 편지는 아들에게 어머니가 자신과 집안 아이들의 안부를 전하는 내용이 대부분이지만, 아들에 대한 어머니의 진한 애정이 그대로 표현되어 있다. 조선 후기 가전(家傳) 언간으로서 해당 가문에 전하는 다른 기록이나 증언을 통해 전래 경위를 파악할 수 있는 자료로서 귀중한 가치를 지닌다.

■ 자료 해제

자료의 자세한 서지 사항에 대해서는 황문환(1997 : 62~64)을 참조할 수 있다.

■ 원본 사항

- 원본 소장 : 대전선사박물관(선사기탁 125번)
- 크기 : 34×16cm(첩의 크기)

■ 판독 사항

황문환(1997), 「월성이씨가 아들에게 보내는 한글 편지 1(1716년)」, 『문헌과해석』 1, 태학사, 61~72쪽. ※ 1건(1번) 판독

황문환(1998), 「월성이씨가 아들에게 보내는 한글 편지 2(1716년)」, 『문헌과해석』 2, 태학사,

46~55쪽. ※ 2건(2번, 3번) 판독

■ **영인 사항**

황문환(1997), 「월성이씨가 아들에게 보내는 한글 편지 1(1716년)」, 『문헌과해석』 1, 태학사,
　　　61~72쪽. ※ 1건(1번)을 작은 흑백 사진으로 영인

황문환(1998), 「월성이씨가 아들에게 보내는 한글 편지 2(1716년)」, 『문헌과해석』 2, 태학사,
　　　46~55쪽. ※ 2건(2번, 3번)을 작은 흑백 사진으로 영인

■ **참고 논저**

황문환(1997), 「월성이씨가 아들에게 보내는 한글 편지 1(1716년)」, 『문헌과해석』 1, 태학사,
　　　61~72쪽.

황문환(1998), 「월성이씨가 아들에게 보내는 한글 편지 2(1716년)」, 『문헌과해석』 2, 태학사,
　　　46~55쪽.

황문환(2010), 「조선시대 언간 자료의 현황과 특성」, 『국어사 연구』 10호, 국어사학회, 73~
　　　131쪽.

월성이씨 언간 1

〈월성이씨-1, 1716년, 월성이씨(어머니) → 권순경(아들)〉

판독문

> 답 아기셔

슌관이 도라온 후의 쇼식 몰라 답답ᄒ여 ᄒ더니 의성으로셔 편지 보니 죠히 지내ᄂᆫ가 시부니 깃거ᄒ노라 장목 빗치 스무날 간다 ᄒ여늘 편지ᄒ엿써니 지금 못 갓짜 ᄒ매 덧편지 ᄒ노라 예ᄂᆫ 대되 무ᄉ호고 퉂쇠 녁신은 무ᄉᄒ나 실로 괴이ᄒ여라 네 셩신날 뫼욕지계ᄒ고 츅슈ᄒ노라 ᄒ니 밤둥 가온대 샹시예 ᄶ지 아니ᄒ던 아히 막 ᄆ차 네 집으로 그 음셕을 막 가져간 후의 홀현히¹ ᄂᆞ리 안자 슬토록 머근 후의 ᄯᅩ 자다가 시작ᄒ여 밤낫 나흘을 우알로 브포로며 역증과 비알키를 무궁 ᄒ며² 닝슈도 먹지 아니ᄒ고 곤슉ᄒ매 일새 황황ᄒ더니 나흘만의 보람이 나디 수업시 나매³ 내 ᄆᆞ옴애 아무라타 못ᄒ고 쳔지일월ᄭᅴ 밤낫 츅슈ᄒ더 내 몸이 오히려 ᄀᆞᆺ부지⁴ 아니ᄒ고 두 집 ᄉᆞ이이로⁵ ᄃᆞ니며 하 양셩발원ᄒ니 푸러 주신 지 닷쇈만의 실홀 드니 낫던 삭도 만히 슬고 장초 반츄 자바⁶ 클클ᄒ여디며⁷ 그날부터 역증과 비알 푸기도 긋치고 밥을 츠자 젼쳐 머그며 나죄ᄂᆞᆫ 더 세를 ᄒ여도 밤이면 새도록 슌히 자니 그도 괴이ᄒ고 열홀 젼의 디츄⁸ 잡아 가며 내 몸과 그 아히⁹ 몸과 ᄒᆞᆫ가지로 풀리니 나도 나날 긔력이 나아가고 쇼인도 오ᄂᆞᆯ 첫 실홀 드디 퉂쇠예 삼분지일도 못 홀가 시부니 그런 즐거운 이롤 내내 젹지 못ᄒ여라 지황이ᄂᆞᆫ 아직 미거ᄒ다 이번 별샹 ᄒ시ᄂᆞᆫ 양을 보니 사ᄅᆞᆷ의 졍셩을 아ᄅᆞ시ᄂᆞᆫ 듯 하 괴이ᄒ고 긔특ᄒ신 이리 션연ᄒ시니 풀 나란¹⁰ 보롬쑬이 죠홀 거시니 대명 젼과 쳔지일월을 울워러 삼ᄇᆡ샤ᄇᆡ 삼ᄇᆡ샤ᄇᆡᄒ고 심셔 공부ᄒ여라 아마도 대과롤 수이 홀 덧ᄒ여 하□□□¹¹의 졍긔 셔로 왕ᄂᆡᄒᆞᄂᆞᆫ 듯ᄒ여라 잡ᄉᆞ연은 두 나그네 편지의 다 ᄒ거니와 네 집의 양식이 모ᄌᆞ라고 퉂쇠ᄂᆞᆫ 여여셔¹² 두불 곱자바 먹고 여러 번 실홀 시예¹³ 옴쟈니¹⁴ 근심ᄒ거늘 나락 비돌¹⁵ ᄒᆞᆫ 셤이나 내라 ᄒ노라 퉂쇠 반찬 업시ᄂᆞᆫ ᄒᆞᆫ 술도 먹지 아니ᄒ기예 민망ᄒ여 ᄒ더니 영덕셔 스무날ᄭᅴ 한 별장 오디 셔너 마린가 보내엿써늘 글로 머기더니 ᄒᆞᄅᆞ 이틀을 굿허지니 울고 일졀 먹지 아니ᄒ매 민망 굽굽ᄒ더니 그뭄날 ᄯᅩ 영덕셔 보리

흔 셤 건어물 싱어물 흔 바리 짐이 와시매 글로 소복홀 ㅎ고 보리도 반식 논하스니 영덕의 인ᄉ 편지 ᄒ여라 여 넘널[16] 말고 내 몸 조심ᄒ고 슈린의 참봉 구ᄒ여 보와라 무궁ᄒ여 이 만 을묘 오월 초ᄒ룬날 모

판독대비

번호	판독자료집	황문환 (1997 : 65～70)
1	홀현히	홀련히
2	무궁 ᄒ며	무궁ᄒ며
3	나매	나니
4	ᄎᆺ부지	ᄎᆺ쑤지
5	ᄉ이이로	ᄉ이로
6	장초 반추 자바	장초 안□자 비
7	클클ᄒ여디며	클클ᄒ여지며
8	디추	긔후
9	아히	ᄋ히
10	풀 나란	풀 다란
11	하□□□	하 노□□
12	여여셔	여 여셔
13	실흘 시예	실흘□예
14	옴쟈니	□□니
15	나락 비둘	나락비둘
16	여 넘널	여 □덜

월성이씨 언간 2

〈월성이씨-2, 1716년, 월성이씨(어머니) → 권순경(아들)〉

판독문

> 답 아기셔

편지 보니 무사히 지내는 줄 알고 フ이업시 즐겨 ᄒ노라 요스이 심ᄒ 장마 고열의 닝셩ᄒ며 어이 지내는다 여겨 세 번 편지 가더니 네 본다 나는 대되 거느려 대단튼¹ 아니ᄒ더 녁신의 드러 애스고 나리 심히 더우매 왕왕이 쳔증이 이는 듯ᄒ디 하 심치 아니ᄒ니 넘녀 마라 여는 샹하 □ᄒ며 밍빈 툴쇠 지황 쇼의 이쌔ᄭ지 잡병 업시 지내고 툴쇠는 그리 흘리던 코도 거두고 모양 거동이 총명ᄒ고 얼굴 무양ᄒ니 그런 고이ᄒ 이리 업서 미일 츄양ᄒ노라 쏘 명인 복쟈² 만나든 녁질³ 아니ᄒ다 ᄒ고 지황과 두 아히 □을 ᄒ여 보와 이후의 증험ᄒ여라 네 집 가스는 지영의 편지의 ᄒ거니와 누웨도 녁신과 ᄒᄒ가지로 잘되어 명지 필이나 나ᄒ 듯 ᄒ다 ᄒ니 フ이업시 깃거ᄒ노라 ᄂ월 어마님 대긔롤 슈린의 집의 시기니 가는 대로 지내려니와 너 업ᄭ예 만스 수션되인 일과 만시 답답ᄒ 이리 만ᄒ니 심수 등의 지내니 좀든 스인둘 너롤 싱각지 아니ᄒ리요 ᄂ연 이월ᄭ지 어이 지내련고 ᄒ노라마는 삭쉬 그러ᄒ면 어이 ᄒ고 내의 엿날 심화롤 모르는다 다 너 업ᄭ예 만시 그러ᄒ여라 무궁ᄒ나 지리ᄒ여 긋치노라

판독대비

번호	판독자료집	황문환 (1998 : 47~49)
1	대단튼	대든은
2	복쟈	볼 쟈
3	녁질	녁신

월성이씨 언간 3

〈월성이싸-3, 1716년, 월성이씨(어머니) → 권순경(아들)〉

판독문

> 답긔 아기셔

갈 제 나리 구즈니 극히 넘녀ᄒ더니 슌관이 ᄒ론날 무스히 오고 갈 적도 셔관대로 그날 무스히 득달ᄒ고 관의도 수의[1] 드다 ᄒ니 ᄀ이업시 즐겨ᄒ노라 여도 다 무스ᄒ고 나도 너 간 후의 만시 허소ᄒ여 ᄆ음이 심히 심난ᄒ더니 네 편지 보고 다시곰 ᄆ음을 돈돈히 자부니 졍 긔 더 낫고 그 게져슬 보내여시매 먹고 시분 거슬 머그니 더 낫은 듯ᄒ니 옐랑 넘녀 말고 네 몸이나 무스히 조심ᄒ여 공부를 착실히 ᄒ여 ᄡᅩ 나를 영화를 브디 보히게[2] ᄒ여라 나도 밤낫 츅슈 발원ᄒ노라 잡스연은 아긔네[3] 편지의 다 ᄒ매 이만 을묘 스월 십구일 ᄡᅩ 젹노라 다시곰 싱각ᄒ니 괴이ᄒ다 내 겨으레 죽게 되엿짜가 이저는 나날 긔력이 완고ᄒ고 음셕도 아무 거시라도 무진무진 먹고 시부니 불ᄒ 깁헤야 가지 아니 셩ᄂ냐 내 힝심을 ᄌ셔히 젹노라 양우 부모님 시오년 거상의 초ᄒᄅ 보롬 향한의 뫼욕ᄌ겨ᄒ고 빅가시셔를 동셔 개걸ᄒ여 ᄃ니며 눔이 웃는 동 빗는 동 모로고 밤낫으로 일니마 외오디 목청이 옥져 소리 ᄀᆽ고 ᄀᆽ 쑤지 아니ᄒ더니 너 진스 ᄒᆫ 후의는 목청도 막히고[4] 글ᄌ도 긔역지 못ᄒ니 그 아니 괴이ᄒ 냐 요스이 내 몸 푸러내는 이를 보니 내 경긔 네 몸의 드런는지라 부디부디 수이 대과를[5] ᄒ여 내 셩년의 의셩 쇼스당 알픠 쇼쩌를 셔우고 도라와 즉시 죽다 무슨 ᄒ니 이시리오 내 나 네나 ᄆ음으로 못ᄒ고 쳔지일월이 도와 주시는 거시니 미일 심의 츅슈발원이라 내 두 번 긔측하여시매 오늘 네 셩신의도 츅슈ᄒ려 ᄒ노라 녁신은 관의 집의 세 아히 슌히 ᄒ고 후걸 의 집의 시방 드럿고 목코 열도 드럿다 ᄒ거니와 들 ᄯᅢ면 내 몸이 의구ᄒ다 아무려나 내 아 니 조심ᄒ랴 그도 져도 넘녀 말고 네 몸을 흔홰이 가져라 슈린의 참봉 도몰랑 착실히 구ᄒ 여 보와라 내 반찬을랑 넘녀 마라 지운이 ᄀ즈니 죡히 먹고 쇼도 부죡지 아녀라 내 밤 들게 야 자고 일즉 니러 두 집안 긔걸ᄒ고 밧긔는 슈린 ᄌ빈이 ᄒ니 슈린의게 편지 긔유ᄒ게 ᄒ 여라 내 경긔 이 셔듕의 잇ᄂ니라 슌관의 돈 닷 □은 언용이 당무ᄒ니 돈 줄 배 업셔라 ᄒ

디 굿조[6] 사탁ᄒ려[7] ᄒ니 쇼관ᄒ여 그 모단을 저롤 막겨 두웟다 ᄒ다

판독대비

번호	판독자료집	황문환 (1998 : 49∼52)
1	수의	수이
2	보히게	□히니
3	아긔네	아기네
4	막히고	□하고
5	대과롤	대과를
6	굿조	굿□
7	사탁ᄒ려	사학ᄒ려

■ 대상 언간

　청성(靑城) 성대중(成大中, 1732~1812)의 글씨를 모은 필첩(筆帖) 『靑城簡帖』에 아들에게 쓴 한문편지가 들어 있는데, 그 편지 속에 함께 쓰인 한글편지 1건을 가리킨다. 이 한글편지는 1763년 8월 일본 통신사(通信使)의 일원으로 성대중과 함께 일본에 다녀온 원중거(元重擧, 1719~1790)의 후손이 소장하고 있다가 고(故) 김일근 교수가 발굴하여 金一根(1986/1991)에 소개하였다.

■ 언간 명칭 : 성대중 언간

　이 판독자료집에서는 金一根(1986/1991)에 따라 '성대중 언간'으로 명칭을 삼고, 출전 제시의 편의상 약칭이 필요할 경우에는 '성대중'을 사용하였다.

■ 언간 수량 : 1건

　현재 전하는 성대중의 한글편지는 이 1건이 유일한데, 예술의전당(1991) 도록에 컬러 사진으로 소개된 바 있다.

■ 원문 판독

　金一根(1986/1991)에서 판독하였다. 이 판독자료집에서는 金一根(1986/1991)에서 이루어진 판독 사항과 대비하여 차이가 있는 부분을 표로 제시하고 판독 결과를 대조해 보는 데 도움이 될 수 있도록 하였다.

■ 발신자와 수신자

　성대중이 아들에게 쓴 한문편지 옆에 한글로 쓴 편지가 있는데, 이는 부인과 어린 자식들을 위해서 한글로 함께 쓴 것으로 추정된다. 아들에게 쓴 한문편지에는 '父'라는 발신자 표시가 있다. 따라서 발신자는 성대중이고, 수신자는 성대중의 부인인 전주이씨와 자식들로 볼 수 있다.

■ 작성 시기

한글편지에는 발신일이 기록되어 있지 않고, 그 옆의 한문편지에는 '二 初三'이라고만 쓰여 있어 정확한 작성 시기는 알 수 없다. 성대중의 생몰년(1732~1812년)과 아들에게 쓴 한문편지가 있는 것을 고려할 때, 아들 성해응(成海應, 1760~1839)이 출생한 이후인 1760년부터 1812년까지로 시기를 좁혀 추정할 수 있다.

■ 자료 가치

부인 전주이씨와 어린 자식에게 각각 따로 편지를 쓰지 못하고 함께 보라고 보낸 편지이다. 한 편지임에도 불구하고 어린 자식들에게는 '인노라, 잇거라'를 쓰고, 부인에게는 '보시소'를 써서 상대경어법을 달리 하고 있는 것을 볼 수 있다.

■ 자료 해제

자료의 자세한 서지 사항에 대해서는 金一根(1986/1991 : 73~74)을 참조할 수 있다.

■ 원본 사항

- 원본 소장 : 개인(김일근 교수)
- 크기 : 27.5×28.3cm

■ 판독 사항

金一根(1986/1991), 『三訂版 諺簡의 硏究』, 건국대학교출판부.

■ 영인 사항

예술의전당(1991), 『한글서예변천전』, 우신인쇄. ※ 컬러 사진

■ 참고 논저

金一根(1986/1991), 『三訂版 諺簡의 硏究』, 건국대학교출판부.

예술의전당(1991), 『한글서예변천전』, 우신인쇄.

황문환(2010), 「조선시대 언간 자료의 현황과 특성」, 『국어사 연구』 10호, 국어사학회, 73~
131쪽.

성대중 언간 1

〈성대중-1, 1760~1812년, 성대중(아버지, 남편) ➡ 자식들과 전주이씨(아내)〉

판독문

길 ᄒ나 사오닙고[1] 엇디 간고 긔별 몰라 니전 ᄉ이 업시 분별ᄒ며 날포[2] 셥셥ᄒ미 ᄀ이업서
인노라 아마도 글 힘서 ᄒ고 됴히 잇거라 각각 유무ᄒ고져 호ᄃ 긔운도 셟고 총망히 가니
몯 ᄒ니 일양 보시소

판독대비

번호	판독자료집	金一根 (1986/1991 : 231)
1	사오닙고	사호닙고
2	날포	날로

• 정조대왕 언간 •

3건

■ 대상 언간

조선 제22대 왕인 정조(正祖, 1752~1800)의 한글편지 7건 중에서 외숙모인 여흥민씨(驪興閔氏)에게 보낸 한글편지 3건을 가리킨다.

■ 언간 명칭 : 정조대왕 언간

이 판독자료집에서는 '정조대왕 언간'으로 명칭을 삼고, 출전 제시의 편의상 약칭이 필요할 경우에는 '정조'를 사용하였다.

■ 언간 수량 : 3건

정조의 한글편지는 총 7건이 알려져 있는데, 金一根(1986/1991)에 소개된 4건은 정조가 생질녀(甥姪女)인 청선공주(淸璿公主)의 딸에게 보낸 편지로『近朝內簡選』(1948)에만 실려 있어* 원본의 소재를 알 수 없다. 이 판독자료집에서는 나머지 3건을 대상으로 하였는데, 이들 편지는『御筆』이라는 필첩(筆帖)에 실려 전하는 것으로 예술의전당 서울서예박물관(2002)에도 소개되었다.

■ 원문 판독

예술의전당 서울서예박물관(2002)에서 3건 모두 판독하였다. 金一根(1986/1991)에서는『近朝內簡選』(1948)에 수록된 4건의 한글편지만 그대로 옮겨 실었다. 이 판독자료집에서는 예술의전당 서울서예박물관(2002)에서 이루어진 판독 사항과 대비하여 차이가 있는 부분을 표로 제시하고 판독 결과를 대조해 보는 데 도움이 될 수 있도록 하였다.

■ 발신자와 수신자

3건 모두 발신자는 정조이고, 수신자는 외숙모인 여흥민씨이다. 1번 편지의 봉투에는 '叔母主前'이라고 썼는데, 어머니 혜경궁 홍씨의 오라버니인 홍낙인(洪樂仁, 1729~1777)의 처

---

* 여기서는 판독문이 일반 독자의 편의를 위하여 'ㆍ'가 'ㅏ'로 바뀌는 등 현대 철자로 수록되었다.

여흥민씨(驪興閔氏)가 정조에게는 외숙모가 되는 까닭에 '叔母主'라고 적은 듯하다. 1번 편지의 발신자 표시는 '元孫'으로, 2번 편지의 발신자 표시는 '世孫'으로 되어 있다. 3번 편지의 봉투에는 '국동 홍 참판 딕 젼납 근봉'이라고 되어 있고, 이 편지를 쓸 당시 홍낙인은 이미 사망했으므로 여흥민씨에게 보낸 것으로 짐작된다.

■ 작성 시기

1번 편지에 있는 '元孫'이라는 발신자 표시로 보아 정조가 세손이 되기 전에 쓴 것인데, 편지를 쓸 수 있으려면 적어도 나이가 서너 살은 되어야 하고 정조가 세손이 된 때가 1759년 2월이므로 1754~1758년 사이 정도에 쓴 것으로 볼 수 있다. 2번 편지에는 '世孫'이라고 발신자 표시가 되어 있어 정조가 세손으로 있던 1759~1776년 사이에 쓴 것으로 추정할 수 있다. 3번 편지는 '계튝 납월 념일'로 발신 일자가 표시되어 있어서 1793년 12월 20일에 보낸 편지임을 알 수 있다.

■ 자료 가치

1번 편지는 정조가 원손 시절에 쓴 편지로, 갓 글씨를 배운 듯 삐뚤빼뚤하고 글자의 크기도 일정치 않고, 줄도 바르지 않은 것이 오히려 귀엽고 사랑스럽게 느껴진다. 2번 편지는 세손 시절의 편지로, 원손 시절의 필체와 비교할 때 꽤 세련된 모습을 보여 준다. 3번 편지는 1793년(정조17) 12월 20일에 모친 혜경궁 홍씨가 59세이던 해 섣달 스무날에 물목 단자를 위 여백에 적어 세의(歲儀, 연말 선물)를 보낸다는 사연을 적은 편지이다. 3건의 편지가 각각 정조의 원손 시절, 세손 시절, 대왕 시절에 쓴 것으로 정조의 성장 과정 및 서체의 발전상을 확인할 수 있다는 의의가 있다.

■ 자료 해제

자료의 간략한 서지 사항에 대해서는 예술의전당 서울서예박물관(2002)을 참조할 수 있다.

■ 원본 사항

- 원본 소장 : 개인(『御筆』)

• 크기 : 34.7×53.5cm(1번, 2번), 41.0×56.7cm(3번)

■ 판독 사항

李秉岐(1948), 「近朝內簡選」, 國際文化館. ※ 대상 편지를 제외한 정조대왕 언간 4건 판독

金一根(1986/1991), 『三訂版 諺簡의 研究』, 건국대학교출판부. ※ 대상 편지를 제외한 정조대왕 언간 4건
            판독

예술의전당 서울서예박물관(2002), 『朝鮮王朝御筆』, 한국서예사특별전 22. ※ 대상 편지 3건 판독

■ 영인 사항

예술의전당(1991), 『한글서예변천전』, 우신인쇄. ※ 대상 편지 3건 영인(컬러 사진)

예술의전당 서울서예박물관(2002), 『朝鮮王朝御筆』, 한국서예사특별전 22. ※ 대상 편지 3건 영인
            (컬러 사진)

■ 참고 논저

金一根(1986/1991), 『三訂版 諺簡의 研究』, 건국대학교출판부.

박병천·정복동·황문환(2012), 『조선시대 한글편지 서체자전』, 한국학중앙연구원 어문생활
            사연구소, 다운샘.

박정숙(2013), 「어찰에서 드러난 정조의 생애와 글씨세계」, 『月刊 書藝』 통권 387호,
            130~134쪽.

예술의전당(1991), 『한글서예변천전』, 우신인쇄.

예술의전당 서울서예박물관(2002), 『朝鮮王朝御筆』, 한국서예사특별전 22.

예진순(2005), 「정조 서예의 연구」, 대전대학교 서예학 석사학위 논문.

李秉岐(1948), 「近朝內簡選」, 國際文化館.

任榮蘭(2006), 「朝鮮時代 御筆 研究-英·正祖를 중심으로」, 경기대학교 전통예술대학원 석
            사학위 논문.

황문환(2010), 「조선시대 언간 자료의 현황과 특성」, 『국어사 연구』 10호, 국어사학회, 73~
            131쪽.

정조대왕 언간 1

〈정조-1, 1754~1758년, 정조(조카) → 여흥민씨(외숙모)〉

판독문

> 叔母主前

상풍의 긔후 평안ᄒᆞ오신 문안 아ᄋᆞᆸ고져 ᄇᆞ라오며 뵈완 디 오래오니 섭섭 그립ᄉᆞ와 ᄒᆞᄋᆞᆸ다니 어제 봉셔 보ᄋᆞᆸ고 든든 반갑ᄉᆞ와 ᄒᆞ오며 한아바님겨오셔도 평안ᄒᆞ오시다 ᄒᆞ온니 깃브와 ᄒᆞᄋᆞᆸᄂᆞ이다[1] 元孫

판독대비

번호	판독자료집	예술의전당 서울서예박물관 (2002 : 217)
1	ᄒᆞᄋᆞᆸᄂᆞ이다	하ᄋᆞᆸᄂᆞ이다

정조대왕 언간 2

〈정조-2, 1759~1776년, 정조(조카) → 여흥민씨(외숙모)〉

판독문

일긔 극한ᄒ오니 긔운 평안ᄒ오신 문안 아옵고져 ᄇ오며[1] 오래 봉셔도 못 ᄒ오니 섭섭이 디
내옵더니 돌아지 드러오오니 든든ᄒ오며 드러오기 쉽지 아니ᄒ니 너일 나가라 ᄒ오니[2] 오
늘 나오라 ᄒ여 겨오시다 ᄒ고 단단이 못 이실다 ᄒ오니 한아바님긔 인마 너일 보내오심 ᄇ
라오며 슈대 못 드러오오니 후일 부대[3] 낫거든 도여 보내오쇼셔 世孫

판독대비

번호	판독자료집	예술의전당 서울서예박물관 (2002 : 218)
1	ᄇ오며	ᄇ(라)오며
2	ᄒ오니	하오니
3	후일 부대	후일부대

정조대왕 언간 3

〈정조-3, 1793년, 정조(조카) → 여흥민씨(외숙모)〉

판독문

> 국동 홍 참판 딕 젼납
>
> 근봉

납한의 긔후 평안ᄒ옵신 문안 아옵고져 ᄇ라오며 내년은 ᄌ궁[1] 뉵슌이오시니 경힝ᄒ온[2] 하
경을 엇디 다 형용ᄒ여 알외올잇가 셰슈 칭경 ᄦ의 드러오옵시면 뵈올가 든든 기ᄃ리오며
셰의 수동은 으졋지 못ᄒ오나 힝마다 보내던 거시옵기 보내오니 수디로 밧ᄌ오쇼셔 시히
머디 아니ᄒ엿ᄉ오니[3] 내내 평안ᄒ오심 ᄇ라옵ᄂ이다 계튝 납월 넘일

판독대비

번호	판독자료집	예술의전당 서울서예박물관 (2002 : 218)
1	ᄌ궁	ᄌ둥
2	경힝ᄒ온	경힝ᄒᄂ
3	아니ᄒ엿ᄉ오니	아니하얏ᄉ오니

■ 대상 언간

조선 21대 왕인 영조(英祖, 1827~1849)의 계비(繼妃) 정순왕후(貞純王后, 1745~1805)의 한글편지 1건을 말한다.

■ 언간 명칭 : 정순왕후 언간

이 판독자료집에서는 '정순왕후 언간'으로 명칭을 삼고, 출전 제시의 편의상 약칭이 필요할 경우에는 '정순왕후'를 사용하였다.

■ 언간 수량 : 1건

현재 전해지는 정순왕후의 한글편지는 이 1건이 유일하다*.

■ 원문 판독

예술의전당 서울서예박물관(2002)에서 처음 판독하였다. 그러나 예술의전당 서울서예박물관(2002)에서는 '아희 상은……'과 같이 편지 끝부분에 대한 판독을 생략하였다. 이 판독자료집에서는 편지 전체를 재판독하고 기존 판독과 차이가 있는 부분은 표로 제시하여 판독결과를 대조해 보는 데 도움이 되도록 하였다.

■ 발신자와 수신자

봉투에 '딜의게'라고 적혀 있어 정순왕후가 조카에게 보낸 편지로 추정되나 수신자가 정확히 누구인지는 알 수 없다.

■ 작성 시기

편지에 발신일은 표시되어 있지 않아 정확한 시기를 알 수 없지만, 정순왕후가 왕비로 책봉된 1759년부터 몰년(沒年)인 1805년 사이로 시기를 추정해 볼 수 있다.

....

* 金一根(1986/1991 : 324)에 '貞純王后 封書'로 소개된 1건이 있으나 한글편지가 아니라 "國王이 暗行御史를 任命할 때에 내리는 秘密敎書" 성격의 것이다.

■ 자료 가치

　정순왕후의 한글편지로는 유일하며, 조카의 생일을 맞아 여러 가지 선물을 보내는 숙모의
마음이 잘 나타나 있는 편지이다. 편지에 조카에게 보내는 다양한 물명들이 등장하여 조선
시대 물명 연구나 궁중생활사 연구에 도움이 된다.

■ 자료 해제

　자료의 간략한 서지 사항에 대해서는 예술의전당 서울서예박물관(2002 : 234)을 참조할 수 있다.

■ 원본 사항

- 원본 소장 : 개인(안백순)
- 크기 : 31.5×44.5cm

■ 판독 사항

예술의전당 서울서예박물관(2002), 『朝鮮王朝御筆』, 한국서예사특별전 22. ※ 일부 판독('아희 샹
　　　　　　　은……'과 같이 편지 끝부분에 대한 판독을 생략)

■ 영인 사항

예술의전당 서울서예박물관(2002), 『朝鮮王朝御筆』, 한국서예사특별전 22. ※ 컬러 사진

■ 참고 논저

金一根(1986/1991), 『三訂版 諺簡의 研究』, 건국대학교출판부.

박병천(2007), 『조선시대 한글 서간체 연구』, 다운샘.

박정숙(2012), 「수렴청정의 여 군주 정순왕후 김씨의 생애와 글씨세계」, 『月刊 書藝』 통권
　　　　　 365호, 102~105쪽.

예술의전당 서울서예박물관(2002), 『朝鮮王朝御筆』, 한국서예사특별전 22.

鄭炳昱(1974), 「충청도 暗行御使 신귀조에게」, 『文學思想』 23호, 문학사상사.

황문환(2010), 「조선시대 언간 자료의 현황과 특성」, 『국어사 연구』 10호, 국어사학회, 73~131쪽.

정순왕후 언간 1

〈정순왕후-1, 1759~1805년, 정순왕후(숙모) → 미상(조카)〉

판독문

> 딜의게

오늘은[1] 슈명댱슈 만복 구젼홀 싱일이니 그득이 귀ᄒ고 든든ᄒ다 아히는 슌두룰 ᄒ고 오늘 츌장ᄒ니 집안의 큰 경ᄉ니 만만 경힝이 그음업ᄉ니 오늘 됴혼 날 죽히 즐겨 디내랴[2] 만힝ᄒ기 무궁홋다[3] 벼로롤[4] 달라 ᄒ던[5] 거시니 나 쓰던 벼로롤[6] 필묵ᄒ고 비워[7] 오늘 귀ᄒ 날이오 경ᄉ 샹으로 보내니 뼈라[8] 벼로가 됴키 묵도 ᄆᆞᆯ디[9] 아니ᄒ고 극키 됴타 아히 샹은* 가지고 놀게 윳판 보낸다 유난목 ᄒᆞᆫ 필 준다 낭즈 ᄒᆞ나 보낸다 아히 잘 잔ᄂ냐 오늘은 복 잇ᄂ 날이기 벼로집이 남기로 닉보낸다 타락 보내니 먹어라

판독대비

번호	판독자료집	예술의전당 서울서예박물관 (2002 : 234)
1	오늘은	오날은
2	디내랴	거시랴
3	무궁홋다	무궁하나 다
4	벼로롤	벼ᄅ롤
5	ᄒ던	하던
6	벼로롤	벼ᄅ롤
7	필묵ᄒ고 비워	〔판독 안 됨〕
8	뼈라	〔판독 안 됨〕
9	벼로가 됴키 묵도 ᄆᆞᆯ디	벼ᄅ별 가ᄅ키믈

....

* 이 이하 '가지고 놀게'부터 편지 맨 끝의 '먹어라'까지는 예술의전당 서울서예박물관(2002)에서 판독되지 않았다.

•김윤겸 언간•

1건

■ 대상 언간

　조선 후기 화가인 진재(眞宰) 김윤겸(金允謙, 1711~?)의 한글편지 1건을 가리킨다.

■ 언간 명칭 : 김윤겸 언간

　이 판독자료집에서는 '김윤겸 언간'으로 명칭을 삼고, 출전 제시의 편의상 약칭이 필요할 경우에는 '김윤겸'을 사용하였다.

■ 언간 수량 : 1건

　현재 전해지는 김윤겸의 한글편지는 이 1건이 유일한데, 예술의전당(1991)에 판독문 없이 이미지만 수록된 바 있다.

■ 원문 판독

　지금까지 판독된 적이 없고 이 판독자료집에서 처음 판독하였다.

■ 발신자와 수신자

　발신자는 김윤겸이고, 수신자는 미상이다. 발신자는 '允謙'으로 편지에 표시되어 있고, 수신자는 미상이나 '宗人'이라는 표현을 쓴 것으로 볼 때 일가의 먼 친척에게 쓴 편지이다.

■ 작성 시기

　편지에 '丁亥 閏七月 二十八日'이라고 발신일이 적혀 있어서 1767년(영조43) 윤7월 28일에 작성된 편지임을 알 수 있다.

■ 자료 가치

　김윤겸이 자신이 있던 '합천'에 다녀간 친척에게 고마움을 전하고, 자신의 안부를 전하기 위해 이동 중에 충주 근처에서 쓴 편지이다. 서체상으로 한자 필법을 따라 자유분방하게 썼으며, 중간(3행)에 한자가 혼서(混書)되었는데도 전체적으로 조화를 잘 이룬 특징이 있다.

■ 자료 해제

자료의 간략한 서지 사항에 대해서는 예술의전당(1991 : 62)을 참조할 수 있다.

■ 원본 사항

- 원본 소장 : 개인(김종천)
- 크기 : 26.0×36.2cm

■ 판독 사항

- 없음

■ 영인 사항

예술의전당(1991), 『한글서예변천전』, 우신인쇄. ※ 컬러 사진

■ 참고 논저

양철순(2011), 「한국과 일본 서예계의 혼서체 비교 연구」, 원광대학교 석사학위 논문.

예술의전당(1991), 『한글서예변천전』, 우신인쇄.

황문환(2010), 「조선시대 언간 자료의 현황과 특성」, 『국어사 연구』 10호, 국어사학회, 73~
131쪽.

김윤겸 언간 1

〈김윤겸-1, 1767년, 김윤겸→미상〉

판독문

합쳔ᄭ지 와셔 보시던 일 지금 닛지 못ᄒᆞᆸ 그ᄉᆞ이 평안ᄒᆞ시옵 宗人은 계유계유 촌촌 젼진
ᄒᆞ여 오늘이야 츙쥐 지경을 와시니 이제ᄂᆞᆫ 사라 도라가게 ᄒᆞ엿습 마부 ᄒᆞ나흘 몬져 보내기
의 섭섭ᄒᆞ여 쇼식 알게 잠 젹으니 ᄯᅩ 인편의 편지ᄒᆞᆯ 거시니 그ᄉᆞ이 내내 평안ᄒᆞ시기 ᄇᆞ라옵
丁亥 閏七月 二十八日 宗人 允謙

• 순원왕후 언간 •

1건

■ 간략 해제

■ 대상 언간

조선 23대 왕 순조(純祖, 1827~1849)의 비(妃)인 순원왕후(1789~1857)가 쓴 한글편지 중 예술의전당 서울서예박물관(2002) 도록에 수록된 1건을 가리킨다. 이 편지는 현재 건국대학교 박물관에 소장되어 전한다.

■ 언간 명칭 : 순원왕후 언간

이 판독자료집에서는 '순원왕후 언간'으로 명칭을 삼고, 출전 제시의 편의상 약칭이 필요할 경우에는 '순원왕후'를 사용하였다.

■ 언간 수량 : 1건

순원왕후가 쓴 것으로 알려진 한글편지는 여러 소장처에 상당수가 전한다. 우선 확인 가능한 것만 하더라도, 서울대학교 규장각에 소장된 58건을 비롯하여, 건국대 박물관 소장 1건, 김완진 소장 4건, 조용선 소장 4건, 그 외 金一根(1986/1991)에 소개된 개인 소장 3건, 황문환(2012)에 소개된 단국대 석주선기념박물관 소장 4건 등을 들 수 있다. 이 판독자료집에서는 건국대학교 박물관에 소장된 1건을 대상으로 하였다.

■ 원문 판독

예술의전당 서울서예박물관(2002)에서 판독되었다. 이 판독자료집에서는 기존 판독문을 재검토하여 차이가 있는 부분을 표로 제시하고 판독 결과를 대조해 보는 데 도움이 될 수 있도록 하였다.

■ 발신자와 수신자

편지에 발신일이나 발신자 표시는 없으나 윤백영(尹伯榮, 1888~1986) 여사가 편지 여백에 '순조숙황데 배위 되오시는 순원숙황후 어필'이라고 후대에 부기(附記)한 것이 있어 발신자가 순원왕후임을 알 수 있다. 그러나 수신자는 미상이다. 순원왕후가 아랫사람에게 쓴 것으로 추정되지만 구체적으로 누군지는 알 수 없다.

■ 작성 시기

편지에 발신일은 표시되어 있지 않지만, 순원왕후가 왕비로 책봉된 1802년부터 몰년(沒年) 인 1857년 사이에 작성된 것으로 추정할 수 있다.

■ 자료 가치

대상 편지를 포함한 순원왕후의 한글편지는 19세기 중엽의 세도정치와 궁중 생활을 엿볼 수 있어 역사적으로 귀중한 자료이다.

■ 자료 해제

자료의 간략한 서지 사항에 대해서는 예술의전당 서울서예박물관(2002 : 235)을 참조할 수 있다.

□ 원본 사항

- 원본 소장 : 건국대학교 박물관(유물번호 : 1267번)
- 크기 : 20.8×34.2cm

□ 판독 사항

예술의전당 서울서예박물관(2002), 『朝鮮王朝御筆』, 한국서예사특별전 22.

□ 영인 사항

예술의전당 서울서예박물관(2002), 『朝鮮王朝御筆』, 한국서예사특별전 22. ※ 컬러 사진

■ 참고 논저

金一根(1986/1991), 『三訂版 諺簡의 研究』, 건국대학교출판부.

박정숙(2012), 「역대 왕후 최고의 명필 순원왕후 김씨의 생애와 글씨세계」, 『月刊 書藝』 통권 367호, 131~135쪽.

예술의전당(1991), 『한글서예변천전』, 우신인쇄.

예술의전당 서울서예박물관(2002), 『朝鮮王朝御筆』, 한국서예사특별전 22.

이승희(2010), 『순원왕후의 한글편지』, 푸른역사.

조용선 편저(1997), 『역주본 봉셔』, 다운샘.

황문환(2010), 「조선시대 언간 자료의 현황과 특성」, 『국어사 연구』 10호, 국어사학회, 73~131쪽.

황문환(2012), 「덕온공주 유물 중 한글 자료에 대하여」, 『韓國服飾』 30호, 단국대학교 석주선 기념박물관, 170~189쪽.

순원왕후 언간 1

〈순원왕후-1, 1802~1857년, 순원왕후 → 미상〉

판독문

수일 일긔 치운디 년ᄒ여 무스이 디내니[1] 깃브나 죵샥[2] 삭일이 되니 이은 망극ᄒ미 새로올가 ᄇ리디 못ᄒ니 나는 ᄒᆫ가지로 디내고 즈가도 감긔ᄂ 낫게 디내니[3] 깃브며 가화ᄂ 보고져[4] 드려시니[5] 귀ᄒ여 압히 노코 보니 긔졀ᄒ고[6] 진짓 거시에셔 다ᄅ미[7] 업ᄂ

판독대비

번호	판독자료집	예술의전당 서울서예박물관 (2002 : 235)
1	디내니	디너니
2	죵샥	풍샥
3	디내니	디너니
4	보고져	볼셔
5	드려시니	드내시니
6	긔졀ᄒ고	기졀ᄒ고
7	다ᄅ미	다롬이

• 현상궁 언간 •

1건

■ 대상 언간

조선 24대 왕 헌종(憲宗, 1827~1849)의 후궁 경빈김씨(慶嬪金氏, 1831~1907)를 모시던 순화궁(順和宮) 큰방상궁 현 상궁의 한글편지 1건을 가리킨다.

■ 언간 명칭 : 현상궁 언간

예술의전당(1991)에서는 '현상궁 글씨'로 소개하였다. 이 판독자료집에서는 '현상궁 언간'으로 명칭을 삼고, 출전 제시의 편의상 약칭이 필요할 경우에는 '현상궁'을 사용하였다.

■ 언간 수량 : 1건

현재 전해지는 현 상궁의 한글편지는 이 1건이 유일한데 예술의전당(1991) 도록에 소개된 바 있다.

■ 원문 판독

지금까지 판독된 적이 없고, 이 판독자료집에서 처음 판독하였다.

■ 발신자와 수신자

발신자는 '현'이라고 표시되어 있고 편지 여백에 '헌종황뎨 후궁 경빈 순화궁 큰방 현상궁 글시'라는 부기(附記)가 있으나 글씨만 현 상궁의 것이고 대필(代筆)의 가능성이 있으므로 발신자와 수신자 모두 미상으로 처리하였다.

■ 작성 시기

발신 일자가 없어 정확한 시기를 알 수 없으나, 경빈이 입궁(入宮)한 해인 1847년과 몰년(沒年)인 1907년 사이에 작성된 것으로 일단 추정해 두었다.

■ 자료 가치

이 편지의 주요 내용은 억울하게 죄인이 된 '목님즁'의 사연을 소상히 알리고 무고한 '목님즁'을 풀어 달라고 수신자에게 부탁하는 내용이다. 가로로 긴 종이의 앞뒷면에 쓴 이 편지는 여성의 글씨로는 대단히 힘찬 필력을 보여 주는 명필이다. 자음과 모음의 획형을 극히 생략하고 글자의 키를 작게 썼으며, 자모간 글자간의 강한 연결서선은 궁체(宮體)의 아름다움을 한껏 발휘한 글씨로 손꼽힌다.

■ 자료 해제

자료의 간략한 서지 사항에 대해서는 예술의전당(1991 : 127)을 참조할 수 있다.

■ 원본 사항

- 원본 소장 : 개인(유형)
- 크기 : 26.0×43.5cm

■ 판독 사항

- 없음

■ 영인 사항

예술의전당(1991), 『한글서예변천전』, 우신인쇄. ※ 컬러 사진

■ 참고 논저

문영희(2004), 「서간체의 조형 연구−서사상궁의 편지글을 중심으로」, 경기대학교 석사학위
　　　　　논문.

예술의전당(1991), 『한글서예변천전』, 우신인쇄.

황문환(2010), 「조선시대 언간 자료의 현황과 특성」, 『국어사 연구』 10호, 국어사학회, 73~
　　　　　131쪽.

현상궁 언간 1

〈현상궁-1, 1847~1907년, 미상 → 미상〉

판독문

셜한이 브죠ᄒ온디 긔후 지안ᄒ오신 문안 아옵고져 ᄇ라오며 근일 졔졀 만안ᄒ오시온디 굼굼 복녀 브리옵디 못ᄒ와 ᄒ오며 예셔ᄂ 문안 안녕ᄒᄋ오시오니 하졍의 츅슈ᄒ와 ᄒ오며 아가도 잘 잇습ᄂ니잇가 다름 아니오라 동셩 아희가 홍양 짜히 보올 일 잇ᄉ와 갓습ᄂᄃ 주인ᄒ여 잇습ᄂ 집이 목님즁의 아비 잇ᄂ 집이온디 님즁의 아비가 ᄒ옵기를 졔 아들이 경셩의 쳡이 잇셔 죵죵 올나가셔 잇더니 궁 샹납 조건으로 홍양 식니가 잡혀갈 터이온디 식니 신티혁은 아니 잡혀가고 익미ᄒ온 목님즁이가 잡혀가셔 부즈 샹면ᄒ ᄃ 쥬년이 되니 녕감 샹덕의 부즈 샹면ᄒ고 무죄ᄒ 님즁을 너여 노하 주오시고 궁 사롬 ᄒ나만 안고아 주오시면 다리고 나려가와 식니 신티혁이가 밧치게 ᄒ다 ᄒ옵고 만일 아니 밧치게 되오면 님즁을 도로 죄를 주옵시게 알외여 부즈 만나 보게 ᄒ여 달나 익걸ᄒᄂ 모양 보고 올나오와 녕감긔 잘 알외여 보라 여러 슌 졸으오나 므슨 일이온디 모른옵고 알외옵기 어렵ᄉ와 못 알외여습더니 ᄉ셰 브득 알외오니 소죡과 무감의게 ᄌ셔이 듯ᄌ옵시고 목님즁을 너여 노하 주옵시기 쳔만 ᄇ라옵ᄂ이다 현

■ 대상 언간

함양여씨(咸陽呂氏) 문중에 전하는 서간과 고문서 중 유희(柳僖, 1773~1837)의 재취부인 (再娶夫人) 안동권씨(安東權氏, 1773~1837)가 쓴 한글편지 1건을 가리킨다.

■ 언간 명칭 : 안동권씨 언간

金一根(1986/1991)에서는 '柳僖夫人 權氏 諺簡'이라고 하였다. 이 판독자료집에서는 '안동권씨 언간'으로 명칭을 삼고, 출전 제시의 편의상 약칭이 필요할 경우에는 '안동권씨'를 사용하였다.

■ 언간 수량 : 1건

현재 전해지는 안동권씨의 한글편지는 이 1건이 유일한데, 예술의전당(1991) 도록에 판독문 없이 이미지만 소개된 바 있다.

■ 원문 판독

金一根(1986/1991)에서 편지를 소개하고 판독문을 제시하였다. 이 판독자료집에서는 金一根(1986/1991)에서 이루어진 판독 사항과 대비하여 차이가 있는 부분을 표로 제시하고 판독 결과를 대조해 보는 데 도움이 될 수 있도록 하였다.

■ 발신자와 수신자

발신자는 유희의 부인 안동권씨이고, 수신자는 사위 여명섭(呂明燮, 1817~1883)이다. 발신자는 '쳐모 권'이라고 편지에 표시되어 있고, 봉투에는 '셔방님 전 답샹장'이라고 적혀 있다. 서울에 있는 사위에게 광주(廣州)에 있는 장모가 추운 날씨의 서울 생활을 걱정하고 안부를 전하며 보낸 편지이다.

■ 작성 시기

편지 말미에 '경인 지월 넘일알'이라고 발신일이 적혀 있어 1830년(순조30) 11월 21일에 작성된 편지임을 알 수 있다.

■ 자료 가치

봉투에 '셔방님 전 답상장'이라고 되어 있어서 사위에게 '셔방님'이라고 한 특징을 볼 수 있다. 또 서울에 있는 사위의 수발을 광주 처가(妻家)에서 해야 하는 당시의 생활상을 엿볼 수 있어 생활사적인 측면에서 중요한 편지이다.

■ 자료 해제

자료의 자세한 서지 사항에 대해서는 金一根(1986/1991 : 89~91)을 참조할 수 있다.

■ 원본 사항

• 원본 소장 : 개인(김일근 교수)
• 크기 : 24.2×28.3cm

■ 판독 사항

金一根(1986/1991), 『三訂版 諺簡의 研究』, 건국대학교출판부.

■ 영인 사항

예술의전당(1991), 『한글서예변천전』, 우신인쇄. ※ 컬러 사진

■ 참고 논저

金一根(1986/1991), 『三訂版 諺簡의 研究』, 건국대학교출판부.

예술의전당(1991), 『한글서예변천전』, 우신인쇄.

황문환(2010), 「조선시대 언간 자료의 현황과 특성」, 『국어사 연구』 10호, 국어사학회, 73~131쪽.

안동권씨 언간 1

〈안동권씨-1, 1830년, 안동권씨(장모) → 여명섭(사위)〉

판독문

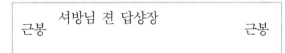

| 근봉 | 셔방님 젼 답샹장 | 근봉 |

오신다 쇼식 듯고 듀야 기다려 굼굼 노히디 못ᄒ더니 인편 오믹 글월 밧ᄌ와 보고 셜한의 뫼오셔 평안ᄒ신 줄 아오니 마음 노히고 깃부옴 만만이오나 에엿분 얼골 졸연 못 볼 일 셥셥 측냥업습 셔울 방이 칩고 의복이 쳘의 맛초지 못ᄒ니 한고와 외모의 누가 오죽ᄒ시옵 이곳은 모녀 다 구월 이후 셩티 못ᄒ올 뿐 아니라 ᄋ희덜 갈아 가며 각금 병 들고 쏘 금월 초ᄉᆡᆼ의 방의 불이 나 이곳이 손을 데여 쓰지¹ 못ᄒ니 이러들 ᄒ여 쟝시 경업시 지내고 빅ᄉ의 한 가지 일워낼² 길 업시³ 지내기로 셔방님 입던 옷도 진즉 못 고쳐 두어 이번 쏘 죵이 허힝케 ᄒ오니 도시 이곳이⁴ 불민 쥬변업슨 탓시라 황숑 무안 엇지 다 말ᄒ오며 셔방님이야 이대도록 한 경샹⁵ 엇지 짐쟉ᄒ시오리잇가 ᄉᄉ 싱각ᄒ면 싱셰지낙이 업스오이다 ᄉ연 지번 그치니 내내 뫼오셔 평안ᄒ오신 쇼식 기다리옵ᄂ이다 경인 지월 넘일일 쳐모 권 보션 한 켜레 보내오며 보에 도로 ᄡᅡ 가옵

판독대비

번호	판독자료집	金一根 (1986/1991 : 240~241)
1	쓰지	쓰지
2	일워낼	일 워낼
3	업시	업서
4	이곳이	이곳의
5	한 경샹	한경샹

■ 대상 언간

다산(茶山) 정약용(丁若鏞, 1762~1836)이 1831년(순조31) 3월 자형(姉兄)에게 쓴 한문편지 옆에 누님을 위해 한글로 몇 줄 적은 한글편지를 가리킨다.

■ 언간 명칭 : 정약용 언간

이 판독자료집에서는 '정약용 언간'으로 명칭을 삼고, 출전 제시의 편의상 약칭이 필요할 경우에는 '정약용'을 사용하였다.

■ 언간 수량 : 1건

현재 전해지는 정약용의 한글편지는 이 1건이 유일한데, 예술의전당(1991) 도록에 판독문과 함께 소개된 바 있다.

■ 원문 판독

예술의전당(1991)에서 처음 판독하였고, 최근 발간된 다산학술문화재단(2012)에도 판독문이 실려 있다. 다산학술문화재단(2012)에는 한글편지와 함께 한문편지에 대한 탈초와 번역문이 실려 있어 참고가 된다. 이 판독자료집에서는 기존에 이루어진 판독 사항과 대비하여 차이가 있는 부분을 표로 제시하고 판독 결과를 대조해 보는 데 도움이 될 수 있도록 하였다.

■ 발신자와 수신자

발신자는 정약용이고, 수신자는 누나 나주정씨(羅州鄭氏)이다. 한글편지에는 발신자 표시는 없고, '누의님 보소'라고 수신자를 밝히고 있다. 함께 적혀 있는 한문편지에는 '病弟 若鏞'이라고 발신자 표시가 되어 있다. 수신자인 누나 나주정씨에 대해서는 자세히 알 수 없으나 이승훈(李承薰, 1756~1801)에게 시집간 누나는 아닌 것으로 판단된다. 편지 내용 중에 해로(偕老)를 하고 있다는 내용이 나오는데, 편지가 작성된 1831년에는 이미 이승훈이 죽은 이후이다. 한편, 한문편지에 보면 셋째 아우도 죽고, 누이도 죽었다는 내용이 나오는데, 이때

셋째 아우는 서제(庶弟인) 정약횡(丁若鐄, 1785~1829)을 말하고, 일찍 죽은 누이는 채제공(蔡濟恭)의 서자인 채홍근(蔡弘謹)에게 시집간 누나인 것으로 추정된다.

■ 작성 시기

한글로 적힌 부분에는 발신일이 없으나 한문편지에 '辛卯 三月 初十'이라고 적혀 있어서 1831년 3월 10일에 작성된 편지임을 알 수 있다.

■ 자료 가치

이 편지는 자형에게 한문편지를 쓰면서 누나에게 짧게 한글로 쓴 편지이다. 네 형제 중에 해로(偕老)를 하는 이는 우리 두 집뿐임을 아쉬워하는 내용이며, 자세한 것은 진서(眞書) 편지에 쓰니 물어 보라고 하였다. 한 장의 편지지에 한문편지와 한글편지가 함께 쓰여 있어 당시 어문생활사 연구에 있어서 중요한 편지이다.

■ 자료 해제

자료의 서지 사항에 대해서는 다산학술문화재단(2012)을 참조할 수 있다.

█ 원본 사항

• 원본 소장 : 개인

█ 판독 사항

예술의전당(1991), 『한글서예변천전』, 우신인쇄.
다산학술문화재단(2012), 『≪여유당전서≫ 미수록 다산간찰집』, 도서출판 사암.

█ 영인 사항

예술의전당(1991), 『한글서예변천전』, 우신인쇄. ※ 컬러 사진
다산학술문화재단(2012), 『≪여유당전서≫ 미수록 다산간찰집』, 도서출판 사암.

■ 참고 논저

다산학술문화재단(2012), 『≪여유당전서≫ 미수록 다산간찰집』, 도서출판 사암.

예술의전당(1991), 『한글서예변천전』, 우신인쇄.

정약용 언간 1

〈정약용-1, 1831년, 정약용(동생) → 나주정씨(누나)〉

판독문

누의님 보소 넷[1] 사룸 등 희로ᄒᆞᄂ니 우리 두 집ᄲᅮᆫ이니 아니 이샹ᄒᆞᆫ가 인쳔[2] 말이아 무슨
말을 홀고[3] 진셔 편지에 ᄌᆞ셰 ᄒᆞ니 무러 보소

판독대비

번호	판독자료집	예술의전당 (1991 : 65)	다산학술문화재단 (2012 : 238~239)
1	넷	–	밋
2	인쳔	–	인편
3	홀고	ᄒᆞ고	ᄒᆞ오

■ 대상 언간

조선 24대 왕 헌종(憲宗, 1827~1849)의 계비(繼妃)인 효정왕후(孝定王后, 1831~1903)가 보낸 한글편지 중 예술의전당(1991) 도록에 수록된 궁녀 대필(代筆) 편지 1건을 가리킨다.

■ 언간 명칭 : 효정왕후 언간

金一根(1986/1991)에서는 '헌종 비 명헌왕후 언간'이라고 하였고, 예술의전당(1991)에서는 '명헌왕후 홍씨 언간'이라고 하였다. 그러나 '명헌'은 헌종이 승하한 후 3명의 대비를 구분하기 위해 내려졌던 휘호로 당시에는 '명헌대비(明憲大妃)'로 불렸지만, 지금은 사후(死後) 시호(諡號)인 '효정왕후'로 불리는 것이 일반적이다. 따라서 이 판독자료집에서는 '효정왕후 언간'으로 명칭을 조정하고, 출전 제시의 편의상 약칭이 필요할 경우에는 '효정왕후'를 사용하였다.

■ 언간 수량 : 1건

이 판독자료집에서는 예술의전당(1991) 도록에 수록된 편지 1건을 대상으로 하였다.

■ 원문 판독

이 판독자료집에서 처음 판독하였다. 효정왕후의 한글편지로 金一根(1986/1991)에 1건이 판독되어 있으나 예술의전당(1991)에 소개된 것과는 다른 편지이다.

■ 발신자와 수신자

발신자는 효정왕후(孝定王后, 1831~1903)이고, 수신자는 내종(內從) 동서 연안김씨(延安金氏, 1864~1896)이다. 편지 여백에 윤백영(尹伯榮) 여사가 부기(附記)한 내용을 보면, '헌종황데 배위 되오시는 명헌태후 홍시겨오사 싀고모 되시는 덕온공주 제사날 내종동서 정경부인 김시게 인사ᄒ오신 봉서 궁인이 대서'라 되어 있다. '궁인이 대서'라 한 데서 보듯이 효정왕후의 친필(親筆)이 아니라 궁녀가 대필(代筆)한 편지에 해당한다.

■ 작성 시기

편지의 부기(附記)에 덕온공주 제사날 보낸 편지라고 했으므로 적어도 덕온공주(德溫公主, 1822~1844)가 죽은 그 다음 해 이후에 작성된 편지로 보아야 한다. 또 편지 내용 중에 '시봉 듕'이라는 표현이 들어 있는 것으로 미루어 수신자 연안김씨의 남편인 윤용구(尹用求, 1853~1939)의 아버지 윤의선(尹宜善, ?~1887)이 살아 있을 때 작성된 편지임을 알 수 있다. 그러므로 이 편지는 1845년에서 1887년 사이에 작성된 편지로 추정해 볼 수 있다.

■ 자료 가치

서체상으로 정성껏 힘찬 느낌이 나면서도 부드럽게 흘려 쓴 궁체의 대표적인 글씨에 속한다.

■ 자료 해제

자료의 간략한 서지 사항에 대해서는 金一根(1986/1991 : 80)을 참조할 수 있다.

■ 원본 사항

- 원본 소장 : 개인(김일근 교수)
- 크기 : 21.5×34.5cm

■ 판독 사항

- 없음

■ 영인 사항

예술의전당(1991), 『한글서예변천전』, 우신인쇄. ※ 컬러 사진

■ 참고 논저

金一根(1986/1991), 『三訂版 諺簡의 硏究』, 건국대학교출판부.

박병천·정복동·황문환(2012), 『조선시대 한글편지 서체자전』, 한국학중앙연구원 어문생활
　　　　　사연구소, 다운샘.

예술의전당(1991), 『한글서예변천전』, 우신인쇄.

황문환(2010), 「조선시대 언간 자료의 현황과 특성」, 『국어사 연구』 10호, 국어사학회, 73~
　　　　　131쪽.

효정왕후 언간 1

〈효정왕후-1, 1845∼1887년, 효정왕후(시외종동서) → 연안김씨(내종동서)〉

판독문

일긔 졈열ᄒᆞᆫ디 시봉 듕 평안이 디ᄂᆡᄂᆞᆫ 안부 알고져 ᄒᆞ며 여긔셔ᄂᆞᆫ 즈뎐 문안 안영ᄒᆞ오시니
경츅ᄒᆞ며 오ᄂᆞᆯ은 긔신 디나오시니 허확통원ᄒᆞ려 통확ᄒᆞ며 아ᄒᆡ 잘 잇ᄂᆞᆫ디 굼굼ᄒᆞ여 ᄒᆞᄂᆡ
ᄉᆞ연 이만 뎍ᄂᆡ

■ 대상 언간

조선 익종(翼宗, 제23대 순조의 세자)의 비(妃) 신정왕후(神貞王后, 1808~1890)가 보낸 한글편지 2건을 이른다.

■ 언간 명칭 : 신정왕후 언간

金一根(1986/1991)에서는 '翼宗妃 神貞王后 諺簡'으로 소개하였고, 예술의전당(1991)에서는 '신정왕후 조대비 언간'이라 하였다. 이 판독자료집에서는 '신정왕후 언간'으로 명칭을 삼고, 출전 제시의 편의상 약칭이 필요할 경우에는 '신정왕후'를 사용하였다.

■ 언간 수량 : 2건

신정왕후의 한글편지는 현재 여러 건이 남아 있는 것으로 파악된다. 金一根(1986/1991)에서 신정왕후의 한글편지 1건을 처음 소개하였고, 이것과는 다른 1건이 예술의전당(1991)에 판독문 없이 이미지만 실렸다. 그리고 앞의 2건과는 또 다른 1건이 예술의전당 서울서예박물관(2002)에 소개되었다. 현재 건국대학교 박물관에는 2건의 신정왕후 편지가 소장되어 있는데, 그 중 1건은 예술의전당 서울서예박물관(2002)에 소개된 것과 같은 것이고, 다른 1건은 아직까지 소개된 적이 없는 편지이다. 이 판독자료집에서는 예술의전당(1991)에 실린 편지 1건(1번)과 예술의전당 서울서예박물관(2002)에 실린 편지(현재 건국대학교 박물관 소장) 1건(2번), 총 2건을 대상으로 하였다.

■ 원문 판독

1번 편지는 이 판독자료집에서 처음 판독하였고, 2번 편지는 예술의전당 서울서예박물관 (2002)에서 판독한 바 있다. 金一根(1986/1991)에도 신정왕후의 편지 1건의 판독문이 실려 있으나 이것은 이 판독자료집의 대상 편지 2건과는 다른 것이다. 2번 편지에 대해서는 예술의전당 서울서예박물관(2002)에서 이루어진 판독 사항과 대비하여 차이가 있는 부분을 표로 제시하고 판독 결과를 대조해 보는 데 도움이 될 수 있도록 하였다.

■ 발신자와 수신자

발신자는 신정왕후(神貞王后, 1808~1890)이고, 수신자는 생질부(甥姪婦) 연안김씨(延安金氏, 1864~1896)이다. 편지 여백에 윤백영(尹伯榮, 1888~1986) 여사가 부기(附記)한 내용을 보면, 1번 편지에는 '익조 효명황데 배위 신덩황후 됴시겨오샤 생딜부 졍경부인 연안김시게 답셔 궁인이 대셔', 2번 편지에는 '익조황데 배위신 신덩황후 됴시겨오샤 생딜부 졍경부인 연안김시게 흐오신 답봉셔'라 되어 있다. 1번 편지는 '궁인이 대셔'라 한 데서 보듯이 신정왕후의 친필(親筆)이 아니라 궁녀가 대필(代筆)한 편지에 해당한다.

■ 작성 시기

1번 편지 내용 중에 '동궁'이라는 표현이 나오는데, 동궁(東宮)은 고종(高宗) 대에만 있었다. 그러므로 순종이 동궁이 된 1875년부터 신정왕후가 돌아가신 1890년 4월 사이에 작성된 편지로 추정할 수 있다. 2번 편지 역시 내용 중에 '동궁'이라는 표현이 나오므로 1875년부터 1890년 사이에 작성된 편지로 추정할 수 있다. 그런데 '시봉 등'이라는 표현으로 미루어 남편인 윤용구(尹用求, 1853~1939)의 아버지 윤의선(尹宜善, ?~1887)이 살아 있을 때 작성된 편지에 해당하므로, 2번 편지는 1875년부터 1887년 사이에 작성된 것으로 좀더 시기를 좁혀 추정해 볼 수 있다.

■ 자료 가치

신정왕후는 흥선대원군과 함께 고종을 왕위에 올리고, 수렴청정을 하면서 정치적으로 영향력을 발휘한 강한 인물로 알려져 있다. 신정왕후의 한글편지는 신정왕후가 외가 쪽 생질부에게 보낸 개인적인 편지로, 인릉(仁陵) 국기(國忌)나 경릉(景陵) 국기(國忌)를 지나는 심회를 표현하고 있어 인간적인 면모를 엿볼 수 있다.

■ 자료 해제

자료의 간략한 서지 사항에 대해서는 金一根(1986/1991 : 80)을 참조할 수 있다.

- 원본 소장 : 개인(1번), 건국대학교 박물관(2번, 유물번호 1273)
- 크기 : 21.2×39.3cm(1번), 24.0×32.0cm(2번)

■ 판독 사항

金一根(1986/1991), 『三訂版 諺簡의 硏究』, 건국대학교출판부.
예술의전당 서울서예박물관(2002), 『朝鮮王朝御筆』, 한국서예사특별전 22. ※ 1건(2번) 판독

■ 영인 사항

예술의전당(1991), 『한글서예변천전』, 우신인쇄. ※ 1건(1번) 영인
예술의전당 서울서예박물관(2002), 『朝鮮王朝御筆』, 한국서예사특별전 22. ※ 1건(2번) 영인

■ 참고 논저

金一根(1986/1991), 『三訂版 諺簡의 硏究』, 건국대학교출판부.
박병천・정복동・황문환(2012), 『조선시대 한글편지 서체자전』, 한국학중앙연구원 어문생활
　　　　　사연구소, 다운샘.
예술의전당(1991), 『한글서예변천전』, 우신인쇄.
예술의전당 서울서예박물관(2002), 『朝鮮王朝御筆』, 한국서예사특별전 22.
황문환(2010), 「조선시대 언간 자료의 현황과 특성」, 『국어사 연구』 10호, 국어사학회, 73~
　　　　　131쪽.

신정왕후 언간 1

〈신정왕후-1, 1875~1890년, 신정왕후(시외숙모) → 연안김씨(생질부)〉

판독문

봉셔 보고 듕츄 과량훈디 년호야 잘 디내는 일 알고 든든 깃브며 어린 것 유침 안온호냐 예
는 오늘 인능 국긔 디나오시니 년년 튜원 감회 익심호올 분이며 샹후 졔졀 태평호시고 동궁
평슌호시니 흔힝 심츅이며 나도 훈가지로 디낸다

신정왕후 언간 2

〈신정왕후-2, 1875~1887년, 신정왕후(시외숙모) → 연안김씨(생질부)〉

판독문

봉셔 보고 한염이 극심훈디[1] 시봉 듕 잘 디내는 일 알고 든든 깃브며 예는 샹후 침슈 진어
졔졀 태평ㅎ시고 동궁긔셔도[2] 평슌ㅎ시니[3] 흔힝흔힝이며 경능 국긔 디나시니 년년 잇째를
당ㅎ여 구회 감챵ㅎ기 익심홀 분이며 나도[4] 한가디로 디낸다

판독대비

번호	판독자료집	예술의전당 서울서예박물관 (2002 : 235)
1	극심훈디	극심ㅎ디
2	동궁긔셔도	동궁긔셔는
3	평슌ㅎ시니	령슌ㅎ시니
4	나도	나는

■ 대상 언간

구한말(舊韓末) 고종(高宗, 1853~1919) 때의 제조상궁(提調尙宮)이었던 하상궁의 한글편지 중 예술의전당(1991)에 수록된 1건을 가리킨다.

■ 언간 명칭 : 하상궁 언간

이 판독자료집에서는 '하상궁 언간'으로 명칭을 삼고, 출전 제시의 편의상 약칭이 필요할 경우에는 '하상궁'을 사용하였다.

■ 언간 수량 : 1건

하상궁의 한글편지는 총 3건이 전해지는데, 1건은 이 판독자료집에서 대상으로 삼고 있는 편지로 金一根(1986/1991)과 예술의전당(1991)에서 소개되었다. 나머지 2건은 묄렌도르프(1848~1901)에게 쓴 고종의 편지를 대필(代筆)한 것인데 김일근(2000)에 소개된 바 있다.

■ 원문 판독

金一根(1986/1991)에서 판독하였다. 이 판독자료집에서는 金一根(1986/1991)에서 이루어진 판독 사항과 대비하여 차이가 있는 부분을 표로 제시하고 판독 결과를 대조해 보는 데 도움이 될 수 있도록 하였다.

■ 발신자와 수신자

발신자와 수신자는 미상이다. 편지 끝에 '하'라고 발신자 표시가 되어 있고, '고종황데 큰 방 제주상궁 하상궁 글시 국문 명필'이라는 윤백영(尹伯榮, 1888~1986) 여사의 부기(附記)가 있다. 그러나 이 편지는 고종황제의 제조상궁(提調尙宮)이던 하상궁이 대필을 한 것이므로 발신자로 볼 수는 없어서 미상으로 처리하였다. 수신자 역시 정확히 알 수 없으나 고종이나 명성황후와 친밀한 관계였던 신하에게 보낸 것으로 추정된다. 한편, 金一根(1986/1991)에서는 발신자는 하상궁으로, 수신자는 윤용구(尹用求, 1853~1938)의 부인 연안김씨(延安金氏,

1864~1896)로 본 바 있다.

작성 시기

편지에 발신일은 적혀 있지 않아 정확한 작성 시기는 알기 어려우나 金一根(1986/1991)에서와 같이 '高宗 代(1863~1907)'로 짐작해 볼 수 있다. 그러나 편지 내용으로 볼 때 1875년에서 1895년 사이에 작성된 편지로 그 시기를 좁힐 수 있다. 편지 내용 중에 '냥뎐 문안 안녕ᄒᆞ오시옵고'라는 구절로 볼 때 명성황후가 시해되기 전임을 알 수 있고, '동궁 문안도 태평ᄒᆞ오시오니'라는 구절을 통해 훗날 순종이 되는 동궁이 왕세자로 책봉된 이후에 쓴 편지임을 추정할 수 있다. 순종의 왕세자 책봉은 1875년 2월에 이루어졌고, 명성황후는 1895년 8월 20일에 시해되었으므로 이 사이에 작성된 편지로 볼 수 있다.

자료 가치

이 편지는 왕실의 안부를 전하는 단순한 내용이지만 서체상으로는 윤백영 여사의 부기(附記)에 '국문 명필'이라고 한 것처럼 수준 높은 궁체(宮體)를 보여 준다. 그러나 시원한 맛이 적고 글자간의 연결서선에서 어수선한 느낌을 풍기며, 흘림의 정도가 다른 상궁들의 글씨보다 심한 편이다.

자료 해제

자료의 간략한 서지 사항에 대해서는 예술의전당(1991 : 128)을 참조할 수 있다.

원본 사항

- 원본 소장 : 개인(김일근 교수)
- 크기 : 22.3×39.8cm

판독 사항

金一根(1986/1991), 『三訂版 諺簡의 研究』, 건국대학교출판부.

■ 영인 사항

예술의전당(1991), 『한글서예변천전』, 우신인쇄. ※ 컬러 사진

■ 참고 논저

金一根(1986/1991), 『三訂版 諺簡의 研究』, 건국대학교출판부.

김일근(2000), 「一等尙宮 河尙宮의 宮體글씨－高宗皇帝의 提調尙宮」, 『月刊 書藝』 3월호,
　　　　　90~91쪽.

문영희(2004), 「서간체의 조형 연구－서사상궁의 편지글을 중심으로」, 경기대학교 석사학위
　　　　　논문.

박정숙(2012), 「조선시대 서사상궁의 생애와 글씨세계」, 『月刊 書藝』 통권 372호, 108~113쪽.

예술의전당(1991), 『한글서예변천전』, 우신인쇄.

황문환(2010), 「조선시대 언간 자료의 현황과 특성」, 『국어사 연구』 10호, 국어사학회, 73~
　　　　　131쪽.

하상궁 언간 1

〈하상궁-1, 1875~1895년, 미상 → 미상〉

판독문

| 근 | 답샹셔 | | | | 봉 |

봉셔 밧ᄌ와 보ᄋ옵고 긔후 안녕ᄒᄋ오신 문안 아옵고 든든 츅슈ᄒᄋ옵고 대감 문안 안녕ᄒᄋ오신 지 브리옵디 못ᄒᄋ와 ᄒᄋ옵고 여긔셔논 냥뎐 문안 안녕ᄒᄋᄋ오시옵고* 동궁 문안도 태평ᄒᄋ 오시오니 하졍 경츅ᄒᄋ와 ᄒᄋ오며 밧티오신 거손 감ᄒᄋᄋ오시옵고 너모 잘ᄒᄋ와 겨시다 ᄒᄋᄋ오 시오니 츅슈ᄒᄋ와 ᄒᄋ옵ᄂ이다 하

판독대비

번호	판독자료집	金一根 (1986/1991 : 245~246)

....
* 이곳의 'ᄋ오'는 서체상으로 '오ᄋ' 내지 '오오'처럼 보이지만 어법(語法)을 고려하여 판독하였다. 이하 '-ᄋ오시-'
와 관련한 형태에 보이는 'ᄋ오'가 모두 그러하다.

■ 간략 해제

■ 대상 언간

홍선대원군(興宣大院君) 이하응(李昰應, 1820~1898)이 텐진[天津] 보정부(保定府)에 유폐되었을 때 쓴 4건의 한글편지를 가리킨다.

■ 언간 명칭 : 홍선대원군 언간

예술의전당(1991)에서는 '이하응 글씨'로 소개하였다. 한글 서예에 초점이 놓인 전시회의 도록이었으므로 필사자를 밝힌 것이었다. 이 판독자료집에서는 한글편지라는 점에 초점을 두어 '홍선대원군 언간'으로 명칭을 조정하였다. 출전 제시의 편의상 약칭이 필요할 경우에는 '홍선대원군'을 사용하였다.

■ 언간 수량 : 4건

홍선대원군의 한글편지로서 현재까지 발굴된 것은 총 4건으로서 명성황후에게 보낸 1건, 아들 이재면에게 보낸 3건이 있다. 이 판독자료집에서는 이 4건을 수록 대상으로 삼았다. 이 편지들은 1973년 『문학사상』 14호에 처음 소개되었는데, 편지의 일부가 화보로 실려 있었다. 그 후 金一根(1986/1991)에 판독문이 수록되었고, 1991년 10월 8일~11월 7일에 예술의전당 서예관에서 기획・전시한 『한글서예변천전』도록에 홍선대원군의 한글편지 4건의 이미지가 수록되었다. 이 편지들이 처음 소개될 때에는 명성황후에게 보낸 것(1번)이 대원군의 부인 여흥민씨에 보낸 것으로 알려졌었는데, 이종덕・황문환(2012)에서 수신자가 명성황후임을 논증하였다. 소장자를 방문하여 원본 상태를 확인한 결과, 이 편지는 '던마누라 젼'이라고 적힌 봉투에 들어 있었는데, 내지(內紙)의 크기가 22.7×12.5cm인 데 비하여 봉투의 크기가 7×14cm로 아주 작았고 내지를 그 봉투 크기에 맞추어 접어 넣은 상태로 보관되어 있었다. 아들 이재면에게 보낸 편지는 봉투가 따로 없고, 처음 소개될 때 2건으로 알려졌었는데 그중 1건으로 소개된 것이 편지 내지가 따로 있을 뿐 아니라 내지의 세로 길이도 각각 26.5cm와 25.8cm로 서로 다르므로 이종덕(2012)에 따라 이 판독자료집에서는 각각 별건(別件)으로 보고 별도의 편지 번호(3, 4번)를 부여하였다.

■ 원문 판독

정양완 외(1973)에서 4건 전체의 판독문과 현대어 풀이 및 주석을 실었고, 金一根(1986/1991)에는 4건 중 1건(3번)을 제외한 3건의 판독문을 실었다. 이후 4건 중 1건(1번)은 이종덕·황문환(2012)에서 판독문을 수정하고, 이종덕(2012)에서 나머지 3건의 판독문을 수정하여 제시하였다. 이 판독자료집에서는 이종덕·황문환(2012)과 이종덕(2012)의 판독문을 수용하면서 金一根(1986/1991)에서 이루어진 판독 사항과 대비하여 차이가 있는 부분을 표로 제시하고 판독 결과를 대조해 보는 데 도움이 될 수 있도록 하였다.

■ 발신자와 수신자

발신자는 모두 흥선대원군 이하응(李昰應, 1820~1898)으로서 명성황후(明成皇后, 1851~1895)에게 보낸 것이 1건, 아들 이재면(李載冕)에게 보낸 것이 3건이다.

■ 작성 시기

이들 편지는 흥선대원군이 톈진[天津] 보정부에 유폐되었던 기간에 쓴 것으로서, 1882년 10월 12일에 쓴 1건, 같은 해 10월 17일에 쓴 1건, 1883년 5월에 쓴 1건, 1885년 5~8월 사이에 쓴 1건으로 추정된다. 작성 시기에 대해 기존과 달리 추정하게 된 경우에는 그 근거를 해당 편지에 각주로 제시하였다.

■ 자료 가치

1882~1885년에 흥선대원군이 톈진[天津] 보정부에 유폐되었을 당시, 흥선대원군 스스로 자신이 처한 상황을 어떻게 인식하고 있었는지를 알려 주는 자료로서 근현대사와 인물 연구에 중요한 가치를 지닌다.

■ 자료 해제

자료의 자세한 서지 사항에 대해서는 정양완 외(1973)와 이종덕·황문환(2012)을 참조할 수 있다.

- 원본 소장 : 개인
- 크기 : 22.0×5.7cm(1번), 25.7×26.5cm(4번) 등

金一根(1986/1991), 『三訂版 諺簡의 硏究』, 건국대학교출판부. ※4건 모두 판독

정양완 외(1973), 「다시 살아 돌아가지 못하리라」, 『문학사상』 14호, 문학사상사, 359~367 쪽. ※4건 모두 판독

이종덕·황문환(2012), 「흥선 대원군이 명성황후에게 보낸 한글 편지」, 『문헌과해석』 60호, 문헌과해석사, 36~47쪽. ※1건(1번) 판독

이종덕(2012), 「흥선 대원군이 아들에게 보낸 한글 편지」, '문헌과해석' 연구모임 발표문. ※3 건(2~4번) 판독

資料調查研究室(1973), 「大院君 親筆 한글 密書」, 『文學思想』 14호, 문학사상사. ※2건 영인

예술의전당(1991), 『한글서예변천전』, 우신인쇄. ※1건 영인(컬러 사진)

이종덕·황문환(2012), 「흥선 대원군이 명성황후에게 보낸 한글 편지」, 『문헌과해석』 60호, 문헌과해석사, 36~47쪽. ※1건(1번) 영인

金一根(1986/1991), 『三訂版 諺簡의 硏究』, 건국대학교출판부.

박병천(2007), 『조선시대 한글 서간체 연구』, 다운샘.

박병천·정복동·황문환(2012), 『조선시대 한글편지 서체자전』, 한국학중앙연구원 어문생활 사연구소, 다운샘.

예술의전당(1991), 『한글서예변천전』, 우신인쇄.

이종덕(2012), 「흥선 대원군이 아들에게 보낸 한글 편지」, '문헌과해석' 연구모임 발표문.

이종덕·황문환(2012), 「흥선 대원군이 명성황후에게 보낸 한글 편지」, 『문헌과해석』 60호, 문헌과해석사, 36~47쪽.

資料調査硏究室(1973), 「大院君 親筆 한글 密書」, 『文學思想』 14호, 문학사상사.

정양완 외(1973), 「다시 살아 돌아가지 못하리라」, 『文學思想』 14호, 문학사상사, 359~367쪽.

황문환(2010), 「조선시대 언간 자료의 현황과 특성」, 『국어사 연구』 10호, 국어사학회, 73~131쪽.

황문환(2012), 「조선시대 왕실의 한글편지」, 『조선 왕실의 문예』, 장서각 ACADEMY 왕실문화강좌, 한국학중앙연구원 장서각, 73~85쪽.

흥선대원군 언간 1

〈흥선대원군-1, 1882년, 이하응(시아버지) → 명성황후(며느리)〉

판독문

> 뎐마누라 젼

기간 망극지수을 엇지 만 니 외에 안젼 셔즈로 흐올잇가 마누라계셔은[1] 샹쳔이[2] 도으셔 환
위을 흐셧건이와 니야 엇지 싱환흐기을 바라올잇가 날이 오리오니 옥도 쇠시고 티평티평흐
시고 샹후 졔졀과 즈뎐 문안 티평흐시고 동궁마마 너외가 안슌흐기을 츅슈츅슈흐옵니다 나
은 다시 싱환은 못 흐고 만 니 밧 고혼이 되오니 우리 집 후스야 양뎐의셔 얼연니 보아 쥬
시숩는잇가[3] 다시 뵈옵도 못흐고 세샹이[4] 올익지 안니흐기신이 지필을 더흐야 한심흐오니
다 너니 티평이 지닉숩시기을[5] 발아옵니다 보뎡부 안치 죄 니 샹장[6] 십월 십이일

판독대비

번호	판독자료집	金一根 (1986/1991 : 249)
1	마누라계셔은	마누라 계셔은
2	샹쳔이	샹뎐이
3	쥬시숩는잇가	쥬시읍는잇가
4	세샹이	셰샹이
5	지닉숩시기을	지닉읍시기을
6	안치 죄 니 샹장	안치죄 니샹장

흥선대원군 언간 2

〈흥선대원군-2, 1882년, 이하응(아버지) → 이재면(아들)〉

판독문

이곳셔 말이 다 쥬문이 다시 들어와야 되기다 ᄒ고 ᄯᅩ 어졔[1] 윤영이가 비힝ᄒ야 온은 사람
이 니 즁탕의계도 긴ᄒ고 사람이 샹업지 안이ᄒ야 필담을 시기엇든니 그 디답이 일어ᄒ니
부디 진쥬ᄉ을 ᄯᅩ 보니어야 나 나고 안이 나가은 것슨 고ᄉᄒ고 샹감 체면이[2] 천하의[3] 빗치
나기시니 부디 잘 알외어[4] 니 일신을 살려 다고 십구일 션즁

판독대비

번호	판독자료집	金一根 (1986/1991 : 250)
1	어졔	어졔
2	체면이	체면이
3	천하의	천하의
4	알외어	알 외어

흥선대원군 언간 3

〈흥선대원군-3[*], 1883년[**], 이하응(아버지) → 이재면(아들)〉

판독문

신문지의 경평이는[1] 니 편이오 영익이은 짠 편으로 말ᄒ고 영익이가 낙발ᄒ얏다 ᄒ면셔[2] 일
번 긔별ᄒ야 원슈을 갑은다 ᄒ얏스니 웃는다 소신을 또 보니어야 ᄒ지 안니[3] 보니면 상감이
불효지명 면틀 못할 것신니 부디 쥬션ᄒ되 만일 너덜어 들어갈라 ᄒ면 이것시 외슈니 힝에[4]
속들 말어라

판독대비

번호	판독자료집	金一根 (1986/1991 : 250)
1	경평이는	경평이은
2	ᄒ면셔	ᄒ면서
3	안니	아니
4	힝에	히에

----

 * 정양완 외(1973)와 金一根(1986/1991)에서는 4번(흥선대원군-04) 편지의 뒷부분에 이어지는 것으로 판독하였다.
** 정양완 외(1973)에서는 작성 시기를 1번 편지와 동일한 1882년으로 추정하였다. 그러나 편지 내용에 "소신을 또
   보니어야" 한다고 점, 신문의 내용에 민영익이 언급된 점, 수신자가 이재면인 점 등을 함께 고려할 때, 이재면이
   톈진에 가서 부친 흥선대원군을 시봉(侍奉)하다가 잠시 귀국했던 1883년 3~5월 사이에 작성된 편지로 추정된다.

흥선대원군 언간 4

〈흥선대원군-4, 1885년*, 이하응(아버지) → 이재면(아들)〉

판독문

나 나가고 못 나가기은 한 양반의 금심의[1] 잇스니 속기은[2] 놈이 쳔참만육을 할 놈이지 한 양반이아[3] 엇지 알으시기는이[4] 이다음은 사신과 역원을 갈이어 보너어라 긔삼이도 모르고 공연이 익만 쓰은가 보다 거위 나가게 되아 십팔일은 호음이 잇기든니[5] 하로 너로 결단이 낫다 무비 너 팔즈이 누구을[6] 한흐기는니 이곳 죠소들이 디단이 말흐고 즉금은 쳔진 바닥에 다 안다 직금은 밀이 말 못 흔다 가만이 잇고 죠심만 흐아라

판독대비

번호	판독자료집	金一根 (1986/1991 : 249~250)
1	금심의	근심의
2	속기은	속기온
3	한 양반이아	한양반 이아
4	알으시기는이	알으시기는이
5	잇기든니	잇기드니
6	팔즈이 누구을	팔즈 이 누구을

----

* 정양완 외(1973)에서는 작성 시기를 1882년으로 추정하였으나, 편지 내용에 "거위 나가게 되아 십팔일은 호음이 잇기든니"라는 부분이 1885년에 청나라 이홍장이 흥선대원군에게 회국 의사를 표명한 사실과 관련될 수 있다. 수신자인 이재면이 톈진에서 부친 흥선대원군을 시봉(侍奉)하다가 1885년 4월에 귀국했던 점을 고려할 때, 이 편지는 1885년 4월 이후 흥선대원군의 환국(還國) 이전에 작성된 것으로 추정할 수 있다.

•『명성성후어필』언간•
1건

■ 간략 해제

■ 대상 언간

민병승(閔丙承, 1865~1946) 후손가에 전해지는 『明成聖后御筆』이라는 필첩(筆帖) 속의 명성황후 한글편지 중 예술의전당 서울서예박물관(2002) 도록에 수록된 1건을 가리킨다. 이 편지가 수록된 필첩은 2012년 국립고궁박물관에서 구입하여 소장하고 있다.

■ 언간 명칭 : 『명성성후어필』 언간

鄭炳昱 校註(1974)에서는 '明成皇后 閔妃 親筆密書'라고 하였고, 예술의전당 서울서예박물관(2002)에서는 '明成皇后 閔氏, <閔丙承 父子에게 보낸 諺簡>'이라고 하였다. 이 판독자료집에서는 첩명(帖名)을 드러내어 '『명성성후어필』 언간'으로 명칭을 삼고, 출전 제시의 편의상 약칭이 필요할 경우에는 '명성어필'을 사용하였다.

■ 언간 수량 : 1건

국립고궁박물관에 소장된 필첩은 표지에 '明成聖后御筆'이라고 되어 있다. 이 첩 앞부분에 민병승이 쓴 한문 서문과 한글 서문이 있는데, 여기서 필첩에 수록된 10건의 편지를 가리켜 '宸翰十幅'이라고 하였다. 이 판독자료집에서는 '宸翰十幅' 중 제7폭에 해당하는 1건을 대상으로 하였다. 이 1건은 10건 중 유일하게 예술의전당 서울서예박물관(2002) 도록에 수록된 것이다.

■ 원문 판독

鄭炳昱 校註(1974)에서 처음 판독하였으나 원문을 그대로 판독한 것이 아니라 현대어로 바꾸어 제시하였다. 이후 다시 예술의전당 서울서예박물관(2002)에서 원문 표기대로 판독되었는데 이 판독자료집에서는 기존 판독문을 재검토하고 차이가 있는 부분을 표로 제시하여 판독 결과를 대조해 보는 데 도움이 될 수 있도록 하였다.

■ 발신자와 수신자

이 편지의 발신자는 명성황후이고, 수신자는 민병승(閔丙承, 1865~1946)이다. 민병승은 임오군란 당시 자신의 장호원 자택을 명성황후에게 피신처로 제공했던 민응식(閔應植, 1844~1903)의 아들로, 명성황후와는 7촌 관계이다. 즉, 이 편지는 재당고모(再堂姑母)인 명성황후가 재종질(再從姪)인 민병승에게 보낸 것이다.

■ 작성 시기

왜놈이 각 문을 지키고 있고, 전후좌우가 모두 눈이라 빠져나오기가 어려우며, 드나드는 사람도 다 믿을 수 없다는 편지 내용으로 보아 일본 세력을 등에 업은 흥선대원군이 재집권한 1894년경에 작성된 편지임을 알 수 있다. 鄭炳昱 校註(1974)에서는 이 편지가 음력 8월 24일에 보낸 밀서인 듯하다고 되어 있다.

■ 자료 가치

흥선대원군의 재집권 시기에 고립무원의 상황에 처한 명성황후의 절박함이 고스란히 전해지는 편지이다. 사방이 감시하는 눈이라 갑갑하고, 어느 누구도 믿을 수 없는 답답한 상황을 토로하고 있다. 또 민병승에게 상황이 매우 위태롭고 양인(洋人)을 믿을 수 없으니 숨어 있으라는 편지 내용을 통해 당시의 명성황후와 그 일가가 처했던 상황을 생생히 알 수 있는 역사적으로 매우 중요한 연구 자료이다.

■ 자료 해제

자료의 서지 사항에 대해서는 鄭炳昱 校註(1974)와 이기대(2007 : 44~50)를 참조할 수 있다.

■ 원본 사항

- 원본 소장 : 국립고궁박물관(『明成聖后御筆』)
- 크기 : 22×25cm

■ 판독 사항

鄭炳昱 校註(1974), 明成皇后 閔妃 親筆 密書−언제면 君臣이 한자리에, 『文學思想』 10월호,
　　　　문학사상사, 413~421쪽. ※ 대상 편지를 포함하여 필첩에 수록된 10건을 모두 판독했으나 원문
　　　　을 현대 철자로 바꾸어 판독
예술의전당 서울서예박물관(2002), 『朝鮮王朝御筆』, 한국서예사특별전 22.

■ 영인 사항

예술의전당 서울서예박물관(2002), 『朝鮮王朝御筆』, 한국서예사특별전 22. ※ 컬러 사진

■ 참고 논저

金一根(1986/1991), 『三訂版 諺簡의 研究』, 건국대학교출판부.
박병천・정복동・황문환(2012), 『조선시대 한글편지 서체자전』, 한국학중앙연구원 어문생활
　　　　사연구소, 다운샘.
박정숙(2012), 「조선조 왕비 중 최다의 한글편지를 남긴 명성황후 민씨의 생애와 글씨세계」,
　　　　『月刊 書藝』 통권 369호, 153~157쪽.
예술의전당 서울서예박물관(2002), 『朝鮮王朝御筆』, 한국서예사특별전 22.
이기대(2007), 『명성황후 편지글』, 다운샘.
鄭炳昱 校註(1974), 「明成皇后 閔妃 親筆 密書−언제면 君臣이 한자리에」, 『文學思想』 10월
　　　　호, 문학사상사, 413~421쪽.
황문환(2010), 「조선시대 언간 자료의 현황과 특성」, 『국어사 연구』 10호, 국어사학회, 73~
　　　　131쪽.

『명성성후어필』 언간 1

〈명성어필-1, 1894년경, 명성황후(재당고모) → 민병승(재종질)〉

판독문

글시 보고 츄량의 무탈흔 일 든든ᄒ고 네 어룬은 젹소의는 무ᄉ 득달흔 일 든든ᄒ다[1] 싱각
ᄉ록 불상불상[2] 못 닛치이며 예는 상후[3] ᄂ루 미령ᄒ오시니 동동ᄒ고 동궁마마 졔졀도 죵
시 경담톄슈로 미령ᄒ시니 동동ᄒ다[4] 나는 날마다 화괴로 괴로온 둥 일일 십이시의 ᄆᆞᆷ이
아니 놀나는 ᄶᅢ 업스니 일일이 삼츄 ᄀᆞᆺ고 일시가 어렵다 긔별흔 말은 닌[5] ᄆᆞᆷ도 그러나 젼
후좌우가 모다 눈이니 츄신이 극난ᄒ고 드나드는[6] ᄉ람도 다 미들 슈 업고 졔일 왜놈이 각
문의 잇스니 엇지홀 슈 업고 모혀셔도 혼디 잇스니 탈신이 극난ᄒ야[7] 큰 격졍이다[8] 홀 슈만
잇스면 곳 그리ᄒ고[9] 시부기 일일 간졀ᄒ나 도리 업스니 조조 갑갑 못 견디게다[10] 셔편 소
식은[11] 젹실흔 말 못 드러 갑갑 민민ᄒ고 괴빅 니힝은 그리 가는 거시 만만 불가ᄒ기 못홀[12]
쥴노 막다[13] 너는 문외의 잇는 거시 조타 여긔가 흔 위름ᄒ고[14] 양인은 미들 슈 업스니 무
ᄉ 도리롤 상냥ᄒ야[15] 보게시니 아직 문의 숨어 잇거라 네 어룬 말은 디소 ᄉ랑[16] 말이 시방
방츅ᄒ니롤[17] ᄒ면 ᄯᅩ 의안의 들기 쉬오니 아직 츳츳 ᄒ쟈[18] ᄒ고 아니ᄒ야 쥬니 조곰 더 츰
마 보아라 스긔 이러홀[19] 쥴 알기 아직 좀 춤아 보라 ᄒ얏는디 그리 급히 가셔 고싱ᄒ고 잇
슬 일 답답ᄒ고[20] 아모조록 몸이나 셩ᄒ기 ᄇᆞ라며 총총 이목 번거ᄒ야[21] 두어 ᄌ 뎍으니 무
탈무탈ᄒ기 조인다 넘ᄉ일 야[22]

판독대비

번호	판독자료집	예술의전당 서울서예박물관 (2002 : 235~236)
1	든든ᄒ다	든든하다
2	불상불상	불샹불샹
3	샹후	샹후
4	동동ᄒ다	동〔도〕도
5	말은 니	말업니
6	드나드논	드나드는
7	극난ᄒ야	근난하야
8	걱졍이다	걱뎡이다
9	곳 그리ᄒ고	끗ᄀ디 ᄒ고
10	못 견디게다	못하디게다
11	셔편 소식은	셔방 쇼식은
12	못홀	못ᄒ고 ☐☐
13	막아다	막아라
14	위름ᄒ고	위름하고
15	샹냥ᄒ야	샹냥ᄒ야
16	디소 ᄉ랑	더 소ᄉ랑
17	방츅ᄒ니룰	망측ᄒ 이룰
18	ᄒ쟈	호마
19	이러홀	아러홀
20	답답ᄒ고	답답하고
21	번거ᄒ야	과거ᄒ야
22	야	白

조선시대 한글편지 판독자료집 ❸

초판 인쇄 2013년 6월 20일
초판 발행 2013년 6월 28일

엮은이 황문환 임치균 전경목 조정아 황은영
엮은곳 한국학중앙연구원 어문생활사연구소
펴낸이 이대현
펴낸곳 도서출판 역락

주　소 서울시 서초구 반포4동 577-25 문창빌딩 2층
전　화 02-3409-2058, 2060
팩　스 02-3409-2059
등　록 1999년 4월 19일 제303-2002-000014호
이메일 youkrack@hanmail.net

값 50,000원(각권)

ISBN 978-89-5556-061-9 94710
　　　978-89-5556-058-9(전3권)